신자유주의와 자본주의의 사회학

신자유주의와
자본주의 사회학

The Sociology of Neoliberalism and Capitalism

윤상우 지음

한울
아카데미

머리말

근대사회의 성립을 가능하게 했던 중추적 경제체제이자 물질적 생산방식인 자본주의는 수 세기에 걸쳐 강인한 생명력과 역동성을 보여주며 오늘날까지 지속되고 팽창해왔다. 자본주의의 장구한 역사를 되돌아보면 이 체제는 이전에 존재했던 어떤 경제체제보다 혁신적이고 효율적이며 역동적이지만 동시에 그 어떤 경제체제보다 불안정하고 모순적이며 파괴적이다. 특히 20세기 중반 이후 자본주의가 신자유주의라는 시장근본주의 교리를 장착하면서 더더욱 파괴적이고 극단적인 모습으로 나아가고 있다는 인상을 지울 수 없다. 모든 사회구성원이 기업권력과 시장권력, 자본계급의 헤게모니에 종속되고 경제·금융위기는 전 세계 곳곳에서 빈발하고 있으며 사회적 양극화와 불평등, 사회 해체 현상은 더욱 심화되고 있기 때문이다. 물론 신자유주의와 자본주의가 영원히 지속되지는 않을 것이다. 그러나 사실상 맑스 이래의 새로운 경제체제의 대안과 그 실현 가능성이 희박해진 오늘날 수십 억 인류의 먹고사는 문제와 생명줄을 쥐고 있는 이 체제가 갑작스럽게 사멸할 것이라고 전망하기도 어려운 것이 현실이다.

2000년대 중반에 동아시아 발전 문제를 다룬 단행본을 출간한 이후 13년 만에 또 다른 연구서를 출간하게 되었다. 감회에 앞서 그동안의 공부와 연구가 너무 부족하거나 미진하지는 않았는지 조심스럽게 자문해보게 된다. 대학원 시절 이래로 제법 오랜 시간을 발전사회학과 사회변동론을 연구해오면서 궁극적으로 도전해보고 싶었던 연구 주제가 바로 '자본주의'였다. 맑스의 『자본론』을 읽으면서, 자본주의의 본질과 작동원리를 꿰뚫어보는 그의 혜안과 통찰력에 감탄하면서도 '과연 이 틀을 가지고 오늘날 자본주의의 모든 현상을 이해하고 설명할 수 있는가'를 끊임없이 질문해왔던 것이 이번 연구의 출발점이라고 할 수 있다. 이후 부족한 점을 E. 만델*E. Mandel* 등의 정치경제학이론, 프랑스 조절이론*regulation theory*, 자본주의 다양성론 *Varieties Of Capitalism: VOC*, 비교정치경제학*comparative political economy* 이론 등을 공부하면서 보완해보려고 했고 현대자본주의에 대한 나름대로의 시각을 정립하고자 노력했다. 그 연장선에서 조금씩 연구를 진행해온 결과가 바로 이 책이다.

이 책은 신자유주의와 자본주의라는 거창한 주제를 다루고 있지만 그것에 대한 총체적·역사적 분석을 지향하기보다는 하나의 부분적·단편적 해석을 제시하는 데 그치고 있다는 점을 솔직히 고백한다. 이 책의 핵심 키워드는 '제도적 다양성*institutional varieties*'이다. 이는 자본주의 경제체제와 신자유주의 경제 교리가 모든 사회에서 일률적이고 동일하게 관철되고 발현되는 것이 아니라 해당 사회의 정치적·경제적 조건과 사회적 특수성, 사회행위자들 사이의 역학 관계와 상호작용 방식에 따라 다양하고 차별적인 형태로 나타나고 발전할 수 있다는 데 주목하는 것이다. 이에 대해 자본주의와 신자유주의가 사회마다 다양하고 차별적이라는 점이 그리 대단하고 중요한 발견인가, 누구나 아는 상식적인 사실 아닌가 하고 반문할 수도 있다. 물론 타당하고 당연한 지적이다. 그러나 자본주의와 신자유주의에 대해 추상적인 도식이나 기계적·결정론적 모형이 아닌, 구체적인 현실 속에 존재하는 제도들의 배열과 작동, 이를 둘러싼 사회행위자들 사이의 치열한 각축, 그리고 그로 인한 제도와 경제체제의 다양한 분화·변동 과정으로 접근하는 방식은 자본주의와 신자유주의를 가장 잘 그리고 가장 정확하게 이해할 수 있는 최선의 방법론이라고 생각했다. 현실의 자본주의를 정확하게 이해해야만 향후 이 체제가 어디로 나아갈지, 그 궁극적인 운명은 무엇인지, 그리고 이를 넘어선 대안적 경제체제는 어떤 모습과 어떤 방식으로 출현할지에 대해 진단과 전망이 가능할 것이다.

자본주의와 신자유주의를 다양한 각도에서 분석한 이 책은 2부 9장으로 구성되어 있다. 제1부에서는 자본주의의 역사적 변동 과정에 대한 이론적·경험적 주제들을 다룬다. 구체적으로, 자본주의 다양성론에 대한 비판적 검토와 대안적 이론화의 제시(제1장), 제2차 세계대전 이후의 현대자본주의가 위기와 재구조화를 거치면서 세계화·정보화·신자유주의적 속성을 지닌 다면적 형태로 변해가는 과정(제2장), 자본주의의 신자유주의적 재편 이후 나타난 금융화*financialization* 경향성의 특징과 관련 쟁점(제3장), 2000년대 중국의 경제적 부상에 따른 베이징 컨센서스*Beijing Consensus* 담론의 등장과 그에 대한 비판적 검토(제4장) 등이 주된 내용이다.

제2부에서는 개별 국가의 자본주의 체제가 신자유주의로 재편되고 전환되는 과정에서 나타나는 제도적 다양성의 문제를 다룬다. 여기에서는 한국, 대만, 브라질, 중국 등 주요 신흥국을 대상으로 신자유주의의 내부화에 대한 비교사회학적·비교정치경제학적 분석을 수행한다. 1997년 외환위기 이후 한국의 신자유주의적 전환이 '발전주의적 신자유주의*developmental neolib-eralism*'라는 특수한 형태로 발현되는 과정과 원인(제5장), 최근의 대만 발전국가가 신자유주의적 요소가 결합된 혼종적 형태로 진화해가는 사회적·제도적 맥락(제6장), IMF 위기라는 유사한 경험을 공유한 한국과 브라질이 각기 상이한 방식의 신자유주의 체제로 분화하게 된 원인과 배경(제7장), 신자유주의적 세계화 속에서 고도성장을 일궈낸 중국의 발전모델이 종속적

발전*dependent development*을 탈피하면서 높은 자율성을 확립할 수 있었던 이유 (제8장) 등을 분석하고, 마지막으로 향후 신자유주의의 변동과 쇠퇴 가능성에 대한 탐색과 자본주의에 대한 전망(제9장)을 논의한다.

이 책이 자본주의와 신자유주의에 대한 체계적인 서술이 아니라 다양한 주제와 연구 대상에 걸쳐 있는 산만하고 파편적인 분석이라는 점이 못내 마음에 걸리고 부끄럽다. 하지만 각각의 논의들을 통해 자본주의와 신자유주의의 제도적 다양성을 확인하고 그에 대한 확장된 연구와 토론이 활성화될 수 있다면 이 책의 의미는 충분하다고 생각한다. 독자 여러분의 질정을 부탁드린다. 이를 발판으로 앞으로 더욱 완성도 높은 후속 연구를 진행해야겠다고 다짐한다.

필자의 학문적 삶에서 늘 그러했듯이, 이 책이 나오기까지 많은 분의 소중한 도움과 격려가 있었다. 먼저 동아대학교 사회학과에서 학문적·인간적으로 너무도 좋은 동료 선생님들을 만나서 안정적으로 연구에 전념할 수 있는 환경이 마련되었기에 이 책이 세상의 빛을 볼 수 있었다. 항상 따뜻한 애정으로 격려해주시고 응원해주시는 동아대학교 사회학과 설광석, 한석정(현 동아대학교 총장), 차성수(현 금천구청장), 박형준, 장세훈, 송유진, 최이숙 교수님께 머리 숙여 감사드린다. 그리고 필자의 은사님인 고려대학교 사회학과 박길성 부총장님께도 감사의 말씀을 올린다. 스승님은 사회발전론과 사회변동론의 큰 바다로 필자를 이끌어주셨다. 또한 한신대학교 전창환 교수님, 경성대학교 전용복 교수님 등과 함께했던 제도경제연구회의 스터디 모임은 자본주의, 신자유주의, 금융화에 대한 최신 이론과 흐름을 공부하고 치열하게 토론할 수 있었던 소중한 공간이었다. 제도경제연구회에 참여했던 모든 선생님께 깊이 감사드린다. 그리고 늘 곁에서 아낌없는 격려와 용기를 주시는 김은정 선생님께도 이 자리를 빌려 감사의 말씀을 올린다. 또한, 어려운 여건 속에서도 흔쾌히 출간을 맡아주고 근사한 책을 만들어준 출판사 한울엠플러스(주)와 편집 과정에서 고생이 많으셨던 김초록 선생님께도 진심으로 감사드린다.

마지막으로, 내 삶의 전 과정에서 늘 무한한 사랑과 신뢰, 용기를 주시는 부모님께 머리 숙여 감사드린다.

부산 부민동 연구실에서, 따스한 봄을 기다리며

윤 상 우

차례

제1부

자본주의 변동에 대한 이론적 검토

제1장

자본주의의 다양성과 비교자본주의론의 전망

1 ——————————————

자본주의의 '수렴-다양성' 논쟁

1990년대 이후 세계화의 경향성이 진전되면서 경제 발전 및 자본주의 모델을 둘러싼 수렴*convergence*과 다양성*diversity* 논쟁이 다시 등장하고 있다. 사실 '수렴-다양성' 논쟁은 1960년대 주류 발전이론이었던 근대화이론, 커와 동료들(Kerr et al., 1960)의 산업주의*industrialism*, 벨(Bell, 1973)의 탈산업사회론 등이 수렴발전론을 제창한 이래 자본주의의 주요 변동 시기마다 주기적으로 등장한 이론적 쟁점이다. 그리고 이에 관한 최근의 논쟁은 '제2차 수렴논쟁'이라고 불릴 만하다.

세계화 이후 '수렴-다양성' 논쟁은 영미형 경제모델, 신자유주의, 자유시장경제*liberal market economy: LME*로의 수렴 여부 문제를 중심축으로 한다. 주류경제학과 세계화론자들은 생산·금융의 세계화가 가속화되면서 신자유주의가 경제의 효율성을 담보하는 글로벌 스탠더드가 되었으며, 그 핵심 내용은 탈규제, 대외 개방, 금융·자본의 자유화, 노동시장의 유연성, 공기업 민영화, 복지국가 축소라고 주장해왔다. 반면 신제도주의 경제학과 비교정치경제론에서는 각국의 역사적 특수성, 시장 기제의 제도적·사회적 배태성, 제도의 상호보완성·연계성을 근거로 자본주의 모델의 수렴은 신화에 불과하며 각국 경제체제의 다양성은 지속될 것이라는 입장을 취한다.

사실 자본주의 경제모델을 다룬 많은 연구가 이미 1980년대부터 다양한 유형화를 제기해왔다. 서구자본주의의 발전 단계를 '외연적 축적체제'와 '내포적 축적체제'로 개념화한 조절이론*regulation theory*(Aglietta, 1979; Boyer, 1986)을 비롯해 기업금융 시스템에 따른 유형 분류를 제시한 자이스만(Zysman, 1983), 복지자본주의의 유형을 '자유주의', '보수주의·조합주의', '사회민주주의'로 구분한 에스핑앤더슨(Esping-Andersen, 1990), 앵글로색슨형 자본주의와 라인형 자본주의 모델을 제기한 알베르(Albert, 1991), 생산조직과 생산의 사회적 체계*SSP* 측면에서 비교연구를 수행한 정치경제학자들(Crouch and Streeck, 1997; Hollingsworth and Boyer, 1997)이 대표적이다.

그럼에도 '자본주의의 다양성'이라는 개념이 하나의 고유명사적 의미를 획득하고 현대자본주의론과 비교정치경제론을 대표하는 하나의 학파 수준으로 발전하게 된 결정적 계기는 2001년에 출간된 홀과 소스키스(Hall and Soskice, 2001)의 『자본주의의 다양성』이라고 할 수 있다.[1] 홀과 소스키스는 그동안 정치경제학 분야에서 분산적으로 전개되어온 논의들을 신제도주의 이론 틀로 집대성해 서구자본주의를 '자유시장경제'와 '조율된 시장경제*co-ordinated market economy: CME*'로 유형화하고, 이들 명제의 타당성을 임금노동관계, 숙련 형성, 기업지배구조, 복지체제 등 여러 차원의 비교 제도 분석을 통

---

1 사실 '자본주의의 다양성'의 이론적 골격과 기본 내용은 소스키스(Soskice, 1999)의 선행 연구를 근간으로 한다. 그럼에도 맨 처음 '생산 레짐(production regime)'에서 출발한 개념을 '자본주의 모델'로 확장하고 그것의 제도적 구성요인을 대단히 포괄적이고 정교하게 이론화했다는 점에서 2001년의 논의를 '자본주의 다양성론'의 출발점으로 간주한다.

해 경험적으로 입증했다. 이후 서구학계에서 이를 둘러싼 이론적 논쟁과 후속 연구가 지속적으로 이루어지면서 자본주의 다양성론은 세계화·정보화 시대의 현대자본주의론으로서의 입지를 구축하게 된다(Amable, 2003; Coates, 2005; Crouch, 2005; Menz, 2005; Pierson, 2001; Schmidt, 2002; Streeck and Yamamura, 2001, 2003).

그러나 지금까지 한국에서는 이에 대한 체계적인 논의가 부재했으며, 특히 자본주의 다양성의 관점에서 한국 자본주의와 발전모델의 특징을 규명하려는 시도는 대체로 미약했다.[2] 최근 들어 몇몇 선도적인 연구들이 제기되고 있지만(김인춘, 2007; 김윤태, 2007; 김형기, 2007; 정이환, 2006), 이들 연구에서는 어떤 자본주의 유형에도 정확하게 부합되지 않는 한국 경제의 모순적 측면만이 강조되고 있을 뿐이고, 한국 자본주의의 제도적 특성과 유형에 대한 본격적인 분석은 이루어지지 않았다.[3] '자본주의 다양성론'은 과거 근대화이론, 종속이론, 세계체제론을 뛰어넘어 최근의 자본주의 경제모델의 지형

---

2 현대자본주의의 성격과 동학에 대한 활발한 분석을 전개하고 있는 비교정치경제학, 제도경제학(전창환·조영철, 2001)과 달리, 사회학에서는 '자본주의' 자체에 대한 연구가 사실상 정체되어 있다. 외환위기를 전후해 한국 경제의 문제점에 대한 다양한 논의가 전개되는 상황에서도 자본주의적 관점에서 이를 분석한 연구는 부재한 것이 현실이다. '자본주의'라는 용어가 어느 순간부터 '시장'이나 '경제'라는 용어로 대체되는 것을 보면 한국의 발전연구 자체도 신자유주의에 의해 강하게 영향을 받는 것은 아닌지 생각해보게 된다. 이 부분에 관해서는 필자 역시 자유롭지 않다.

3 예를 들어 김윤태(2007: 63)는 한국의 경제정책이 자유시장경제를 추구하고 있지만 전통적인 재벌자본주의와 공존하며, 사회정책은 조정시장경제를 추구하고 있지만 복지국가나 사회협약에 대해서도 아무런 성과를 거두지 못하고 있다고 지적하면서, 한국의 발전모델은 자유시장경제도 조정시장경제도 아닌 혼란스러운 모습을 보이고 있다고 평가한다.

과 구조적 특성을 설득력 있게 설명하는 대안적 발전이론으로서의 위상을 지닌다. 따라서 한국 자본주의가 지닌 보편성과 특수성, 변화와 연속성을 파악하는 데 유용한 이론적·분석적 자원을 제공할 것으로 기대된다. 또한 외환위기 이후 신자유주의로 과도하게 경도되고 있는 한국의 현실에서 향후 바람직한 발전모델을 모색하는 데도 많은 통찰력과 시사점을 줄 수 있을 것이다.

필자의 이번 연구는 이런 문제의식에 기반한 가장 초보적인 수준의 연구다. 우선 서구의 신제도주의, 비교정치경제론에서 제기된 자본주의 다양성론의 이론적 지형과 주요 내용을 개관하고, 자본주의 다양성론 자체가 지닌 분석적 취약성과 문제점을 비판적으로 검토하는 데 주된 목적을 둔다. 그리고 이런 논의를 바탕으로 현대자본주의와 한국 경제를 보다 객관적·체계적으로 분석할 수 있는 대안적인 자본주의 다양성론을 지향하고자 한다. 따라서 자본주의의 다양성에 기반을 둔 한국의 발전모델에 대한 검토는 후속 연구 과제로 남겨두기로 한다.

2 ──────────────
자본주의 다양성론의 이론적 지형

이 절에서는 그동안 많은 학자에 의해 제기되어온 '자본주의 다양성론'을 두 측면으로 정리하고 검토한다. 첫째, 자본주의 모델은 어떤 제도적·경제사회적 변수에 의해 다양한 형태로 나누어지는가? 다시 말해, 자본주의 모델을 규정하는 제도적·경제적·사회적 변수는 무엇인가? 둘째, 최근 들어 존재하는 자본주의 모델에는 어떤 유형이 존재하는가? 그리고 그 유형들은 어떤 특징을 지니는가?

1 · 자본주의 경제의 제도적 기초

자본주의 경제모델을 규정하는 구조적 차원과 핵심 구성요소가 무엇인
지의 문제는 자본주의를 어떻게 바라볼지를 가늠하는 인식론적 출발점이
된다. 예컨대, 칼 맑스*Karl Marx*의 생산양식*mode of production* 개념에는 자본주
의가 어떻게 작동하고 변동하는지에 대한 맑스 사상의 기초가 담겨 있다.
홀과 소스키스가 체계화한 자본주의 다양성론은 정치경제학임에도 불구하
고 구조적 접근이 아닌, 행위자 중심 접근법을 지향한다. 경제란 타인과의
전략적 상호작용 속에서 자신의 이익을 합리적인 방식으로 증진하려는 다
중적 행위자들로 구성되는 영역이다. 주된 행위자로는 개인, 기업, 생산자
집단, 정부 등을 들 수 있다.

홀과 소스키스는 특히 기업이 자본주의 경제의 결정적 행위자라는 점에
서 기업 중심적*firm-centered* 정치경제학을 천명한다. 그리고 자본주의 모델의
다양성을 이해하기 위한 출발점으로 '기업에 대한 관계적 접근*relational view of
firm*'을 채택한다(Hall and Soskice, 2001: 6~7). 기업은 이윤을 위해 재화와 서비스
를 개발, 생산, 분배할 수 있는 핵심 역량과 역동적 능력을 발전시키는 행위
자다. 이를 위해서 기업은 내적으로는 피고용자와 외적으로는 부품공급자,
고객, 협력기업, 이해당사자, 노조(산별), 기업결사체, 정부 등과 관계를 맺
게 되는데, 여기서 기업은 수많은 조율*coordination*의 문제에 직면하게 된다.
기업의 핵심 역량과 관계된 조율의 영역으로는 ① 노사관계, ② 직업훈련
및 교육, ③ 기업지배구조, ④ 기업 간 관계, ⑤ 기업 내 피고용인과의 관계
를 들 수 있다. 이런 조율의 문제를 시장적으로 해결하는지 아니면 비시장

적으로 해결하는지에 따라 자본주의의 다양한 모델이 출현하게 된다.

자유시장경제에서 기업은 경쟁적 시장제도, 공식적 계약을 통해 위계조직(기업)과 조율의 문제를 해결한다. 반면, 조율된 시장경제에서 기업은 광범위한 관계적 계약, 내부자들 사이의 정보교환에 기반한 네트워크 감독, 협력적 관계 구축 등 비시장적 방식을 통해 조율의 문제를 해결한다. 이런 과정에서 형성된 각 경제모델의 제도적 기반구조institutional infrastructure는 행위자들이 일반적으로 따르는 공식적·비공식적 규칙으로서 역할을 하며, 각 경제모델에 따라 차별적인 기업 전략을 유발하는 배경으로 작용한다.[4] 또한 경제의 하위 제도 영역들 사이에는 제도적 상호보완성institutional complementarities이 존재한다(Hall and Soskice, 2001: 17~18). 즉, 어떤 한 제도 영역에서 특정한 유형의 조율방식을 가지고 있는 나라는 다른 영역에서 이를 보완하는 제도적 관행을 발전시키는 경향이 있다. 따라서 제도적 상호보완성이 존재할 경우에는 다양한 유형의 제도들이 여러 나라에 무작위로 분포되어 있는 것이 아니라 상호보완적인 일련의 제도들이 나라에 따라 서로 다른 군집 현상을 보이게 될 것이다. 이런 상호보완적 제도들의 서로 다른 조합이 바로 자본주의 발전모델의 다양성을 낳는 요인이 된다.

홀과 소스키스는 자유시장경제의 대표적 국가로 미국을, 조율된 시장경

---

4   예를 들어, 환율 변동 등의 외적 충격에 대해 자유시장경제의 영국 기업은 수익성을 유지하기 위해 고객에게 가격 상승을 전가하는 방식을 쓴다. 자유시장경제의 자본시장구조에서 자금을 조달하기 위해서는 수익성이 중요하기 때문이다. 손쉬운 해고가 가능한 노동시장 유연성도 같은 맥락이라고 할 수 있다. 반면 조율된 시장경제의 독일 기업은 시장점유율을 유지하기 위해 기존 가격을 유지하고 낮은 수익률을 감내한다. 조율된 시장경제의 금융체계는 현재의 수익성과 무관하게 장기자본에 대한 접근이 가능하기 때문이다(Hall and Soskice, 2001: 16).

표 1-1 조율된 시장경제와 자유시장경제의 제도적 기반구조

	조율된 시장경제(독일)	자유시장경제(미국)
금융체제	•기업의 장기적 자본조달을 가능하게 하는 금융체계 •자본시장에서 공식적으로 접근 가능한 정보(주식시장 공시)는 없음 •신뢰할 만한 이해당사자의 정보·협력 네트워크를 통해 장기자본 제공	•기업에게 상대적으로 단기적 시계를 부과하고 동시에 높은 위험 부담을 감내하게 하는 금융체계 •자본시장에서 공식적으로 접근 가능한 정보 제공 •벤처자본, 단기순이익에 민감
기업 지배구조	•최고경영진은 주요 의사결정에서 이사회(주주, 은행, 노조), 여타 경영진, 협력업체의 동의를 확보해야 함	•최고경영진의 재량권을 폭넓게 인정하는 유인 제공 •주주 이외에는 경영진 간섭 불가
노사관계	•노조가 중요한 부분을 담당하는 노사관계 체계 •기업 내에서 협력적 노사관계, 조정된 임금 교섭을 가능하게 함(과도한 임금 인상 자제)	•탈규제된 노동시장의 노사관계 •기업 노동자의 대표성 및 노조의 취약성 •낮은 고용·해고 비용, 유연한 보상체계
직업훈련 · 교육	•젊은이를 대상으로 초급 직업훈련을 촉진하는 교육·훈련체계 •직업훈련에는 산업 단위의 기업결사체와 노동조합이 공적으로 보조되는 기업훈련체제를 감독	•일반교육(대학)을 강조하는 교육훈련체계 •초급 직업훈련은 부족하나 대졸자의 순차적 숙련 습득은 촉진
기업 간 관계	•협력, 표준 설정, 기술 이전을 용이하게 하는 긴밀한 기업 간 관계	•강력한 경쟁정책 •경쟁을 통한 표준 설정 •시장을 통한 기술 이전

자료: Hall and Soskice(2001: 21~33); Soskice(1999: 106~110) 정리.

제의 대표적 국가로는 독일을 들고 있다. 각 모델의 제도적 기반구조의 특성을 요약한 것이 〈표 1-1〉이다. 〈그림 1-1〉은 제도적 상호보완성의 예를 보여준다. 즉, 노동시장에서의 장기고용제도는 금융시장에서 단기수익성에 민감하지 않은 자본이 지배하는 금융 시스템이 존재할 경우 성립할 가능성이 높다.

자유시장경제와 조율된 시장경제로 대표되는 자본주의 경제모델은 각기

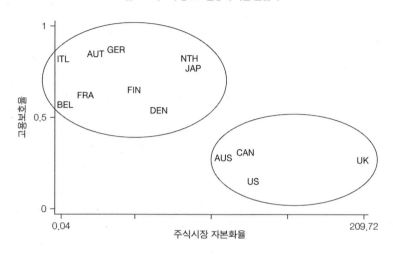

그림 1-1 제도적 상호보완성에 따른 군집화

자료: Hall and Soskice(2001: 19).

차별적인 비교제도우위*comparative institutional advantage*로 이어진다. 이를 확인할 수 있는 영역으로는 '혁신*innovation*'을 들 수 있는데, 자유시장경제는 급진적 혁신에서, 조율된 시장경제는 점진적 혁신에서 각각 비교우위를 지닌다 (Hall and Soskice, 2001: 38~41; Soskice, 1999: 115~118). 급진적 혁신은 빠르게 변하는 기술 부문, R&D에 기반한 신속한 제품 개발이 필요한 부문에서 특히 중요한데, 생명공학, 반도체, 소프트웨어, 통신, 군수, 항공, 광고, 금융, 엔터테인먼트 부문이 여기에 해당한다. 이는 이윤에 바탕을 둔 금융제도, 유연한 노동시장, 기업 간 시장 경쟁적 관계의 제도배열을 가진 자유시장경제에서 유리하다. 점진적 혁신은 생산과정의 지속적 개선과 제품경쟁력 강화, 다각화된 품질생산방식과 관련이 있는데, 기계·공장설비, 내구 소비재, 엔진, 전문화 운송설비 분야를 들 수 있다. 조율된 시장경제가 지닌 노동자

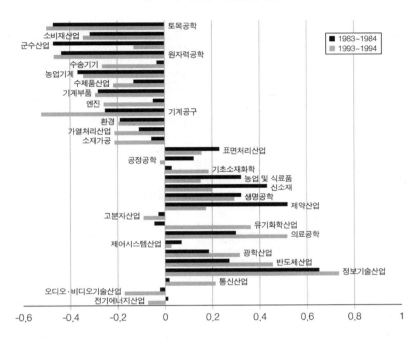

그림 1-2-❶ 미국의 특허 전문화 지수

자료: Hall and Soskice(2001: 42~43).

의 안정된 고용, 기업(또는 산업) 특수적 기술에 기반한 지속적 숙련학습체계, 하청기업과의 긴밀한 생산협력과 같은 제도배열은 점진적 혁신에 적합하다.

실제로 〈그림 1-2〉에 나와 있는 것처럼 산업별 특허 전문화 지수를 보면, 자유시장경제인 미국은 급진적 혁신의 산업군에, 조율된 시장경제인 독일은 점진적 혁신의 산업군에 전문화되어 있는 것을 확인할 수 있다. 또한 주목할 점은 시간의 변화에 따라 각 경제모델에서 특화산업의 전문성이 더욱 강화된다는 것이다. 독일의 경우 1980년대보다 1990년대에 비교우위

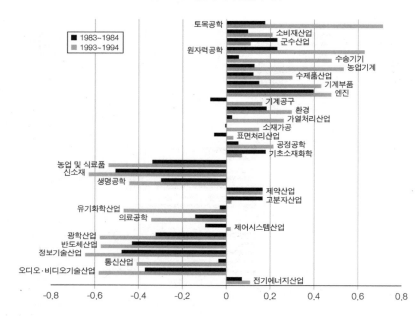

그림 1-2-❷ 독일의 특허 전문화 지수

■ 1983~1984
□ 1993~1994

토목공학
소비재산업
군수산업
원자력공학
수송기기
농업기계
수제품산업
기계부품
엔진
기계공구
환경
가열처리산업
소재가공
표면처리산업
공정공학
기초소재화학
농업 및 식료품
신소재
생명공학
제약산업
고분자산업
유기화학산업
의료공학
제어시스템산업
광학산업
반도체산업
정보기술산업
통신산업
오디오·비디오기술산업
전기에너지산업

-0.8   -0.6   -0.4   -0.2   0   0.2   0.4   0.6   0.8

자료: Hall and Soskice(2001: 42~43).

산업의 지수가 더욱 상승했고 반면 비교우위가 없는 산업의 지수는 더욱 하락했다. 미국에서도 일부 산업(제약, 생명공학, 신소재 등)을 제외하면 비교우위산업의 상승과 비교열위산업의 하락이라는 동일한 추세가 확인된다. 이는 세계화가 수렴 현상을 낳기보다는 각국의 특화된 비교우위를 더욱 강화하는 '경로의존적' 결과를 야기한다는 점을 시사한다.

2 · 자본주의 모델의 유형화: '다양성론'의 다양성

자본주의 경제모델에는 어떤 하위 유형이 존재하는가? 홀과 소스키스가 자유시장경제와 조율된 시장경제모델을 제시한 이래 자본주의 모델의 유형화는 가장 많은 논란과 후속 논쟁을 유발한 문제였다. 홀과 소스키스처럼 이분법적인 두 모델을 주장하는 논자들도 있었지만, 그 이상의 다양한 유형이 존재한다는 주장이 대체적인 흐름이다.[5]

스트릭(Streeck, 2001)은 홀과 소스키스의 유형화와 비슷하게 '자유주의적 *liberal* 자본주의'와 '비자유주의적*non-liberal* 자본주의'라는 이분법적 유형을 제시한다. 자유주의적 자본주의는 자유시장, 즉 자유방임 원리에 기반한 영미형 자유시장경제를 의미하고 비자유주의적 자본주의는 위계적·조직적 조율, 공권력 개입 등에 의존하는 독일과 일본의 경우에 해당한다. 스트릭(Streeck, 2001: 6)은 '비자유주의적'이라는 개념이 '배태된*embedded* ', '조직된*organized* ', '제도화된*institutionalized* ' 자본주의를 의미한다는 점을 분명히 밝힌다.

자본주의 모델에 대해 다분법적인 접근을 취하는 대표적인 학자로는 키첼트 등(Kitschelt et al., 1999), 슈미트(Schmidt, 2002), 아마블(Amable, 2003)을 들 수 있다. 키첼트 등(Kitschelt et al., 1999: 429~430)은 기본적으로 홀과 소스키스의 자유시장경제와 조율된 시장경제의 유형화를 수용하면서도 조율된 시장경

---

5 사실 홀과 소스키스가 이분법적인 자본주의 모델만을 주장하는 것은 결코 아니다. 이들은 LME와 CME로 분류하기 어려운 지중해 시장경제모델 — 기업금융은 비시장적 조율형태를, 노사관계는 시장적 조율형태를 띤다. 해당 국가로는 프랑스, 이탈리아, 스페인, 그리스가 있다 — 이 존재한다는 점과 CME 유형이 산업 부문별 조율 및 기업집단별 조율형태로 분화될 수 있음을 언급한 바 있다(Hall and Soskice, 2001: 21, 34).

제를 다시 세분화해 네 가지의 유형화를 제시한다. 그것은 ① 조율되지 않은 자유시장경제, ② 국가적으로*nationally* 조율된 시장경제, ③ 산업 부문별로 조율된 시장경제, ④ 기업집단별로 조율된 시장경제다. 국가적으로 조율된 시장경제는 노동과 자본의 전국적 정상조직에 의해 임금 교섭과 조율, 공공정책이 결정되는데, 스웨덴, 노르웨이, 핀란드, 덴마크 등 북유럽 국가들이 해당된다. 산업 부문별로 조율된 시장경제는 산업별 노조와 직능조직에 의한 교섭과 조율, 숙련 획득의 전통이 강한 유럽 대륙 국가(독일, 벨기에, 스위스로 대표되는 라인형 자본주의)를 지칭한다. 기업집단별로 조율된 시장경제는 계열사나 재벌과 같이 기업집단별로 조율이 이루어지는 일본과 한국의 유형이 해당된다. 키첼트 등은 다양성의 근원으로 정당체제의 특징이나 계급 타협의 제도화 방식을 강조하는데(〈표 1-2〉), 자본주의 유형화에 대해 노사관계의 제도화 방식, 복지국가의 측면을 특히 중시한다는

표 1-2 키첼트 등의 자본주의 유형화

	정당체제	계급 타협의 조직화
조율되지 않은 자유시장경제	• 양당체제 • 경제적·분배적 균열에 따른 분화	• 잔여적 복지국가 • 소득조사 공적 부조 프로그램 다수
국가적으로 조율된 시장경제 (노동조합주의적)	• 헤게모니적 사회민주당과 분열된 나머지 정당들 • 중도좌파와 보수우파 정당의 부상	• 포괄적·평등주의적·재분배적 복지국가 • 높은 탈상품화 • 직접적 공공서비스
산업 부문별로 조율된 시장경제 (라인 자본주의)	• 삼극 정당체제(자유, 가톨릭, 사민당) • 강력한 중도좌파와 보수우파 정당 출현	• 고용·소득연계적 공적 이전 프로그램 • 중간적 탈상품화 • 낮은 공공서비스
기업집단별로 조율된 시장경제	• 헤게모니적 부르주아 정당 • 비이데올로기적·후견주의적 정당 경쟁 체제	• 잔여적·가부장적 복지국가

자료: Kitschelt et al(1999: 434).

표 1-3 슈미트의 자본주의 유형화

	시장자본주의 (미국, 영국)	관리자본주의 (독일, 네덜란드, 스웨덴)	국가자본주의 (프랑스, 이탈리아)
기업관계	시장추동적	비시장적 관리	국가가 조직
기업 간 관계	개별적, 경쟁적, 계약적	상호강화, 네트워크	국가 중재, 경쟁적
산업-금융관계	소원함	긴밀함	국가 중재
투자 시계	단기적	장기적	중기적
정부관계	소원함	협상적	국가지시적
국가 특징	'자유주의적' 중재자	'유능한' 촉진자	'개입주의적' 리더
노동관계	적대적	협력적	적대적
임금 교섭	시장의존적	조정된 형태	국가통제적
노동 규제에서의 정부 역할	방관자	상호 동등 또는 방관자	국가가 부과

자료: Schmidt(2002: 113).

점에서 에스핑앤더슨(Esping-Andersen, 1990)의 복지국가 유형론과 유사한 점이 많다.

다음으로, 슈미트(Schmidt, 2002: 107~108)는 홀과 소스키스 논의의 한계를 지적하면서 서구자본주의의 이념형적 유형으로 ① 시장자본주의*market capitalism*, ② 관리자본주의*managed capitalism*, ③ 국가자본주의*state capitalism*를 제시한다(〈표 1-3〉). 시장자본주의는 경제행위자들이 자율적으로 활동하며 자신들 경제행위의 방향을 스스로 결정하도록 허용한다. 관리자본주의는 경제행위자들이 협력적으로 활동하고 그들의 경제행위가 다른 행위자 및 국가와 조율될 수 있도록 촉진한다. 국가자본주의는 개입주의적 국가가 자율적 경제행위자들 사이의 협력을 조직하며 그들의 경제활동을 지시하는 특성을 지닌다. 각각의 유형은 ① 기업관계*business relation*(기업 간 관계 및 기업-금융관계), ② 정부관계*government relation*(정부-기업, 정부-노동 간 상호작용), ③ 노사관계*industrial relation*(임금 협상, 경영진-노동자 관계, 노동 규제에서의 정부 역

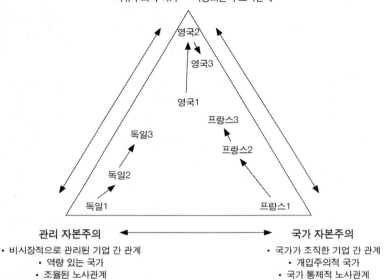

그림 1-3 자본주의 모델의 변화 방향

시장 자본주의
- 시장추동적 기업 간 관계
- 자유주의적 국가   • 시장의존적 노사관계

영국2

영국3

영국1

독일3   프랑스3

독일2   프랑스2

독일1   프랑스1

관리 자본주의 ◄──────────► **국가 자본주의**
- 비시장적으로 관리된 기업 간 관계   • 국가가 조직한 기업 간 관계
- 역량 있는 국가   • 개입주의적 국가
- 조율된 노사관계   • 국가 통제적 노사관계

주: 1은 1970년대까지의 상태, 2는 1990년대 후반의 위치, 3은 향후 수년간의 전망.
자료: Schmidt(2002: 144).

할)라는 제도적 변수에 의해 구분된다.

'자본주의의 다양성'을 주장하는 여타 학자들과 마찬가지로 슈미트 역시 자본주의 모델의 수렴 가능성을 부정한다. 그는 세계화와 신자유주의, 유럽 통합의 압력이 서구자본주의를 보다 경쟁적이고 시장지향적인 방향으로 이끌것으로 예상되지만 그것은 시장자본주의, 자유시장경제로의 혼종화*hybridization*가 아니라 각각의 제도적 특성을 상당 부분 유지하는 경로의존적 형태를 보일 것으로 전망한다(Schmidt, 2002: 111). 〈그림 1-3〉은 최근의 세계화 압력 상황에서 자본주의 모델들의 변화 방향을 보여주는데, 국가자본주의가 상대적으로 시장적 방향으로 많이 움직인 것에 비해 관리자본주의는 여전히 비시장적 조율의 특성을 강하게 지닐 것으로 평가되고 전망되는 것이 특징적이다.

마지막으로 살펴볼 자본주의 유형화는 아마블의 '다양성론'이다. 그는 프랑스 조절이론의 일원으로(물론 그의 다양성론이 조절이론의 입장을 대표하는 것은 아니다), 홀과 소스키스가 자본주의 분석에서 근거했던 제도적 원리, 즉 기업 중심적 접근법, 이해관계 조율 기제로서의 제도, 제도적 상호보완성, 제도와 정치사회적 블록의 연계성 등의 원리를 거의 그대로 수용해 논의를 전개한다. 아마블은 자본주의 유형화의 제도적 변수로서 자본주의의 3대 시장이라고 할 수 있는 상품시장, 노동시장, 금융시장을 설정하고 여기에 이를 보완하는 제도 영역인 사회적 보호(복지국가와 관련)와 교육 부문(직업훈련 및 숙련 형성과 관련)을 추가한다. 이를 정리하면 ① 상품시장 경쟁, ② 임금노동관계 및 노동시장제도, ③ 금융 부문과 기업지배구조, ④ 사회적 보호와 복지국가, ⑤ 교육 부문이다(Amable, 2003: 14).

그의 분석에서 특징적인 점은 그가 다른 연구들처럼 자본주의 모델의 유형을 선험적으로 전제하는 연역적 방식이 아닌, 경험적 분석 결과로 유형화를 제시하는 귀납적 방법을 사용한다는 것이다. 그는 OECD 21개국을 대상으로 제도 영역 5개에 대한 지수를 추출해 군집 분석cluster analysis을 시도함으로써 자본주의 유형 다섯 가지를 추출했다.[6] 그것은 ① 시장 기반 모델, ② 사회민주주의 모델, ③ 유럽대륙형 모델, ④ 남부유럽 모델(또는 메디

---

6   자세한 분석 방법 및 자료유형에 대해서는 아마블(Amable, 2003: 16~23)을 참고하라.

표 1-4 아마블의 자본주의 다양성 모델

제도 영역	시장 기반 경제	사회민주주의적 경제	아시아 자본주의	유럽대륙 자본주의	남부유럽 자본주의
생산 시장 경쟁	탈규제 제품시장	규제 제품시장	'관리된' 제품시장 경쟁	경쟁적·온건적 규제 제품시장 경쟁	규제 제품시장
임금-노동 관계	노동시장의 유연성	규제 노동시장	규제 노동시장	조정 노동시장	규제 노동시장
금융 부문	시장 기반 금융체계· 기업지배구조	은행 기반 체계	은행 기반 금융체계	금융기관 기반 금융체계	은행 기반 체계
사회적 보호	자유주의적 복지국가 모델	보편주의적 모델	낮은 수준의 사회적 보호	조합주의적 모델	제한적 복지국가
교육	경쟁적 교육체계	공공교육체계	민간 3차교육체계	공공교육체계	취약한 교육체계

자료: Amable(2003: 174~175) 재구성.

테라네*méditerrané* 모델), ⑤ 아시아 모델이다(〈표 1-4〉).

3
자본주의 다양성론에 대한 기존 평가

홀과 소스키스의 선도적 논의에서 시작된 '자본주의 다양성론'은 이후 서
구학계에서 수많은 논란과 반향을 불러일으켰다. 자본주의 다양성론의 가
장 큰 공헌은 '자본주의'에 대한 정치경제학적 연구를 다시 활성화하는 데
큰 기여를 했다는 점, 그리고 행위자와 구조를 매개하는 '제도'의 중요성과
제도주의 분석의 강점을 매우 설득력 있고 효과적으로 입증했다는 점에 있
다. 그러나 학문적으로 많은 관심과 주목의 대상이 되었다는 것은 동시에

그만큼 많은 비판과 논쟁의 대상이었음을 의미하는 것이기도 하다. 자본주의 다양성론에 대한 기존 평가는 크게 두 방향에서 이루어지고 있다. 하나는 세계화 시대에도 자본주의 다양성이 유지되고 있다는 이들의 핵심 주장을 정면 비판하는 수렴론 입장의 비판이다. 다른 하나는 이들의 기본 입장을 수용하면서도 분석적 측면에서의 불충분함과 취약성을 지적하는 제도주의, 비교정치경제론 진영 내부의 비판이다.

1 · '신자유주의 수렴론' 입장의 비판

수렴론적 관점에서의 비판은 서니, 멘쯔, 쇠더버그의 논의(Cerny, Menz and Soederberg, 2005)가 대표적이다. 흥미로운 점은 이들이 주류 경제학자나 이데올로기적으로 신자유주의를 지지하는 입장이 아니라는 것이다. 오히려 이들은 제도주의 정치경제학의 입장을 취하고 있지만, 현재 진행 중인 세계화와 신자유주의 경향성에서 경제모델의 실질적인 수렴이 나타나고 있음을 주장한다. 다음의 언급은 그들의 관점을 확인해준다.

> 현재 우리가 목격하는 것은 '자본주의 다양성'의 지속이라기보다는 '신자유주의 다양성*varieties of neoliberalism*'의 출현이다. 이는 결국 수렴 안에서의 다양성일 뿐이다. 우리가 검토한 선진국의 경험에서 네오코포라티즘*neo-corporatism*적 자본주의 모델, 조직*organized* 자본주의, 또는 조율된 자본주의로 되돌아간 사례는 없다. 다만 국가별로 복잡한 적응 과정, 다양한 정책 실험, 정치동맹의 붕괴/재구축을 포함하는 신자유주의적 세계화의 내부화*internalization of neoliberal globalization* 과정이 있었을 뿐이다(Cerny, Menz and Soederberg, 2005: 21).

총론에서의 이러한 확고한 단언에도 불구하고 세부적인 각국별 사례에서 '수렴과 다양성'을 판별하는 일은 그리 쉽지 않은 듯하다. 이들의 연구에서 독일의 사례를 분석한 멘쯔(Menz, 2005: 46~47)는 독일의 경제제도와 거버넌스에서 영미형의 자유주의 모델과는 다른 차별성이 유지되고는 있지만 정책과 담론, 레토릭의 영역에서 기능적 수렴 현상*functional convergence*이 분명히 나타난다고 주장한다. 그럼에도 신자유주의 정책의 급진적 이행과 자유시장경제로의 전환을 실질적으로 제약하는 상당히 많은 거부점*veto point*이 존재한다는 사실도 인정한다. 따라서 수렴과 전환의 여부는 아직 유동적이고 잠정적이라고 할 수 있다. 스웨덴 사례를 연구한 스타인모(Steinmo, 2005: 162)의 평가는 '수렴'보다는 '다양성'의 지속에 무게중심을 둔다. 스웨덴에서 조합주의적 의사결정, 연대임금정책에서 균열이 있기는 하지만 여전히 평등주의적 정책 기조와 사회민주주의적 경제 원리는 유지되고 있다는 것이 그의 결론이다.

따라서 그의 비판에 대해서는 보다 세밀한 경험적 근거와 관련해 검토가 이루어져야 할 것으로 보인다. 즉, '수렴'이냐 '다양성'이냐는 식의 즉흥적이고 단언적인 판단보다는 현대자본주의의 장기적 변동 추이에 대한 면밀한 검토와 개별 국가의 정치적·경제적 제도편제에 대한 심층적 분석을 통해 그 타당성 여부를 판단해야 할 것이다.

2 · '비교정치경제론' 입장의 비판

홀과 소스키스의 다양성론 이후 등장한 다수의 후속 연구는 대부분 선행 연구에 대한 비판을 논의의 출발점으로 삼았기 때문에 비교정치경제론 내부의 비판은 상당히 폭넓고 다양한 쟁점 영역에서 제기되어왔다. 여러 논의에서 나타난 비판을 종합해보면 다음과 같은 문제점을 지적할 수 있다.

첫째, 가장 많이 제기된 비판으로, 홀과 소스키스가 그랬던 것처럼 선진 자본주의를 자유시장경제와 조율된 시장경제라는 이분법으로 이해하기에는 이 자본주의가 대단히 이질적이고 내적으로 다양하다는 것이다(Boyer, 2005; Hay, 2005; Crouch, 2005). 앞서 살펴보았듯이, 자본주의 모델에 대한 다분법적 유형화는 대부분 이러한 문제의식에서 나온 산물이다. 슈미트가 LME, CME와 유사한 시장자본주의, 관리자본주의 유형 외에 국가자본주의를 설정한 것이나 키첼트 등의 연구와 아마블의 연구에서 CME에서의 제도적 분화와 여러 차별적인 하위 모델의 존재를 언급한 것은 그런 비판과 맥락을 같이한다.

둘째, 자본주의 다양성론은 역사적으로 고정된 유형화를 강조한다는 점에서 정태적 분석모형의 한계를 지닌다. 어떤 점에서 각각의 경제모델은 외부의 경제 압력에 적응하는 일종의 '항상적 균형상태homeostatic equilibrium'를 유지하는 것으로 간주된다(Schmidt, 2002: 111). 또한 이들은 제도적 경로의존성을 지나치게 강조해 주로 연속성만을 부각하기 때문에 경제모델의 특성 변화가 왜 나타나는지, 그런 변화를 야기한 요인이 무엇인지를 설명하지 않는 경우가 많다(Crouch, 2005: 31).

셋째, 자본주의 다양성론은 경제모델 및 분석단위로 '국민국가'를 상정하고 그 내부에서의 제도적 완결성을 당연시하는 경향이 있다. 그러나 세계화 경향성은 국민국가의 위상을 위협하고 있다. 예를 들어, 차별적인 경제모델을 지닌 여러 국가에서 자원을 동원하고 생산을 조직하는 다국적기업은 스스로를 어떤 유형의 자본주의에 속하는 것으로 규정할 것인가? 또한 생산·금융의 세계화로 보다 복잡해지고 중층화되는 국제분업 구조 속에서 자본주의의 국민국가적 모델은 제도적으로 '불완전한' 것으로 간주해야 하는 것 아닌가?(Crouch, 2005: 42). 기존의 자본주의 다양성론은 이에 대해 명확한 대답을 하고 있지 않다.

넷째, 서구학자들의 평가에서는 잘 나타나지 않지만 자본주의 다양성론은 지극히 서구중심적 분석모델이라는 한계를 드러낸다. 분명 이들의 유형화는 서구 선진자본주의 국가들만을 대상으로 할 뿐이고 아시아, 남미, 아프리카의 수많은 제3세계 국가와 동구권의 이행경제 등 전 세계의 자본주의 모델 전반을 포괄하고 있지는 않다. 몇몇 학자들은 일본과 한국 등 아시아 자본주의를 유형화에 포함하고 있지만 이는 어디까지나 CME 모델의 하위 유형으로 간주될 뿐이다. 이들의 분석은 동아시아 경제권(예컨대 한국, 중국, 일본, 동남아)에서도 상당히 차별적인 경제모델이 존재할 수 있다는 사실 자체를 제대로 인식하고 있지 못하다. 이는 명백히 서구중심적인 자본주의 인식에서 비롯되는 한계로 볼 수 있다.

필자는 이 같은 기존의 평가에 대체로 동의하면서도 자본주의 다양성론을 조금 다른 각도에서 비판적으로 재검토하고자 한다. 그것은 자본주의의 다양성이 이분법적 모델인지 아니면 다분법적 모델인지에 주목하는 것이 아니라 대부분 다양성론이 근거하는 현대자본주의에 대한 인식론에 비판의 초점을 맞추는 것이다. 즉, 자본주의 다양성론으로 현대자본주의의 본질적 특성과 그 역동성을 제대로 이해할 수 있는지를 문제 삼는다.

4 ───────────────────
자본주의 다양성론의 비판적 검토

'자본주의 다양성론'을 포함해 현대자본주의론이 보다 설득력 있고 현실

정합적인 분석을 제시하기 위해서는 다음과 같은 인식론적 한계를 극복해야 한다. 첫째, 전후 호황기의 자본주의 모델이었던 포드주의*Fordism*와 생산체제 중심의 사고 틀에서 벗어나야 한다는 것이다. 둘째, 현재 진행 중인 금융화 경향성과 그것의 함의를 자본주의 분석에 포함해야 한다는 것이다.

1 · 포드주의적 인식의 한계

자본주의 다양성론은 기본적으로 전후 황금기(1945~1972년)의 포드주의적 축적체제를 기본 틀로 해 제도적 변수를 추출했다는 인상을 강하게 받는다. 학자들에 따라 다소 편차가 있지만 자본주의 모델을 구성하는 제도적 변수로 흔히 언급되는 것은 제품시장에서의 경쟁형태, 생산자본의 자금조달과 관련된 기업-금융관계, 노사관계와 계급 타협의 방식, 직업훈련과 숙련 형성, 복지국가 등이다. 이것은 자본주의 다양성론이 바로 직전 시기의 조절이론이나 생산의 사회적 체제론*social system of production*으로부터 강한 이론적 영향을 받았음을 시사한다. 그런데 이런 관점은 기업이윤의 원천으로서 여전히 전통적인 제조업 중심의 제품시장과 생산 레짐을 강조하는 방향으로 흐르게 되고, 자연스럽게 유럽 국가를 중심으로 자본주의 모델을 사고하게 될 가능성이 높다.

전후 포드주의 시기에 외적인 경제 환경이 한 국가의 자본주의 모델에 미치는 영향과 파급 효과는 상대적으로 작았다. 이는 미국 헤게모니 속에서의 안정된 국제경제 질서, 이를 제도적으로 뒷받침한 관세·무역 협정 *GATT*과 브레튼우즈*Bretton Woods* 체제가 잘 작동하고 있었기 때문이다. 또한 포드주의적 축적체제가 지닌 '대량생산과 대량소비의 접합'은 가치생산과 가치실현의 문제를 한 국가 안에서 완결 짓는 구조였기 때문에 세계시장을 둘러싼 경쟁도 완만한 형태를 띠었다(Armstrong et al., 1991). 따라서 포드주의 시기에 미국 헤게모니 아래의 안정된 국제 질서, 세계시장에 대한 완만한 경쟁, 대량생산-대량소비를 통한 자본주의의 재생산구조가 주어진 상황에서 생산 레짐을 원활하게 유지하는 문제는 결국 자본-노동 간의 계급 관계에 달려 있었다. 즉, 자본-노동 간 갈등, 노동조합의 파업 등은 생산 레짐의 중단을 가져올 수 있는 최대 위협요인이었기 때문에 이를 어떻게 제어하는지의 문제가 포드주의의 핵심 관건이었다. 이를 시장적 방식으로 처리하는지 아니면 비시장적 방식으로 해결하는지에 따라 영미형 모델과 유럽형 모델이 분화된다. 특히 유럽의 계급 타협 방식은 임금 교섭 등 노사관계의 수준에서만 그치지 않고 복지국가의 성격, 노동시장 및 직업훈련, 심지어는 기업지배구조(이해당사자 자본주의*stakeholder capitalism*)에도 영향을 미치게 된다. 따라서 이 시기에 자본주의 모델의 국가별 다양성은 생산 레짐의 성격, 그리고 여기에서 핵심요인인 자본-노동관계의 특성에서 도출되는 경향이 강했다.

그러나 1970년대 포드주의의 붕괴 이후 이러한 분석 틀로 자본주의 모델을 인식하는 데는 명백한 한계가 있다. 이와 관련해 다음 요인들을 지적할 필요가 있다.

첫째, 1970~1980년대 자본주의 위기에 대응하는 과정에서 배태된 선도산업*leading industry* 부문의 변화를 지적할 수 있다. 정보화와 기술혁신에 기반한 정보통신산업, 첨단기술산업(생명공학 등), 금융 부문 등은 성장률과 수익률 측면에서 전통적인 자본집약적·숙련집약적 제조업을 압도해가면서 기업이윤의 핵심 원천으로 부상하고 있다. 따라서 제품시장의 경쟁은 단순히 '가격경쟁' 또는 '품질경쟁'의 수준을 넘어서 어떤 산업 부문(숙련집약적 제조업인지 기술집약적 첨단벤처 부문인지)으로 특화되어 있는지가 가장 중요한 관건이 된다. 물론 홀과 소스키스도 이와 유사한 '급진적 혁신'과 '점진적 혁신'을 언급한 바 있지만, 그들은 이것이 특정한 자본주의 모델의 제도적 '결과'로서 나타나는 것으로 이해한다. 이와는 반대로 필자는 어떤 산업부문을 특화할지, 국민경제와 기업이 어떤 전략적 선택을 하는지가 여타 제도적 영역에서 자본주의 다양성을 낳는 '원인'이라고 판단한다.

둘째, 세계화의 경향성은 자본주의 모델을 구성하는 여러 제도적 변수(제품시장, 금융체계, 노동시장, 직업훈련, 복지국가 등)에 각기 차별적인 효과를 강제한다. 즉, 제품시장의 경쟁 양상, 기업-금융관계의 중요성은 상대적으로 강화하는 반면 노사관계와 복지체제의 중요성은 경감한다. 이는 과거 포드주의 시기에 자본주의 모델의 핵심 부분이었던 생산 레짐과 자본-노동관계의 중요성이 붕괴하고 쇠퇴하고 있음을 의미한다.[7] 따라서 자본주의 다양성을 규정하는 여러 제도 영역 사이에서 위계구조와 중요성이 어떻게 변하고 있는지에 대한 판단 없이, 제도적 변수들을 병렬적·평면적으로 나열해 자본주의 모델을 유형화하는 것이 과연 현실적합성을 확보할 수 있는지 의문을 가지게 된다.

---

7 호황기 포드주의의 붕괴 이후, 다음에 등장할 축적체제로 '포스트포드주의(Post-Ford-ism)' 개념이 1980년대에 활발히 논의된 바 있다. 그러나 포스트포드주의 역시 노동과정, 노사관계와 같은 생산 레짐의 특성(도요티즘, 볼보이즘 등)에만 주목했기 때문에 자본주의의 변화 방향에 대해 설득력 있는 분석을 제시하지는 못했다. 따라서 1990년대 중반 이후 포스트포드주의 개념은 비교정치경제론에서 급속히 쇠퇴하게 된다.

2 · 금융 주도적 축적체제의 고려

기존의 자본주의 다양성론에서는 '금융 시스템(또는 기업-금융관계)'을 제조업 기업의 투자자금을 조달하는 문제로만 인식하기 때문에, 1980년대 이후 금융 부문의 독자적인 축적 활동과 산업자본에 대한 금융자본의 우위성을 파악하지 못하는 한계를 지닌다. 이것 역시 포드주의적 인식의 한계와 결부되는 문제이기도 하다.

자본주의 역사에서 산업자본과 금융자본의 이해관계가 분리되고 대립될 수 있고 양자의 역학 관계가 끊임없이 변해왔다는 사실은 이미 많은 연구에 의해 지적된 바 있다. 아리기(Arrighi, 1994)는 16세기 이래 자본주의의 발전 역사를 콘드라티예프*Kondratieff* 주기로 구분할 때, 경기상승기에는 산업자본의 우위성과 (산업자본에 의한) 금융자본 통제가, 경기하강기에는 금융자본의 우위성과 전 세계적 팽창이 특징으로 나타난다고 주장한다. 또한 오버빅과 페일(Overbeek and Pijl, 1993: 7)도 근대 자본주의 발전 과정에서 1820~1920년대는 금융자본이, 1920~1970년대는 생산자본이, 1980년대 이후에는 다시 금융자본이 각각 헤게모니를 갖는 것으로 분석한다.

이런 맥락에서 일부 조절이론가들은 포드주의적 축적체제의 붕괴 이후 출현하는 자본주의 경제모델을 '금융 주도적 축적체제*finance-led regime of accumulation*'로 개념화한다(쉐네, 1998; Aglietta, 2001). 이는 기존의 자본주의 다양성론에 비해 세계화와 신자유주의 시대에 자본주의의 성격과 핵심 특징이 무엇인지를 보다 정확히 보여준다. 금융 주도적 축적체제란 "신자유주의 시대에 자본축적 방식은 '지대적 특성(금융수익, 포트폴리오 투자 등)'을 띠며, 이는 임금노동관계의 변환과 착취율의 심화에 근거하고 그 작동이 주로 금융자본의 선택에 의해 좌우되는 것"을 의미한다(쉐네, 1998: 146~147). 그리고 무엇보다 중요한 점은 현대자본주의의 금융화 현상이 영미형 자유시장경제에만 나타나는 것이 아니라 유럽의 조율된 시장경제에서도 폭넓게 확대되고 강화되고 있다는 사실에 있다.

'금융화'는 무역이나 상품생산보다는 점차 금융 채널을 통해 자본주의의 이윤 창출이 이루어지는 축적 방식으로 규정될 수 있는데, 구체적으로 다음의 두 측면에서 파악될 수 있다(Krippner, 2005: 181~182). 첫째, 전체 경제의 이윤 원천에서 금융 부문의 이윤과 비금융 부문(제조업+비금융 서비스업)의 이윤을 비교할 경우 금융 부문 이윤의 비중이 증대하는 것이다. 둘째, 비금융권 기업(주로 제조업 기업)의 수입 원천에서도 생산 활동으로 얻어진 수입에 비해 '포트폴리오 수입(이자, 배당금, 자본수익)'의 중요성이 지속적으로 증대하는 현상이다.

미국 같은 자유시장경제에서는 당연히 이런 경향성이 확연하게 나타난다. 크리프너(Krippner, 2005: 189)의 조사에 따르면, 전체 미국 경제에서 비금융 부문의 이윤 대비 금융 부문 이윤의 비율은 1950년 10% 수준에서 2001년 70%로 급상승한 것으로 나타났다. 〈그림 1-4〉에서도 나타나듯이, 미국 비금융 기업의 전체 현금흐름에서 포트폴리오 수입의 비중은 1970년대까지는 10% 이하에 불과했으나 이후 지속적으로 증가해 2000년에는 전체 수입의 50% 수준으로 급격하게 상승한다. 비금융 기업의 금융 수입의 증대는 이자, 주식투자 등에서 연유하는 것이기도 하지만, 보다 중요한 점은 기업의 생산 활동을 점차 금융 활동과 연계하고 있다는 것이다. 한 예로 미국의 가전제품 기업인 GE는 자사 제품의 판매를 확장할 목적으로 할부금 대출 등 소비자 신용을 담당하는 GE 캐피탈GE Capital을 설립했는데, 2003년에 GE 캐피탈은 GE 그룹 전체 이윤의 42%를 벌어들였다. 또한 같은 역할을 담당하는 GM의 금융 자회사인 GMAC도 2004년에 29억 달러를 벌어들여

그림 1-4 미국 비금융 기업의 전체 현금흐름에서 포트폴리오 소득 비중(1950~2000년)

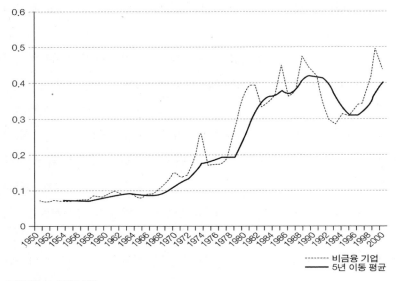

자료: Krippner(2005: 185).

GM 그룹 총수입의 80%를 차지했다(Blackburn, 2006: 43~44).[8]

앞서 언급했듯이, 이런 금융화 현상은 유럽의 시장경제모델에서도 동일하게 나타난다. 여기서는 프랑스의 사례만을 검토하는데, 〈그림 1-5〉는 프랑스 비금융 기업과 금융 기업의 이윤율 추이를 보여준다. 금융기관의 이윤율은 1985년을 기점으로 비금융 기업을 추월해 2000년에는 비금융 기업

---

8 이런 현상은 한국에서도 동일하게 나타난다. 일례로 현대자동차의 계열사인 현대카드가 이런 역할을 담당한다. 향후 한국에서도 제품 판매에 따른 경상수입과 리스, 할부금 대출 같은 소비자금융을 통한 금융수입의 비율이 어떤지 조사해볼 필요가 있다.

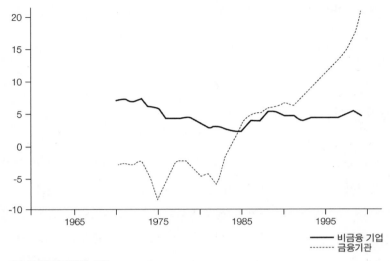

그림 1-5 프랑스 비금융 기업과 금융 기업의 이윤율 추이(1970~1999년, %)

자료: 뒤메닐·레비(2006: 179).

의 이윤율을 4배 이상 압도했다(뒤메닐·레비, 2006: 179). 1999년 프랑스의 비금융 기업 이윤율은 5%에 불과한 반면 금융 기업의 이윤율은 20%를 상회하는 것으로 나타났다. 프랑스 대기업들의 자산 보유 내역에서도 1980년대 중반 이후로 금융자산이 비금융자산 비중을 추월해 그 격차가 두 배 가까운 수준으로 벌어졌다(세르파티, 2002: 183). 또한 프랑스 기업집단이 외환시장과 주식시장에 엄청난 자금을 쏟아붓고 있다는 사실 역시 여러 사례를 통해서 알 수 있다.

문제는 기존의 자본주의 다양성론으로는 이런 현상을 전혀 설명할 수 없다는 데 있다. 극단적으로 비유하면 다양성론은 현대자본주의의 반쪽 면만을 분석하고 있다고 볼 수 있다. 따라서 최근 자본주의의 변동 방향과 그 성격을 객관적으로 이해하기 위해서는 자본주의 모델에 대한 제도적 변수를 재검토하고 재구성하는 이론화 작업이 필요하다.

5 ──────────
대안적 이론화를 위한 모색

앞서 살펴본 것처럼, 자본주의 다양성론이 현대자본주의의 성격과 동학을 분석하는 데 상당한 통찰력과 풍부한 이론적 함의를 지니고 있음은 분명하다. 특히 자본주의 경제의 결정적 행위자로서 기업을 주목하고, 기업이 이윤 획득을 위해 풀어야 할 다양한 행위자들(고객, 피고용자, 노조, 부품 공급자, 정부 등)과의 조율 문제를 중심으로 자본주의 모델을 규명하는 것은 매우 독창적이고 신선한 해석 방식이다. 이들 조율의 문제 각각은 자본주의 경제의 기본 성격과 재생산을 규정하는 핵심적인 제도적 영역을 의미하기 때문이다. 그러나 다양성론은 자본주의 모델을 지나치게 생산 레짐적 틀과 유럽 중심적 시각으로 접근함으로써, 세계화·정보화 경향성의 등장 이후 변하고 있는 자본주의의 특징과 제도적 변수를 추출하는 데는 적지 않은 한계를 노정한다. 그 주된 이유는 앞서 논의한 현대자본주의의 '금융화' 추세와 관련이 있다. 그렇다면 대안적인 '자본주의 다양성' 모델은 어떻게 구성될 수 있고 자본주의의 제 유형을 가늠하는 핵심적인 제도적 변수는 무엇으로 설정해야 하는가? 여기서는 홀과 소스키스가 했던 것과 같은 정교한 분석모형의 구성은 별도의 후속 연구 과제로 미루고 대안적 이론화를 위한 원칙 몇 가지를 제시하는 선에서 논의를 마무리한다.

첫째, 자본주의의 축적과 재생산을 위한 이윤 원천이 무엇인지, 즉 주된 이윤이 어디서 창출되는지의 문제를 감안할 필요가 있다. 예전의 포드주의 시기와는 달리, 세계화·정보화 이후의 현대자본주의에서는 산업자본의 생산 활동뿐만 아니라 금융자본의 투자·포트폴리오 활동, 구글이나 마이크로소프트 등과 같이 IT·인터넷·정보서비스 분야의 첨단벤처 부문 및 지식자본 등 축적의 이윤 원천이 다변화되고 있다.[9] 이런 맥락에서 김형기(2007: 35~37)는 조절이론의 틀을 빌려, 현대자본주의의 축적체제를 금융 주도, 지식(혁신) 주도, 포드주의적 축적체제로 구분한 바 있는데, 여기서는 미국처럼 금융 주도적 축적체제와 지식 주도 축적체제가 결합된 복합적 유형도 가능할 수 있다. 따라서 개별 자본주의 모델의 기본 성격을 파악하는 문제는 일차적으로 축적과 재생산의 이윤 원천이 어디에서 기인하는지, 그리고 다양한 이윤 원천의 구성내역(생산-지식-금융)과 비율은 어떠한지의 문제에서 출발해야 한다.

둘째, 홀과 소스키스 그리고 아마블과 같은 다양성론자들이 자본주의 모델의 유형화 기준으로 제시한 제도적 변수들(금융체계, 기업지배구조, 노사관계, 직업훈련·교육, 기업 간 관계, 사회적 보호·복지국가 등)은 사실상 단일 변수로 취급해야 한다. 이들 변수는 생산 레짐의 특성만을 반영하는 것이기 때문이다. 또한 이들 하위 영역이 제도적 상호보완성을 지닌다는 것은 이들

---

9 금융 부문이 산업자본 및 실물경제와 무관하게 독립적인 이윤과 부가가치를 창출할 수 있는지의 문제는 금융화를 둘러싼 이론적 쟁점 중 하나다. 뒤메닐과 레비(2006), 하비(Harvey, 2005) 등은 금융자본의 이윤이 실물경제에서 '강탈'된 것이며 이윤 분배 구조에서 더 많은 이윤 몫을 금융자본이 전취한 것으로 간주함으로써 금융자본의 가공자본으로서의 속성과 기생적 특성을 강조한다. 그러나 시장 리스크에 대한 헤지(hedge), 시장가치 및 미래수익가치 평가, 파생금융상품 등에서 보듯이 금융 부문이 아무런 부가가치도 창출하지 않는다고 보기는 어렵다.

제도적 변수 각각이 자본주의 유형화에 독자적인 영향을 미치는 독립변수라기보다는 일련의 상호작용 효과*interaction effect*를 가지는 사실상 같은 변수라는 점을 의미한다. 홀과 소스키스 등이 언급한 제도적 변수 중에서 자본주의 모델을 가늠하는 핵심요인은 결국 '기업지배구조'라고 할 수 있다. 기업지배구조가 주주 자본주의*stockholder capitalism*인지, 이해당사자 자본주의인지, 또는 (재벌의) 소유자 자본주의*owner capitalism*인지에 따라 나머지 제도 영역(금융체계, 노사관계, 직업훈련 및 교육, 사회적 보호 등)의 구체적 내용이 결정되며 일관된 형태의 특정한 제도편제가 형성된다.

셋째, 자본주의 다양성론이 취하는 기업 중심적·행위자 중심적 접근법은 중범위 수준*meso level*에서 나름대로 분석적 장점을 지니지만 개별 기업이 지닌 조율의 문제, 기업과 타 행위자의 관계로 환원되지 않는 자본주의 경제의 구조적 측면, 기업 환경적 측면도 감안할 필요가 있다. 비유하자면, 특정 국가 안에 있는 개별 기업들의 조율방식을 단순 합산한 것이 해당 자본주의 모델의 전체적 특성과 등치되는 것은 아닐 것이다.[10] 여기서 고려해야 할 핵심 변수는 자본주의 경제의 작동에서 나타나는 '시장-국가' 관계의 문제로, 이는 해당 자본주의 경제에서 국가 개입의 범위와 강도, 경제정책 및 개입 수단에 대한 분석을 필요로 한다. 슈미트(Schmidt, 2002)의 경우 시장자본주의, 관리자본주의 유형 외에 국가자본주의 유형을 제기한 바 있지만 그녀의 분석에서 국가 변수는 부분적인 영역에 국한되는 한계를 지닌

---

10 한 예로, 개별 기업들이 생산비용을 줄이기 위해 임금을 감축하는 것은 개별 기업에게
는 합리적인 선택일 수 있지만, 모든 기업이 그와 같은 합리성 전략을 취할 경우 경제
전체로는 시장수요가 감소하는 비합리성이 나타날 수도 있다. 즉, 부분의 합리성을 모
두 더한 것이 전체의 합리성을 보장해주지는 않는다.

다. 특히 동아시아 국가나 다양한 후발개도국의 자본주의 모델을 분석에 포함하고자 한다면, 생산 레짐의 세부 영역에 대한 분석에 앞서 시장 주도적 자본주의인지 아니면 국가 주도적 자본주의인지에 대한 기본적인 성격 규정이 필요할 것이다. 또한 해당 자본주의 모델이 수출 지향 경제인지 아니면 내수 중심 경제인지의 여부도 차별적인 자본주의 유형화와 제도편제를 낳는 요인이 될 수 있다.

세계화의 경향성이 등장한 이래 현대자본주의는 그 방향을 예측하기 힘들 정도로 급속한 변동을 경험하고 있으며, '위기-재구조화*crisis and restructur-ing*'의 상호작용 속에서 끊임없이 새로운 형태로 진화해가고 있다. 이런 상황에서 자본주의 다양성론은 비록 여러 한계와 분석적 취약성을 지니고 있지만, 매우 타당한 문제의식을 보여주며 자본주의에 대한 정치경제학적 연구를 활성화하는 풍부한 연구 의제와 이론적 단초를 제공한다. 물론 자본주의 다양성론이 선도적인 현대자본주의 이론으로서 자리매김되기 위해서는 보다 체계적이고 정교한 분석 틀의 구축과 다양한 사례연구, 비교연구가 지속적으로 수반되어야 할 것이다.

제2장

현대자본주의의 위기와 재구조화

1 ———————————

현대자본주의의 다면적 성격

칼레츠키(2011: 35)의 지적대로 그동안 자본주의는 기술과 경제 분야에서
의 거대한 변동, 정치혁명, 세계전쟁 등 온갖 충격과 혼란을 겪으면서도 성
공적으로 적응해왔고, 변하는 환경에서 살아남기 위해 끊임없이 새로운 형
태의 자본주의로 진화해왔다. 오늘날 존재하는 21세기 자본주의의 모습은
다면적이고 다차원적이다. 현재의 자본주의는 자본·생산·금융 활동의 전
세계적 이동과 확장에 기초한 글로벌 자본주의*global capitalism*이며(Gilpin, 2000;
Frieden, 2006), 정보 부문과 IT기술, 인터넷 등 지식경제와 혁신이 경제성장
을 주도하는 정보자본주의*informational capitalism*이기도 하다(카스텔, 2003). 또한,
금융시장과 금융 부문이 산업자본 및 모든 경제행위자에게 금융화의 논리
를 강요하는 금융자본주의*financial capitalism*이기도 하고(Epstein, 2005; Krippner,
2011), 시장의 절대적 우선성과 모든 경제 관계의 상품화를 지향하는 시장근
본주의 이데올로기가 지배적인 행위규범이 되고 있는 신자유주의적 자본
주의*neoliberal capitalism*이기도 하다(하비, 2007; 사드필류·존스턴, 2009).

현대자본주의는 왜 이런 모습으로 진화해왔는가? 자본주의 발전 과정에
서 어떤 요인들이 이런 형태의 적응과 진화를 이끌어냈는가? 이 장은 제2

차 세계대전 이후 자본주의 체제의 위기와 재구조화*crisis and restructuring*에 대한 분석을 통해 현 단계의 자본주의가 세계화, 정보화, 금융화, 신자유주의의 성격을 포괄하는 다면적·다차원적 자본주의로 변모하게 된 역사적 맥락을 추적하고 이해하고자 한다. 물론 그동안 정치경제학에서는 자본주의의 역사적 변동과 발전 과정에 대한 체계적이고 정교한 분석들이 다수 제기되어왔으며(암스트롱·글린·해리슨, 1993; Brenner, 2002; 글린, 2008), 필자의 연구도 그동안의 연구 성과를 기반으로 삼아 그 연장선에 있다. 그렇지만 필자의 연구는 다음의 측면에서 나름의 차별성과 의미를 지닌다.

첫째, 자본주의의 발전 동학을 '호황-위기-재구조화'라는 장기파동*long wave*의 순환 주기로 파악함으로써, 제2차 세계대전 이후 자본주의 체제의 변동 과정이 우연적인 역사적 사건들의 결과물이 아닌, 자본주의에 내재된 체계적 경향성과 제도적 요인의 산물임을 보여준다.

둘째, 세계화, 정보화, 금융화, 신자유주의와 같은 현대자본주의의 다면적 특성들이 1980년대 이후 자본주의의 위기 탈출을 위한 재구조화의 순차적인 전략으로 등장했으며, 또한 상호 긴밀하게 연결되어 있고 자본주의 축적체제의 재구축과 재생산을 위한 기능적 보완관계에 있음을 밝힌다.

먼저 제2절에서는 자본주의의 발전 과정을 이해하기 위한 분석적 프레임으로서 장기파동의 관점에서 '호황-위기-재구조화'의 사이클을 살펴보고 경제위기와 재구조화의 구성요인들을 검토한다. 제3절에서는 제2차 세계대전 이후 서구자본주의를 중심으로 자본주의의 대호황이 가능했던 경제적·정치적·국제적 요인들을 살펴본다. 제4절에서는 1970년대부터 가시화된 자본주의의 위기를 대호황의 동일한 제도적 요인들이 붕괴되는 과정을 통해 설명한다. 제5절에서는 위기에 대한 대응으로서 1980년대 이후의 재구조화 과정을 살펴본다. 여기에서는 생산의 유연화·합리화(포스트포드주의), 생산·금융의 세계화, 정보 부문의 선도산업화, 재구조화의 정치적·사회적 조건(신자유주의)을 차례로 검토한다.

2

자본주의의 발전 동학: '호황-위기-재구조화'의 순환 주기

자본주의에 대한 개념 정의는 신고전주의 경제학, 맑스주의 정치경제학 등 어떤 이론적 관점을 선택하는지에 따라 달라진다. 하지만 이념형적인 차원에서 자본주의 이전의 경제와 자본주의 경제를 구분하면 다음의 요인들을 자본주의 경제의 기본 요소로 꼽을 수 있다. 그 요소들은 ① 상품생산, ② 시장 교환, ③ 이윤 극대화, ④ 자본 간 경쟁, ⑤ 자본-노동 간 갈등이다.[1]

상품생산, 시장 교환, 이윤 극대화는 자본주의 경제의 기본 작동 원리에 해당하며, 특히 자본 간 경쟁과 자본-노동 간 갈등은 성장과 위기, 경기상승과 경기하강 등 자본주의의 역동성을 규정하는 핵심 변수다(만델, 1985; Gordon, Edwards and Reich, 1982). 자본 간 경쟁은 신기술과 제도혁신, 생산성 상승의 토대가 되어 자본주의의 성장 동력이 될 수도 있고. 반대로 자본 간의 과도한 시장 경쟁으로 과잉생산과 대공황 등을 초래하는 위기요인이 될

---

1 생산수단의 사적 소유라는 사적재산권(private property)도 자본주의 경제의 근간을 이루는 제도적 요인임은 분명하다. 그러나 고대 노예제와 중세 봉건제 역시 생산수단의 사적 소유에 기초했으며, 자본주의의 사적재산권은 이를 법적·제도적으로 체계화하고 정교화한 것에 불과하다는 점에서 이것을 자본주의만의 고유 특성으로 간주하기는 어렵다.

수도 있다. 자본-노동 간 갈등 역시 어떤 계급이 역학 관계에서 더 우위를 점하는지에 따라 임금-생산성-이윤율에 영향을 미쳐 호황과 불황을 야기하는 원인이 된다.

따라서 이런 점을 고려하면 자본주의 경제의 발전은 선형적이고 누적적인 과정이 아니라 호황과 불황, 성장과 위기가 주기적으로 교차되고 반복되는 파동의 형태를 띤다고 할 수 있다. 이런 관점에서 자본주의의 발전 동학을 이해하는 이론적 접근법으로 '장기파동론*theory of long wave*'을 들 수 있다.[2] 이 절에서는 장기파동론과 정치경제학적 접근을 토대로 자본주의 발전 동학에 대한 개괄적인 밑그림을 그려본다.

첫째, 자본주의 경제는 경기의 상승 국면과 하강 국면을 포함한 약 40~60년의 순환 주기에 의해 움직인다. 이는 상품생산, 이윤율, 자본축적률에서의 팽창·수축의 순환운동을 의미하며, 구체적으로는 '가속화된 자본축적-과잉축적-감속화된 자본축적-과소투자'의 순환 주기로 구성된다(만델, 1985: 107~108). 슘페터는 장기파동이 '호황*prosperity*-침체*recession*-불황*depression*-회복*recovery*'이라는 네 국면으로 이루어져 있다고 보았다(이영희, 1990: 508 재인용; Schumpeter, 1978). 장기파동 이론가들(콘드라티에프, 슘페터, 만델 등)은 파동의 원인을 둘러싼 이론적 관점의 차이에도 불구하고 자본주의 장기파동의 시기 구분에 대해서는 대략적으로 의견의 일치를 보인다. 그들은 1차 파동은 1780년대~1847년 공황, 2차 파동은 1847년 공황~1890년대 중반, 3차 파동

2   N. 콘드라티에프(N. Kondratieff), L. 트로츠키(L. Trotsky), J. 슘페터(J. Schumpeter) 등을 지적 기원으로 하는 장기파동론은 크게 기술혁신의 중요성을 강조하는 제도경제학의 전통과 축적체제의 내재적 모순과 계급투쟁 요인을 강조하는 맑스주의 전통으로 구분된다. 장기파동론에 대한 개괄적인 소개로는 이영희(1990)를 참고하라.

그림 2-1 미국의 자본생산성 장기 추세(1870~2000년)

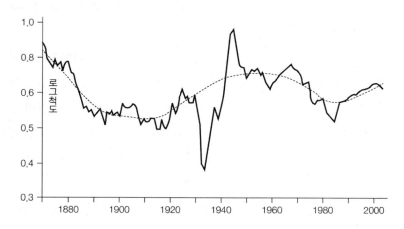

자료: Duménil and Lévy(2006: 194).

은 1890년대 후반~제2차 세계대전, 4차 파동은 1950년대 이후로 본다(만델, 1985: 118; Gordon et al., 1982: 12). 자본주의의 발전 과정에서 장기파동이 실제로 존재한다는 사실은 〈그림 2-1〉에서 보듯이 비교적 최근의 시기로 국한해도 그 추세를 확인할 수 있다. 이 자료는 1870~2000년 미국의 자본생산성 추세를 보여주는데, 생산성의 상승과 하강의 장기 추세가 분명하게 드러난다.

둘째, 따라서 자본주의 경제는 경기상승-경기하강의 장기파동 속에서 주기적인 경제위기를 경험하며, 이런 점에서 '위기'는 자본주의 발전 과정에 내재한 항상적이고 편재적인 과정이라 할 수 있다. 자본주의 출현 이래 경제위기는 단순한 경기후퇴, 생산성 정체 등 완만한 형태를 취하기도 하지만 때로는 과잉축적, 계급투쟁의 첨예화, 대공황과 같이 극단적이고 폭력적인 형태로 나타나기도 한다(Foster, 1989). 위기 촉발요인은 앞서 언급한 자본 간 경쟁과 자본-노동 간 갈등에서 연유한다. 자본 간 경쟁은 시장의 포화, 기존 제품의 수익 체감, 과잉생산, 과잉축적 등을 야기하며, 자본-노동 간 갈등은 호황 말기의 완전고용 상황에서 노동계급의 성장에 따른 '임금 인상-이윤 압박'으로 위기를 가중한다(암스트롱·글린·해리슨, 1993).[3] 결국 이 두 요인에 의해 자본주의 경제는 '한계기업 도산→실업 증대→소비 감소→ 투자 감소'를 경험하면서 축적체제의 불균형과 모순을 수반하는 경제위기의 국면에 접어들게 된다.

셋째, 경제위기에 대한 자본주의의 주요 대응은 새로운 잉여원천 및 축적기회의 모색을 향한 시도로 나타나게 된다. 이는 통칭 '재구조화restructur-ing'로 집약되는 일련의 과정인데, 일반적으로 재구조화의 내용은 다음을 포괄한다(Foster, 1989: 281). ① 생산비용을 줄여 산업의 손익균형점을 낮추는 것, ② 기술혁신 및 신기술 개발을 통해 생산성과 경쟁력을 강화하는 것, ③ 원자재의 조달과 상품의 효율적 처리를 위한 시장을 확대하는 것 등이다. 재구조화의 이런 내용은 위기 때와 마찬가지로 자본 간 경쟁 및 자본-노동 간 갈등의 측면과 관련된다. 즉, 혁신을 선점하기 위한 자본 간 경쟁은 기술혁신의 군집을 창출하고 신제품 개발, 새로운 생산방식, 시장 창출, 조직 개편 등을 포함하는 창조적 파괴 과정을 불러일으킨다(서문기, 2003: 37). 자본-노동관계 측면에서는 노동계급의 패배와 원자화에 따른 임금 하락과 노동

---

3   만델(Mandel, 1980: 49~50)에 따르면, 경제성장 주기와 계급투쟁 주기는 거의 같은 궤적을 보인다. 즉, 통상적인 인식과는 달리 노동계급의 전투성과 계급투쟁이 첨예화되는 시점은 불황기나 경제위기가 아니라 경기상승이 정점에 달하는 호황기다. 따라서 경기 하강기에는 계급투쟁의 빈도와 강도도 하락한다.

그림 2-2 자본주의의 장기파동과 발전 동학

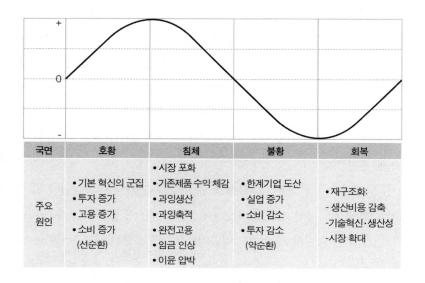

국면	호황	침체	불황	회복
주요 원인	•기본 혁신의 군집 •투자 증가 •고용 증가 •소비 증가 (선순환)	•시장 포화 •기존제품 수익 체감 •과잉생산 •과잉축적 •완전고용 •임금 인상 •이윤 압박	•한계기업 도산 •실업 증가 •소비 감소 •투자 감소 (악순환)	•재구조화: - 생산비용 감축 -기술혁신·생산성 -시장 확대

강도 증가, 잉여가치율의 상승이 재구조화의 주요 내용이 되며, 노동자의
저항을 분쇄하고 노동과정에 대한 자본의 통제력을 재확립하기 위한 계급
투쟁적 목적의 기술혁신과 신자본재 창안도 이루어진다(Mandel, 1980: 37~49).

넷째, 종합해보면 자본주의 경제의 발전 과정은 자본 간 경쟁 및 자본-노
동관계에 기인한 '경기상승-경기하강'의 장기파동, 또는 '호황-위기-재구조
화'의 순환 주기를 통해 이루어진다고 할 수 있다. 이런 점에서 자본주의의
위기 국면은 체제의 광범위한 재편을 수반한 재구조화의 시기와 맞물리게
되는데, 그 결과 재구조화의 방향·범위·성격에 의해 자본주의는 새로운 형
태로 진화한다(윤상우, 1996: 265). 넓게 보면, 자본주의의 장기파동에 의해 자
본주의 발전의 제반 단계가 출현한다고 볼 수 있다. 만델이 자본주의 발전

단계를 '경쟁 자본주의-고전적 제국주의-후기*late* 자본주의'로 유형화한 것이나, 조절이론(리피에츠, 1991)이 '외연적 축적체제-내포적 축적체제-포스트포드주의적 축적체제'로 단계를 구분한 것, 래시와 어리(Lash and Urry, 1987), 오페(Offe, 1985) 등이 '경쟁 자본주의-조직 자본주의-탈조직 자본주의'의 단계를 제시한 것은 자본주의 장기파동의 각 국면과 조응한다.

3
전후 자본주의의 축적구조: 황금시대의 정치경제학

제2차 세계대전 이후의 자본주의는 고도성장과 장기호황이 이어진 자본주의의 '황금시대*golden age*'였다(Marglin, 1990: 1). 이 시기에 서구 자본주의 국가들은 생산성과 소득의 동반 성장의 결과로 전반적으로 이윤율이 안정되었고, 전례 없는 투자 붐이 일었으며, 상대적으로 완만한 인플레이션이 유지되었고, 생산품의 수요증가율과 잠재 생산능력 성장률이 균형을 이루는 거시경제구조를 지니고 있었다(Glyn et al., 1990: 56). 〈표 2-1〉에서 보듯이, 황금시대의 선진자본주의 국가들은 다른 시기를 압도하는 독보적인 경제 성과를 올렸다. 황금시대인 1950~1973년에 선진자본주의 국가들의 GDP 성장률은 4.9%, 1인당 GDP 성장률은 3.8%, 총고정자본형성 증가율은 5.5%, 수출성장률은 8.6%로, 이전의 어떤 시기와 비교해보아도 2배 이상을 상회하는 고속성장을 기록했다.

어떤 요인들이 장기호황과 황금시대를 가능하게 했을까? 이 문제를 다룬 많은 연구가 거의 공통적으로 ① 포드주의적 축적체제의 융성(경제적 요인), ② 케인스주의적 국가 개입주의(정치적 요인), ③ 미국 헤게모니(국제적 요

표 2-1 선진자본주의 국가들의 경제성장 지표(1820~1979년, %)

	GDP 성장률	1인당 GDP 성장률	총고정자본형성 증가율	수출성장률
1820~1870년	2.2	1.0	(na)	4.0
1870~1913년	2.5	1.4	2.9	3.9
1913~1950년	1.9	1.2	1.7	1.0
1950~1973년	4.9	3.8	5.5	8.6
1973~1979년	2.5	2.0	4.4	4.8

자료: Maddison(1982); Glyn et al.(1990: 42).

인) 등을 황금시대의 핵심 원인으로 꼽는다. 포드주의가 생산체제를 포함한 자본주의 경제의 축적 방식이라고 한다면, 케인스주의 국가 개입과 미국 헤게모니 각각은 포드주의적 축적체제의 원활한 작동과 재생산을 지원하는 국내적, 국제적 제도편제에 해당한다고 할 수 있다. 지금부터는 이 내용을 구체적으로 설명한다.

먼저, 전후 자본주의 황금시대는 경제적으로 포드주의적 축적체제에 기초해 있었다. 포드주의적 축적체제는 두 측면을 포괄한다. 하나는 생산체제production regime로서의 포드주의다. 이는 구상과 실행의 분리, 작업의 세분화·파편화, 노동의 탈숙련화를 핵심으로 하는 테일러주의Taylorism 노동과정원리에 컨베이어벨트 및 일괄조립생산assembly-line이라는 반자동 기계화 원리를 결합한 생산방식을 의미한다(Aglietta, 1979: 116~122). 다른 하나는 축적체제regime of accumulation로서의 포드주의다. 이는 앞서의 생산체제를 대량생산-대량소비의 접합, 노동력 재생산 및 소비 영역의 축적체제로의 포섭, 자본-노동 간 계급 타협을 골자로 하는 독점적 조절양식mode of regulation으로 조율함으로써 생산·이윤의 팽창과 안정적 재생산을 확보하는 자본축적 방식을 의미한다(리피에츠, 1991: 59~60).

사실, 테일러주의와 기계화를 결합한 포드주의적 생산체제는 이미 제2차 세계대전 이전에 확립되었고, 이에 따라 표준화된 대량생산과 급격한 생산성 향상이 이루어졌다. 그러나 이때의 포드주의적 생산체제는 시장에 기초한 임금 결정으로 노동자에게 저임금이 강요되었고 자본-노동 간의 계급 타협도 제도화되지 못한 경쟁적 조절양식에 기초해 있었기 때문에 안정적인 축적체제를 확보하지는 못했다. 그 결과, 포드주의적 생산체제는 비약적인 생산성 상승과 엄청난 대량생산을 창출했지만 총수요의 증가가 이를 따라주지 못함으로써 전례 없는 과잉생산과 대공황의 위기로 귀결된다.

전후 포드주의적 생산체제가 안정적인 축적체제로 발전할 수 있었던 것은 노동자에 대한 물질적 양보가 오히려 축적체제의 확대 재생산을 보장하는 핵심 열쇠가 되었기 때문이다. 포드주의 생산방식은 과거와는 차원이 다른 노동 통제와 노동강도의 강화를 포함했기 때문에 당연히 노동자의 격렬한 저항과 반발을 불러일으켰다. 따라서 노동자들이 포드주의적 생산체제를 수용하도록 만들기 위해서는 물질적 양보가 필요했는데, 그 양보의 핵심이 생산성 향상에 상응하는 임금의 인상이었다(임혁백, 1993: 194). 〈그림 2-3〉에서 보듯이, 황금시대인 1950년대 중반부터 1970년대 초반까지 기업의 생산성상승률과 임금상승률은 매년 꾸준하게 상승했을 뿐만 아니라 두 지표가 거의 정확히 일치하고 있다. 임금 인상은 생산성 향상이 소비자 구매력의 확대로 이어지게 하고, 이는 다시 기업가들로 하여금 생산시설의 확대를 위한 투자에 나서게 했다(Glyn et al., 1990: 58). 이를 통해 포드주의적 생산체제는 비로소 대량생산-대량소비의 접합, 소비 영역의 축적체제로의 포섭, 자본-노동 간 계급 타협을 포괄하는 포드주의적 축적체제로 확립되었다.

포드주의적 축적체제는 대량소비로 인해 제1부문(생산재)과 제2부문(소

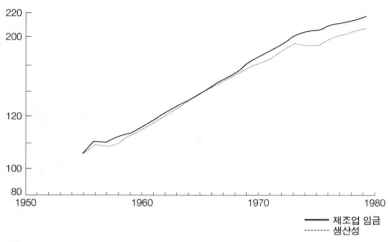

그림 2-3 선진자본주의 국가들의 생산성과 임금상승률(1955~1980년)

제조업 임금
생산성

자료: Glyn et al.(1990: 51).

비재) 사이의 불균등 발전이 상쇄되고 외연적 축적체제와 같은 지리적 확대에 의해 축적체제를 재생산하는 것이 아니라 자기중심적인 축적을 하는 내포적 축적체제다(리피에츠, 1991: 57~60). 즉, 시장 실현의 문제가 제국주의적 팽창에 의해 해결되는 것이 아니라 자국 내에서 사적 재화의 대량소비에 의해 해결되는 것이다. 게다가 그 과정은 지속적인 성장과 더불어 완전고용이 동반되는 선순환 과정이기도 했다.

다음으로, 자본주의 황금시대의 또 다른 제도적 토대는 케인스주의적 국가 개입주의와 복지국가다. 이는 포드주의적 축적체제의 안정적 재생산을 지원하는 국내적 조절양식의 한 부분이다. 전후 장기호황에서 케인스주의적 국가 개입의 역할은 크게 두 측면으로 구성된다. 하나는 국가의 적극적인 시장 개입으로서, 팽창적인 재정 지출로 생산과 투자를 자극하는 총수요 관리aggregate demand management 정책이다. 전전 대공황의 경험은 시장의 실패(과잉생산, 대량실업)에 대해 국가가 적극적인 역할을 해야 한다는 필요성에 대한 인식과 합의를 만들어냈는데, 케인스주의 국가는 '완전고용→노동자의 소득 증대→소비 증대→경제성장'이라는 인식하에 대규모 공공사업과 사회간접자본 투자, 사회서비스에 대한 재정 지출을 통해 완전고용의 실현과 시장의 유효수요 창출을 지향했다. 이는 경기순환에 대한 대응과 포드주의적 축적체제로 보전되지 않는 경제 영역을 국가가 책임진다는 것을 의미한다. 실제로 OECD 국가의 GDP 대비 공공 지출 비율은 1950년대 중반 28%에서 1970년대 중반 41%로 급격하게 팽창했다(Glyn et al., 1990: 61).

전후 장기호황에 대한 케인스주의 국가 개입의 또 다른 역할은 복지국가를 통해 자본-노동 간 계급 타협을 제도화하고 대량소비 규범을 일반화한 것이다. 케인스주의 복지국가는 노동자에게 다양한 사회보장 및 복지 수혜와 같은 사회적 임금social wage을 제공함으로써 시장에 의한 임금 결정을 시정하고 자본가와 노동자 모두가 만족할 수 있는 임금 결정의 공식을 도출할 수 있었다(임혁백, 1993: 197~198). 자본가는 간접적인 소득이전을 통해 사회적 임금을 지불한 대가로 노동자들로부터 산업 평화와 포드주의적 생산체제의 안정적 유지를 보장받는다. 또한 복지국가에 의한 소득이전, 사회적 임금은 대중의 구매력 향상에 기여해 대량소비를 더욱 강화하는 동력이 되었다.

마지막으로, 자본주의 황금시대를 가능하게 했던 국제적인 제도요인으로 미국 헤게모니를 꼽을 수 있다. 제2차 세계대전 이후 브레튼우즈 협정에 의해 선도적인 국제통화로 보증된 달러, 마셜 플랜Marshall Plan을 통한 유럽의 재건, 비동구권에서 압도적인 군사력 우위를 바탕으로 성립된 미국 헤게모니는 냉전시대의 대서양 블록atlantic bloc으로 지칭되는 세계자본주의 체제를 안정화하고 전후 대호황을 가능하게 해준 중요한 지주였다(Friedmann, 1991: 22~27). 미국 헤게모니는 다음의 측면에서 전후 장기호황에 결정적인 기여를 했다.

첫째, 미국은 마셜 플랜을 통해 전후 유럽과 일본의 재건을 지원함으로써 세계자본주의 체제의 재구축을 직접 주도했다. 마셜 플랜은 전후 좌파정당과 노동운동이 급성장하던 유럽 국가들을 자본주의 블록 안에 묶어두기 위한 수단이었다(암스트롱·글린·해리슨, 1993: 116~122). 미국이 단기적 비용과 장기적 손해(유럽, 일본의 경제력 회복에 따른 미국 지위의 약화)에도 불구하고 자본주의 재건에 직접 뛰어든 것은 세계자본주의의 팽창과 번영으로 가장 많은 이득을 보는 국가는 헤게모니 국가인 미국 자신이기 때문이다(Marglin, 1990: 11~12).

둘째, 미국은 마셜 플랜을 통해 포드주의적 노동과정 원리에 기반한 미국식 생산모델을 유럽에 이식했다. 포드주의적 생산방식은 이미 전쟁 이전에 유럽에 소개되었지만 포드주의가 본격적으로 확산되고 보편화된 것은 전쟁 이후다. 이 같은 포드주의의 확산은 유럽 각국이 미국의 번영을 따라잡으려는 자발적 노력과 연관된다(임혁백, 1993: 193~194). 이제 테일러주의, 포드주의에 대한 의구심은 사라지고 미국의 생산방식은 유럽인들이 필수적으로 배워야할 덕목이 되었다.

셋째, 미국은 세계경제와 세계무역의 원활한 작동을 위해 달러를 국제통화로 공급하고 국제환율체제를 안정화했으며, 국제통화기금IMF과 세계은행 등 자본주의를 지원하는 국제기구를 설립했고, '관세와 무역에 관한 일반협정GATT'을 구축해 서구 자본주의 국가들이 무역에서 강한 경쟁 압력을 받지 않고 성장할 수 있는 길을 열어놓았다.

4 ─────────────────────
1970년대 자본주의 체제의 위기

  전후 다양한 경제적·정치적·제도적·국제적 요인들의 절묘한 배합과 균형에 의해 가능했던 자본주의 황금시대는 약 20년 동안 거침없는 성장과 번영을 구가했다. 이처럼 끝나지 않을 것 같던 장기호황은 1970년대에 접어들면서 돌연 침체와 위기의 국면에 빠져들게 된다. 더욱 아이러니한 것은 전후의 황금시대를 이끌었던 바로 그 요인들이 뒤이은 위기 국면을 배태한 원인이자 계기가 되었다는 점이다. 이는 황금시대의 성공이 그 자신의 기반을 스스로 무너뜨렸다는 일종의 '성공의 역설'과도 같다(글린, 2008: 18). 지금부터는 1970년대 이후 자본주의 체제의 위기를 포드주의적 축적체제의 붕괴, 케인스주의적 복지국가의 한계, 미국 헤게모니의 쇠퇴를 중심으로 살펴본다.

  먼저, 경제적 차원에서 1970년대 자본주의의 위기요인으로는 전후 황금시대의 핵심적인 경제적 토대였던 포드주의적 축적체제의 붕괴를 들 수 있다. 포드주의 축적체제의 붕괴는 자본 간 경쟁 및 자본-노동 간 갈등과 관련된 다음의 요인들에서 기인한다.

  첫째, 포드주의적 생산체제는 생산을 거대 공장에 집중함에 따라 스스로가 창출한 대량 노동자mass worker에 취약했다. 포드주의 생산방식은 공정의 특성상 조립라인에 배치된 노동자들 가운데 단 한 명이라도 작업을 거부하면 전체 생산라인이 마비되는 약점을 지녔으며, 테일러주의와 마찬가지로 숙련의 제거, 작업의 파편화·단순반복화, 정신노동과 육체노동의 경직된 분업이라는 노동 원리에 기초했기 때문에 점차 노동자들의 극심한 스트레스와 저항을 불러일으키게 되었다(이영희, 1990: 524; 머레이, 1993: 94). 호황기에는 물질적 보상으로 이 문제를 어느 정도 상쇄할 수 있었으나, 1960년대 후반부터는 통제할 수 없는 수준으로 높은 이직률, 작업장에서의 저항, 파업이 발생했으며 더불어 불량품과 공정상의 과실이 속출하는 등 생산체제의 효율성이 급감하게 되었다.

둘째, 포드주의적 축적체제가 호황의 정점에 달할 무렵에는 과잉축적과 완전고용의 상황이 만들어졌는데, 이는 '임금 인상→이윤 압박'의 족쇄로 작용하게 되었다(글린, 2008: 22~25; 암스트롱·글린·해리슨, 1993: 258~264). 이에 고축적과 노동 공급 사이의 불균형으로 극심한 노동력 부족이 나타났고, 자본가들은 새로운 기계를 조작할 노동력을 얻기 위해 격렬하게 경쟁한다. 여기에 조직노동자의 저항과 파업이 결합되면서 명목임금의 급속한 증가가 발생하고 결국 이윤 압박과 함께 이윤율의 저하가 초래되었다.

셋째, 포드주의적 축적체제가 시장수요의 한계에 직면한 것이다. 포드주의적 축적체제는 대량생산과 더불어 대량소비를 필요조건으로 하는데, 표준화된 제품의 대량생산은 시장수요의 하락과 변동에 취약했다. 피오르와 세이블(Piore and Sabel, 1984: 184)은 전후의 팽창을 이끌어온 국내의 상품 소비가 1960년대 말에 이르러 점차 한계에 다다르게 되고 선진국의 국내 산업시장은 포화상태에 직면하게 되었다고 주장한다.[4] 분명한 것은 서구의 거대 기업들이 자국 내 대량의 상품 수요 수준을 더 이상 통제할 수 없게 되었다는 점과, 선진 경제권에서 경제집중도의 감소(유럽, 일본 기업의 성장) 및 수입품의 침투 증가로 모든 국가가 높은 시장 경쟁 압력에 직면하게 되

---

4   하이먼(1993: 188)은 피오르와 세이블의 주장을 의심스럽다고 비판한다. 경제활동을 이끌었던 대량 소비재시장이 현재 포화상태와 분절화를 경험하고 있다는 생각은 기껏해야 인상에 지나지 않는다는 것이다.

었다는 점이다(Lash and Urry, 1987: 196~197). 또한 1973년 이후 수요증가율의 하락이 뚜렷하게 나타난다(글린, 2008: 36).

다음으로, 정치적 측면에서 1970년대 자본주의의 위기요인은 호황기의 포드주의적 축적체제를 뒷받침했던 케인스주의적 복지국가의 한계다.

첫째, 전후 황금기에 각종 공공사업과 유효수요 관리 정책을 통해 완전고용, 시장구매력, 대량소비를 지원했던 케인스주의적 국가 개입은 생산성 상승이 둔화되는 경기의 하강 국면에서는 심각한 경제적 부담으로 작용했다. 서구에서 GDP의 40% 수준으로 팽창한 재정 지출은 이를 충당하기 위해 민간 부문의 이윤과 임금에 부과되는 조세 부담이 더욱 가중되는 것을 의미했고, 총취업자의 20%에 달하는 정부 부문의 고용은 경제에서 이윤을 추구하는 민간 부문이 축소되는 것을 의미했다(글린, 2008: 40~41). 결국 케인스주의 국가의 방대한 재정 지출에 세금 증가를 상쇄하기 위한 노동자의 임금 인상과 자본가의 제품 가격 인상이 경쟁적으로 결합되면서 인플레이션의 악순환은 더욱 가속화되었다.

둘째, 케인스주의 복지국가가 노동자에게 제공한 사회적 임금은 점차 '사회적 임금에 기초한 이윤율 저하'를 초래했다(임혁백, 1993: 202). 사회적 임금으로 지급된 실업급여와 복지급부의 제공은 노동자에게 실업의 위협에 대한 방패막 역할을 해주었는데, 이에 따라 실업의 위협이 노동자를 다스리는 채찍 역할을 수행하지 못하게 되자 생산성은 하락하고 임금 인상 압력은 증대하게 되었다. 결국, 복지국가의 사회적 임금은 자본에 대한 노동의 협상 능력을 높여줌으로써 자본의 이윤율을 잠식하는 요인으로 작용하게 된다.

마지막으로, 1970년대 자본주의의 위기를 초래한 국제적 요인으로 미국 헤게모니의 쇠퇴를 들 수 있다. 전후 세계자본주의 체제를 안정화하고 대호황을 가능하게 했던 국제적 제도요인이었던 미국 헤게모니는 1960년대 후반에 이르러 미국의 경제적 쇠퇴와 자본주의 블록 방위에 지출되는 과도한 군사비로 점차 쇠락을 길을 걷게 된다(윤상우, 1996: 265~266). 미국 헤게모니의 쇠퇴는 세계경제의 운영에 대한 미국의 통제력 상실과 더불어 국제무역의 제도적 안전장치였던 브레튼우즈 체제의 붕괴를 초래했다.

미국 헤게모니의 쇠퇴 원인을 보다 세부적으로 살펴보자. 첫째, 미국 자체의 경제적 쇠퇴를 들 수 있다. 미국 헤게모니가 정립된 초반에 미국이 향유하던 강력한 산업독점력과 축적 수준은 이후 장기호황을 거치면서 미국 기업에게 경쟁 압력을 결여하는 결과를 가져왔고, 이는 호황기 끝에 이르러 미국 기업의 상대적 힘의 쇠퇴, 미국 내에서의 낮은 축적률로 나타나게 되었다(암스트롱·글린·해리슨, 1993: 236~241). 반면에 유럽과 일본의 경쟁자들은 미국보다 훨씬 더 빠른 속도로 자본축적을 진행했으며, 이 축적은 훨씬 낮은 임금비용의 토대 위에서 이루어졌다.

둘째, 자본주의 블록을 방위하는 일에 지출되는 미국의 군사비용은 점차 미국의 금융 능력의 한계점 이상으로 치닫게 되었다. 1960~1970년대의 베트남전쟁에는 막대한 비용이 투입되었는데, 이때 필요한 재원은 더 많은 달러를 찍어냄으로써 조달되었다. 이는 자본주의 동맹국들에게 더 많은 강제를 안겨주었고 범세계적인 인플레이션을 유발하게 되었다(Friedmann, 1991: 27).

셋째, 앞서의 두 요인은 미국의 무역·재정적자와 유동성 위기를 가중해 결국 1971년 달러의 금 태환 정지와 브레튼우즈 체제의 붕괴를 초래했다. 자본주의의 황금기에 각국은 달러를 기축통화로 삼아 고정환율제를 유지했고, 고정환율제 아래에서 각국은 국제수지의 제약에 크게 신경 쓰지 않으면서 자국의 유효수요를 관리할 수 있었다. 그러나 달러의 태환 정지로 고정환율제가 변동환율제로 바뀌게 됨에 따라 하나의 국가 단위 수준에서 수요와 공급을 관리하던 케인스주의적 조절 방식은 비효율적인 것으로 전락하게 된다(Hirst and Thompson, 1992: 370~371). 또한 브레튼우즈 체제의 해체는 미국이 더 이상 세계자본주의의 유효수요의 창출자로서의 역할을 할 수 없다는 것을 의미한다. 그 결과, 각국은 국제시장에서의 점유율을 높이기 위한 경쟁에 돌입하게 되었고, 전후 미국 헤게모니 아래에서 모두에게 이득을 주던 포지티브섬positive-sum적 세계경제 질서는 이제 제로섬zero-sum적 질서로 변모하게 된다(임혁백, 1993: 199~200).

5

위기 대응 방식: 1980년대 이후 재구조화의 다차원성

앞서 살펴본 대로, 1970년대에 가시화된 자본주의의 위기는 미국 헤게모니가 쇠퇴하고 케인스주의적 국가 개입이 한계에 직면함에 따라 자본주의 경제를 조절할 수 있는 있는 국제적·국내적 제도장치들이 해체되어간 것과, 전후 고도성장을 견인하던 포드주의적 축적체제의 내적 성장 동력이 점차 소진된 것에 그 원인이 있다. 이런 내용은 이후 자본주의 경제의 재구조화의 성격과 방향을 암시해준다.

이는 ① 기존의 경직된 포드주의적 생산체제에서 탈피해 불확실한 시장 상황과 경제 환경에 적절하게 대처할 수 있는 생산체제의 유연성과 합리화의 모색, ② 새로운 축적기회의 모색과 국제경쟁력을 강화하기 위한 글로벌 옵션, 즉 생산·금융의 세계화 전략, ③ 정보 부문 및 IT 산업의 독자적 선도산업으로의 재편, ④ 재구조화의 정치적·사회적 조절 기제로서 신자유주의적 국가와 신자유주의적 세계 질서의 등장으로 요약할 수 있다.

1 · 생산의 유연성과 합리화: 포스트포드주의?

기존 포드주의 생산체제의 취약성(시장수요의 다변화, 노동자 저항)을 극복하기 위한 재구조화 시도는 생산방식의 혁신과 재편에서 시작되었다. 그 핵심은 생산체제의 유연성*flexibility*과 합리화*rationalization*를 강화하는 것이었다. 1980년대 이후 생산방식의 혁신과 재편이 가능했던 것은 기술적으로 극소전자기술*microelectronics technology*, 자동화, 컴퓨터 제어기술 등 1970년대 과학기술혁명*scientific technological revolution*의 성과들이 생산조직에 급격하게 적용되며 확산되었고, 노사관계의 측면에서는 경제위기를 거치면서 생산과정에 대한 자본 측의 통제력과 주도권이 회복되었기 때문이다. 특히, 생산의 유연성과 경쟁력을 강화하기 위해 제조업 부문에 광범위한 컴퓨터기술과 IT기술이 접목되었다는 점에서 이는 '산업(제조업)의 정보화'라고 부를수 있다. 자본 측이 확립하려는 유연성은 다음의 세 측면을 포함한다.

첫째, 생산조직과 생산방식에서의 유연성이다. 기존 포드주의는 컨베이어벨트에 의한 경직된 분업 구조, 파편화된 노동과정, 노동의 탈숙련화를 기본 원리로 하기 때문에 노동자의 집단적 저항과 노동 의욕의 저하를 가져오는 단점이 있었다. 이에 반해 재구조화가 추구하는 유연적 생산체제는 극소전자 자동화로 대표되는 기술혁신을 토대로 해 직무 확충*job enrichment*, 직무 순환*job rotation*, 팀작업*team-working*, 다능공화*multi-skilling*와 같은 '기능적 유연성*functional flexibility*'을 통해 노동자에게 일정한 자율성과 책임성을 부여함으로써 생산성과 직무헌신성을 향상하려는 것이다.

둘째, 소비시장에서의 유연성이다. 소비시장에서의 수요가 다양화되고 고차원화됨에 따라 표준화된 상품의 소품종 대량생산방식에 기초한 포드주의는 점차 설득력을 잃게 된다. 따라서 소비 패턴의 변화는 다품종 소량

생산, 주문자생산을 지향하게 만들며 시장에서의 수요 변화에 신속하게 대응할 수 있는 유연적 생산체제가 부각되는 것이다.

셋째, 노동시장에서의 유연성이다. 보다 자동화된 생산방식이 도입됨에 따라 작업은 상시고용이 아닌 파트타임이나 변형 시간 근로, 임시직 노동자로도 생산이 가능하게 된다. 따라서 '수량적 유연성*numerical flexibility*'이라고 할 수 있는 노동력 이용의 유연성이 적극 추진된다. 이는 임금과 생산비용의 감축에 기여할 뿐만 아니라 노동계급의 조직화를 저지하고 임금·고용과 관련해 노동자를 통제할 수 있는 기제를 제공한다.

그동안 노동과정론과 조절이론 등에서는 이러한 생산방식의 재편에 대해 '유연 전문화*flexible specialization*', '네오포드주의*Neo-Fordism*와 포스트포드주의', '도요타주의*Toyotism*' 등의 개념이 제기되어왔다. 피오르와 세이블(Piore and Sabel, 1984)이 향후의 생산 패러다임으로 주장했던 '유연 전문화'는 고객의 주문에 맞춰 다양한 재화를 생산(다품종 소량생산)하는 숙련노동자에 기반한 생산방식을 의미하며, '제3이탈리아*Third Italy*' 사례에서 나타나듯이 생산체제의 유연성이 높고 다양한 제품군을 생산하는 범위의 경제*economy of scope*를 지향한다. 일본의 도요타주의는 이미 잘 알려진 대로, 생산과정에서 재고와 낭비를 최소화하는 적기생산방식*Just-In-Time: JIT*과 현장노동자의 유연한 팀작업과 다능공화를 주요 특징으로 한다(워맥·존스·루스, 1992). 네오포드주의와 포스트포드주의 개념은 조절이론에서 포드주의 이후의 생산방식을 개념화한 것으로, 선진자본주의 국가의 특성에 따라 두 전략이 나타난다(리피에츠, 1991). 네오포드주의는 미국과 영국 등에서 나타나는 포드주의의 '수정' 전략인데, 테일러주의 원리는 그대로 유지하지만 생산과정에서 자동화와 컴퓨터기술을 활용해 시장수요의 변화에 탄력적으로 대응할 수 있는 생산의 유연성을 강화하는 전략이다. 포스트포드주의는 스웨덴, 독일 등에서 나타나는 포드주의의 '혁신' 전략으로, 테일러주의 및 포드주의 원리(구상·실행의 분리, 탈숙련화)를 근본적으로 변혁해 직무의 통합과 다숙련화, 노동자의 자율성·참여를 강화하는 생산방식을 지칭한다. 포스트포드주의는 이를 통해 노동자의 직무헌신성과 생산성 향상을 유도하며 고품질의 제품 생산을 지향한다.

1980년대 이후 본격화된 생산의 유연성과 합리화가 개별 기업들의 생산 패러다임과 시장 전략에 심대한 영향을 미친 것은 분명한 사실이다. 1980년대 미국과 서구 기업들이 앞다퉈 벤치마킹했던 도요타주의에 대한 열풍과 찬사가 이를 반영하는 사례라고 할 수 있다. 그러나 생산의 유연화와 합리화가 자본주의 경제의 질적 전환과 재구조화를 가능하게 했는지에 대해서는 다소 의문의 여지가 있다. 특히, 노동과정론에서 제기된 유연전문화론이나 포스트포드주의론은 과거 생산방식과의 차별성만을 지나치게 부각하면서 실제의 현실과는 부합되지 않는다는 다음의 한계를 지닌다.

첫째, 포스트포드주의와 유연전문화가 기존의 포드주의적 대량생산방식을 대체했다는 증거는 없다. 도요타주의가 1980년대에 전성기를 누린 것은 사실이지만, 포스트포드주의를 대표하는 볼보*Volvo*사의 칼마리즘*Kalmarism*은 생산방식의 혁신에도 불구하고 1990년대 중반 칼마르 공장과 우데발라 공장이 폐쇄되면서 사실상 실패했기 때문이다. 실제로는 포스트포드주의가 포드주의를 대체한 것이 아니라 포드주의 생산체제를 다소 유연하게 부분적으로 보완했다고 봐야 한다.

둘째, 포스트포드주의는 단순히 생산체제의 혁신일 뿐이고 축적체제의 혁신을 의미하지는 않는다. 이는 대량소비와 같은 시장 실현의 문제, 축적의 재생산 문제가 포스트포드주의 논의에서는 부재하다는 것을 의미한다. 따라서 자본주의의 재구조화는 생산의 유연성과 합리화를 넘어 다른 차원으로 확장되어야만 했고, 그것은 세계화 전략으로 이어진다.

2 · 생산·금융의 세계화

1980년대 이후 본격화된 생산·금융의 세계화는 현대자본주의의 성격 변화에 결정적인 영향을 미친 재구조화의 맥락이라고 할 수 있다. 세계화 전략은 전 세계적으로 최적의 생산 입지 구축을 통한 생산비용 절감의 측면과 해외로의 새로운 시장수요 개척이라는 측면에서 자본주의 재구조화의 핵심 내용을 구성한다. 실제로 선진국 기업들이 세계화 전략을 추진하게 된 것은 앞서 지적한 1970년대의 자본주의 위기로 자국 내 시장수요가 한계에 봉착하고 시장의 불확실성이 증폭되면서 국제무역과 세계시장에서 시장점유율을 높이려는 자본 간 경쟁이 첨예화되었기 때문이다. 그러나 이런 경제적 필요성만으로 세계화가 가능했던 것은 아니었다. 위기는 물적 토대와 결합되었기 때문에 '글로벌 경제'라는 새로운 돌파구를 찾을 수 있었다. 세계화의 주요 촉발요인들은 다음과 같다.

첫째, 경제적 요인으로서 제2차 세계대전 이후 장기간의 호황기에 축적된 풍부한 유동자산과 과잉자본은 자본·생산·금융의 세계화를 가능하게 했다. 특히 과잉 유동자본은 초국적 금융 부문이나 다국적기업의 팽창과 밀접한 관련이 있으며, 글로벌 금융시장의 발전과 대규모 해외직접투자*Foreign Direct Investment: FDI*의 일차적인 원동력이 된다(Andreff, 1984: 63; Chesnais, 1994: 13~14).

둘째, 기술적 요인이다. 1970년대부터 급진전된 정보통신기술 및 컴퓨터기술, 원거리통신, 네트워크기술의 발전은 해외직접투자, 글로벌 수준에서의 생산 및 자원 관리, 다국적기업의 효율적 운용을 가능하게 한 핵심적인 기술적 토대를 제공했다(카스텔, 1998).

오늘날 세계화는 생산과 금융이라는 두 영역에서 진행된다. 먼저, 생산의 세계화는 선진국 다국적기업들에 의해 주도되는 해외직접투자를 통해 시작되었다. 생산의 세계화가 본격적으로 시작된 1985~1990년에 해외직접투자증가율은 연평균 30%에 달했는데, 이는 전 세계 생산증가율의 4배, 전 세계 무역증가율의 3배에 달하는 수치다(Gilpin, 2001: 289). 최근에는 기업들의 해외 생산에서 FDI 비중은 25%대로 하락하고 인수합병, 해외 현지기업의 지분 취득, 해외 자회사의 현지 자금 조달, 초국적 기업 간 네트워크(아웃소싱, 전략적 제휴) 구축 등 다양한 방식이 등장하는 추세다(헬드 외, 2002: 383). 분명한 것은 선진국, 개도국을 막론한 모든 기업이 적극적으로 세계화에 뛰어들고 있으며, 거의 모든 산업 분야와 제품 생산에서 글로벌 생산 네트워크가 구축되고 있다는 점이다. 그 결과, 오늘날 다국적기업들은 전 세계적으로 그들의 본국 및 해외 활동을 합쳐 2010년에 1조 6천억 달러의 부가가치를 생산해 전 세계 GDP의 1/4 이상을 차지했으며, 전 세계 수출의 1/3 이상을 담당하고 있다(UNCTAD, 2011: 24).

다음으로는 세계 금융시장의 급성장에 기반한 금융의 세계화를 꼽을 수 있다. 글로벌 금융자산의 총액(주식, 정부·민간채권, 은행예금)은 1980년 12조 달러였으나 2005년에는 140조 달러로 급증했으며, 2005년 세계 GDP의 338%에 달하는 규모로 성장했다(Orhangazi, 2008: 11). 금융 세계화는 1980년대에는 다국적 은행을 통한 국제 대부가 그 추세를 선도했는데, 이는 다국적기업에 의한 국가 간 교차투자와 신국제분업의 구축, 제3세계의 산업화를 지원하기 위한 것으로서 초기의 금융 세계화는 생산의 세계화와 밀접한 연관성을 지니며 출발했다고 볼 수 있다(Lash and Urry, 1987: 202~203). 그러나 1990년대 이후에는 국제자본시장(주식, 채권, 외환, 파생금융상품)이 금융 세계화의 핵심 추동요인으로 부상하면서 금융의 세계화는 점차 생산의 세계화와 분리된 독립적인 영역을 구축해가고 있다.

오히려 현재의 금융 부문은 산업자본, 정부 부문, 가계 등 모든 경제행위자를 '금융화'의 논리에 포섭해 상품생산보다는 금융 채널을 통한 축적 방식과 '금융시장 자체를 위한 금융시장의 성장'을 일반화하고 있다(윤상우, 2013: 58~59; Engelen, 2003: 1367). 이와 관련해 조절이론에서는 금융화 경향성을 자본주의의 새로운 발전 단계 또는 독자적인 축적체제로 간주해 '금융 주도적 축적체제'라는 개념을 제기하기도 했다(쉐네, 1998; Boyer, 2000). 금융화를 자본주의의 독자적인 발전 단계나 축적체제로 인정할 수 있는지는 논란의 여지가 있지만(Foster, 2007), 금융화가 이전의 생산 영역과는 별개로 새로운 축적기회 및 이윤 원천을 창출하고 있다는 점에서 자본주의의 질적 전환을 가속화하는 주요 영역으로 평가할 수 있다.

현재 시점에서 평가하면, 생산·금융의 세계화는 의문의 여지없이 자본주의 재구조화의 핵심 차원이며, 또한 자본주의 체제의 유지와 확대 재생산을 가능하게 하는 결정적인 동력으로 작용하고 있다. 그러나 많은 학자가 지적하듯이, 생산·금융의 세계화는 전 세계 모든 국가와 모든 경제행위자를 포괄하고 아우르는 동심원적인 확장 과정이 아니라 매우 불균등하고 피라미드적인 과정이라는 점을 인식할 필요가 있다(카스텔, 1998; 헬드 외, 2002; Gilpin, 2001). 그 외연이 많이 확장되기는 했지만 생산·금융의 세계화를 주도하며 여기에 편입되어 있는 대상은 주로 선진국과 동아시아·남미의 소수 신흥국, 그리고 브릭스*BRICs* 국가 정도다. 다국적기업의 해외직접투자나 글로벌 생산 네트워크의 구축은 주로 이들 국가 사이에서 이루어진다. 따라서 아프리카, 아시아의 상당수 개도국은 세계화 추세에서 아예 배제되거나, 참여하더라도 경제적 이익을 거의 향유하지 못하는 이른바 '제4세계'로 전락하고 있다는 우려가 제기된다(카스텔, 1998: 53~54). 세계화 경향성이 지닌 이런 불균등성과 불안정성은 향후 자본주의의 발전 동학을 다시 위기로 이끄는 잠재적 요인이 될 수도 있다.

3 · 정보 부문의 선도산업화

자본주의 재구조화의 세 번째 차원은 IT기술 및 정보 부문의 독자적인 선도산업화를 근간으로 하는 '정보화' 또는 정보적 발전양식의 구축이다(카스텔, 2003). 사실 재구조화의 초기 단계에 컴퓨터·정보통신기술은 기존 제조업에 적용되어 생산의 유연성·합리화, 생산·금융의 세계화를 지원하는 기술적 토대로서 역할을 했지만,[5] 1990년대 이후로는 기존 산업의 생산성과 경쟁력을 지원하는 차원을 넘어 그 스스로가 자본주의 경제를 이끌어가는 혁신산업이자 선도산업으로 자리잡아가고 있다. 이는 '산업의 정보화'에 뒤이은 '정보의 산업화'로 불릴 만하다.

1971년 마이크로프로세서(Intel 4004)의 개발과 더불어 꾸준히 축적되어 온 정보기술의 혁신과 진보는 1981년 IBM의 PC 개발을 계기로 컴퓨터·정보통신산업의 상업화와 대중화의 길을 개척했고, 1994년 인터넷이 민영화되면서 범세계적 네트워크를 통한 정보화의 전면적 전개를 촉발했다. 이제

---

5 특히 세계화와 정보화는 상호 긴밀하게 연결된 상호 강화적 현상이라고 할 수 있다. 생산·금융의 세계화는 컴퓨터·IT기술이라는 기술적 토대가 없으면 불가능하다. 또한 정보화는 네트워크가 세계적 규모로 확장될 때 투입비용 대비 최고의 편익과 효율성을 확보할 수 있기 때문이다. 이런 점에서 카스텔(1998: 34~35)은 "글로벌 경제는 그 구조와 논리 면에서 기본적으로 정보화 경제이기도 하다"라고 평가한다.

정보통신기술과 인터넷의 영역은 단순히 자본주의의 하위 산업들 가운데 하나가 아니라 자본주의 경제구조의 대전환과 질적 도약을 가능하게 하는 결정적인 추동력으로 평가받고 있다. 최근 정보통신기술을 매개로 제기된 다양한 개념들, 예컨대 혁신경제*innovation economy*, 지식경제*knowledge economy*, 네트워크경제*network economy*, 디지털경제, e-경제, 신경제*new economy* 등은 이를 반영하는 현상이라고 할 수 있다(Pohjola, 2002: 134).

특히 1990년대 이후 자본주의 재구조화 과정에서 컴퓨터·전자·정보통신산업은 자본주의의 생산성 상승을 선도함으로써 최고의 고부가가치 산업이자 시장수요 창출 산업으로 성장했다. 이들 산업은 컴퓨터·IT의 하드웨어 및 소프트웨어 생산뿐만 아니라 인터넷을 매개로 제품·서비스시장을 무한 창출하고, 새로운 비즈니스 모델과 네트워크 기업, 플랫폼 기업 등 전례 없는 기업조직 형태와 경제 생태계를 구축하는 주체로 확장되고 있다. 정보 부문의 선도산업화가 자본주의의 재구조화에 기여한 점은 다음의 측면에서 확인할 수 있다.

첫째, 1972~1995년 미국의 생산성증가율은 제조업 전체가 2.58%, 제조업 가운데 비컴퓨터 부문이 1.88%에 그쳤지만, 컴퓨터산업은 17.83%에 달해 자본주의의 위기 탈출과 성장을 선도했다. 1995~1999년에는 컴퓨터산업의 생산성증가율이 무려 41.7%로 급증해 미국의 '신경제'를 창출한 원동력으로 평가되기도 했다(카스텔, 2003: 132~133). 1995~1998년 미국 정보기술산업의 GDP 성장 기여도는 35%에 달했고, 노동자 1인당 부가가치는 연평균 10.4% 성장했는데 이는 전체 경제성장률의 5배에 이른다(카스텔, 2003: 197).

둘째, 정보통신산업은 그 자체로 지속적인 기술혁신을 불러일으키고 끊임없는 확장성을 지니고 있기 때문에 자본주의 경제에 새로운 이윤을 창출하고 축적할 기회를 부여한다. 1990년대 인터넷 등장 이후 정보기술의 지속적인 혁신은 관련 IT 제품의 가격 하락과 인터넷의 대중화·보편화를 가져왔고 이는 계속해서 신경제의 근간을 이루는 e-비지니스, 전자상거래, 닷컴 기업의 등장을 야기했다. 그리고 오늘날 정보기술혁신의 추세는 사물인터넷*IOT*, 가상현실*VR*, 인공지능*AI*, 기술적 융복합 등 '제4차 산업혁명' 수준으로 확장됨으로써, 자본주의의 선도산업을 지속적으로 혁신하는 역할을 수행하고 있다.

셋째, 컴퓨터·IT와 같은 전자산업과 첨단기술산업은 혁신집약적인 산업이면서 동시에 생산공정의 기술적 분할을 통해 전 세계적 생산 네트워크에 기반해 제품 생산이 이루어지는 특성을 지니기 때문에 생산의 세계화와 신국제분업을 강화하고 제3세계의 산업화를 촉진하는 효과를 지니고 있다 (Henderson, 1989: 5). 특히, 정보기술산업의 성장은 동아시아 경제권의 고도성장과 급속한 부상을 가능하게 한 중요한 계기였는데, 전 세계 IT 제품 수출에서 아시아 개발도상국이 차지하는 비중은 1992년 25%에서 2006년 50%로 증가했다(하트랜즈버그, 2012: 138).

4 · 재구조화의 정치적·사회적 조절 방식

앞서 살펴본 것처럼, 1980년대 자본주의의 재구조화는 상호 긴밀하게 연결되어 있는 세계화, 정보화, 금융화, 생산 유연성의 차원들을 포괄한다. 이러한 재구조화의 전략들이 실제로 자본주의 경제의 회복과 축적의 안정적 재생산을 구축하기 위해서는 자본주의 축적체제의 재편을 지원하는 정치적·사회적 조절 방식을 필요로 한다. 1980년대 이후 일국적·세계적 수준에서 재구조화의 조절 방식으로 작용한 것은 '신자유주의'에 입각한 국가 형태와 국제 질서였다.

신자유주의는 시장 기제에 대한 절대적 신념을 전제로 시장이 모든 경제·사회문제에 대해 최선의 대안이라는 시장만능주의, 시장근본주의 이데올로기다. 이 이데올로기는 이전의 국가 개입을 후퇴시키고 자유시장을 안착시키기 위해 '워싱턴 컨센서스*Washington Consensus: WC*'로 집약되는 정책 패키지(규제 완화, 대외 개방, 민영화, 통화주의, 노동시장 유연성, 복지 축소)를 추구한다(Williamson, 1999). 그런데 현실의 신자유주의 국가는 탈규제만을 추구하는 자유방임형 국가가 결코 아니며, 오히려 경쟁력과 시장화를 명분으로 친시장적 규제에 기반한 국가 개입 및 국가 조절의 팽창을 특징으로 한다. 이런 신자유주의 국가는 '경쟁국가'(Cerny, Menz and Soederberg, 2005), '슘페터주의적 근로국가'(Jessop, 1993)로 지칭되는데, 세계화와 개방경제 아래에서 공급 중심의 개입을 통해 자본의 구조적 경쟁력을 강화하고자 하며, 궁극적으로 자본축적 조건을 재건하고 자본권력을 회복하기 위해 자본주의를 재조직화하는 국가 성격을 갖는다. 1980년대 초반 마거릿 대처와 로널드 레이건으로 상징되던 신자유주의 국가는 이후 상당수 선진국과 제3세계로 확산되었고, 사민주의적 복지국가의 영향력이 남아 있는 유럽 국가에도 심대한 영향을 미쳤다.

신자유주의적 조절 방식은 개별 국가에만 국한되지 않는다. 1990년대 이후 세계경제 질서도 신자유주의적 규범을 축으로 재편되어갔다. 구체적으로 시장 경쟁의 강화, 국가 간 장벽 제거, 국가 개입의 최소화를 세계경제의 규칙으로 정립하려는 초국적기구(WTO, IMF, World Bank)의 역할이 증대하고 있으며, 폭발적으로 늘어나고 있는 다양한 형태의 다자간 무역협정과 FTA, 지역경제통합이 신자유주의적 경제 질서의 확대 재생산을 지원하고 있다.

특히 2000년대 이후 전 세계적으로 각국 정부는 생산의 세계화를 촉진하고, 또한 여기에 참여하기 위해 다양한 형태의 국제협정을 추진하고 체결했는데, 그 추이는 전혀 줄어들 기세를 보이지 않는다. 세계은행에 따르면, 2010년 전 세계 국제투자협정 총건수는 6092건이었는데, 그중 쌍무투자협정이 2807건, 이중과세방지협약이 2976건, 기타 협약(FTA, CPA 포함)이 309건이었다. 2010년에만 매주 3건의 협정이 체결될 정도로 자유무역협정이 확대되는 추세는 앞으로도 지속될 것으로 전망된다(하트랜즈버그, 2012: 135).

6 ──────
자본주의의 향후 전망

지금까지 오늘날 현대자본주의가 '호황-위기-재구조화'의 순환 주기를 통해 세계화, 정보화, 금융화, 유연성, 신자유주의라는 다차원적인 특성과 복합적인 성격을 지닌 자본주의로 진화해가는 과정을 살펴보았다. 앞서 본 대로, 자본주의의 발전 동학을 규정하는 자본 간 경쟁 및 자본-노동관계는 전후 자본주의 황금시대의 조건을 만들어냈을 뿐만 아니라, 1970년대 자본주의를 경제위기와 침체의 국면으로 몰아넣은 핵심요인으로 작용했다. 또한 1980년대 이후의 재구조화 과정이 세계화, 정보화, 금융화, 유연성 등의 차원을 배태하게 된 것은 전 세계적 규모에서 축적기회와 이윤율을 회복하려는 치열한 자본 간 경쟁의 산물이었으며, 동시에 자본-노동관계에서 노동계급의 패배와 파편화·원자화, 자본 진영의 헤게모니 회복이라는 계급역학 관계를 반영한 결과이기도 하다.

그렇다면 1980년대 이후 진행된 일련의 재구조화의 결과로, 현 단계의 자본주의는 또 다른 상승 국면과 호황을 향해가고 있는가? 1990년대 말 동아시아 외환위기와 미국의 IT 버블 붕괴 등 몇몇 국면적인 위기요인과 불안정성에도 불구하고 1990대 이후 자본주의는 완연한 회복세와 경기상승의 추세를 이어가고 있는 것으로 보인다. 2008년 미국 금융위기가 다시금 자본주의 위기론과 비관론에 불을 지폈지만(칼레츠키, 2011), 이는 재구조화의 여러 전략 가운데 금융화 차원만이 한계에 부딪친 것을 의미하며, 실물경제를 포함한 자본주의 축적체제 전체의 붕괴를 가져온 것은 아니라고 봐야 한다. 그럼에도 자본주의가 역사적으로 상승과 하강, 성장과 위기의 순환주기를 끊임없이 반복해왔다는 점을 감안할 때, '정상을 향한 등정'이 언젠가는 '바닥을 향한 경주'로 반전되리라는 점은 충분히 예견할 수 있다. 물론 과거와는 다른 형태이겠지만 자본 간 경쟁 및 자본-노동관계의 동학은 또 다른 위기요인을 만들어낼 것이다.

마지막으로, 재구조화의 결과로 나타난 21세기 자본주의의 세계화, 정보화, 금융화, 유연화의 특성이 개별 자본주의 국가의 발전모델에 대해 갖는 함의를 지적하는 것으로 논의를 마무리한다. 세계화, 정보화, 금융화, 유연화는 전체 자본주의 체제의 수준에서 제기되어왔던 재구조화 전략 전반을 망라하는 것으로서, 모든 개별 자본주의 국가와 개별 자본이 동일한 수준으로 채택하고 적용할 수 있는 성질의 것은 분명 아니다. 따라서 자본주의 재구조화가 모든 국가의 축적 전략을 수렴으로 이끌 것이라고 볼 수는 없다. 오히려 세계화, 정보화, 금융화, 유연성 전략은 국가별, 지역별, 산업별, 기업별로 다양하고 불균등한 방식으로 결합되고 적용됨으로써, 자본주의 발전모델의 다양성을 창출하고 강화하는 데 기여할 것이다.

제3장

현대자본주의의 금융화 경향성과 쟁점

1 ────────
왜 '금융화'인가?

오늘날 금융 부문의 괄목할 만한 성장과 중요성 증대는 현대사회와 현대
자본주의의 변화를 추동하는 주요한 힘으로 작용하고 있다. 이는 단순히
금융시장과 금융거래가 폭발적으로 증가하는 양적인 차원을 뛰어넘어 비
금융 기업Non-Financial Corporation: NFC, 정부 부문, 가계 및 개인행위자들의 행
위 원리 그리고 행위의 지향점에 영향을 미치고, 사회적 관계와 사회제도
의 틀을 재구성하고 변화시키고 있다는 점에서 질적인 의미의 사회변동을
내포한다. 최근 정치경제학 분야의 많은 문헌에서 이러한 경향성을 포착하
기 위해 등장한 개념이 바로 '금융화'다.

물론 금융화 개념은 아직 학계에서 합의된 개념은 아니며, 학자에 따라
다양하게 규정되고 다양한 용법으로 사용되고 있다. 그럼에도 가장 일반적
인 수준에서 금융화가 "국내경제와 국제경제의 작동에서 금융적 동기, 금
융시장, 금융행위자, 금융제도의 역할이 증대하는 것"(Epstein, 2005: 3), 또는
"금융시장, 금융거래, 금융제도의 규모와 중요성이 증대하는 것"(Orhangazi,
2008: 5)을 의미한다는 관점은 널리 수용되고 있다. 보다 체계적인 정의도 제
기되는데, 크리프너(Krippner, 2005: 174)의 경우 "금융화란 이윤 창출이 무역

이나 상품생산보다는 점차 금융적 채널을 통해 이루어지는 축적양식을 의미하며, 여기서 '금융적'이란 유동자본의 공급과 이전을 통해 미래의 이자, 배당, 자본소득을 얻으려는 활동"이라고 규정한 바 있다. 엥겔른(Engelen, 2003: 1367)은 금융화를 "생산자 및 소비자시장의 촉진보다는 화폐 및 신용거래를 위한 금융시장의 부흥, 즉 금융시장 자체를 위한 금융시장의 성장"으로 규정하기도 한다. 결국 금융화는 현 단계 자본축적의 속도와 양상을 결정하는 데 금융 부문이 결정적인 역할을 한다는 점을 강조하기 위해 제안된 것이며, 현대자본주의의 동학을 개인, 기업, 거시경제가 금융시장과 맺게 되는 새로운 관계를 매개로 설명하는 방식을 의미한다(Montgomerie, 2008: 234).

우리는 현대자본주의에서 금융 부문이 갖는 영향력과 파급효과를 여러 경험적 사실과 이론적 논의를 통해 이미 잘 알고 있다. 2008년 미국 금융위기에서 나타난 다층적이고 연쇄적인 위기 확산의 메커니즘, 금융위기가 기업 및 실물경제 전반에 미치는 부정적 효과, 금융 세계화를 통해 그러한 위기가 전 세계적으로 전파되는 양상, 신자유주의적 규범을 지속적으로 강제하고 확산시키는 금융자본의 헤게모니, 신자유주의적 금융화에 따른 불평등과 빈곤의 증가가 그 대표적인 내용이며, 이에 대해서는 그동안 많은 연구가 이루어졌다(뒤메닐·레비, 2006; 하비, 2007; 장진호, 2007; 전창환, 2009). 그런데 익히 알려진 내용 외에도 우리가 금융화 현상에 주목해야 하는 이유는 다음과 같은 금융 변동의 제도적 특성과 관련이 있다. 물론 다음의 측면들은 금융화가 발생시키는 다양한 현실적 문제들과 긴밀하게 결합되어 있다.

첫째, 생산 부문·실물경제와 금융 부문 사이의 괴리, 그리고 금융 부문의 자립성과 우위성이다. 한 예로 2005년 제너럴모터스GM와 마이크로소프트MS의 축적 현황을 비교해보자. 피고용자 수로 보면 MS는 GM의 18%에 불과하며, 고정자산을 의미하는 공장 및 생산 설비의 총액으로 보면 MS는 GM의 3%에 불과하다. 그러나 금융 측면에서 보면 상황은 완전히 역전된다. 시장의 현재가치 총액에서 MS는 GM의 2583%에 달하기 때문이다(홍기빈, 2008: 21~22). 사실 이런 예는 현실에서 무수히 많다. 조금 다른 경우이지만, 한 푼의 수익도 내지 못하면서 미래수익의 잠재성만으로 금융자금을 끌어모으고 주가를 끌어올려 온 미국의 닷컴거품과 한국의 벤처거품도 실물 부문과 금융 부문 사이에서 일어나는 괴리의 전형적인 예다. 우리는 이런 현상을 어떻게 이해해야 할까?

둘째, 금융시장의 작동 논리는 상품시장과 상이하다. 금융시장은 상품시장과 달리 시장참여자들 모두가 증권의 소유자이면서 공급자이기 때문에 상품시장의 수요-공급 원리가 작동하지 않는다(서익진, 2005: 322~323; 아글리에타, 2009: 11~12). 실물시장에서는 상품의 공급자와 수요자가 전혀 별개의 주체고 각각의 고유한 논리에 따라 행동한다. 따라서 가격 변동에 대해 수요와 공급이 정반대로 반응하기 때문에 과잉공급이나 과잉수요가 존재할 경우 균형으로의 자동복원력이 작동한다. 반면 금융시장에서 모든 참가자는 수요자일 수도 공급자일 수도 있기 때문에 모두가 동일한 논리의 지배를 받음으로써 가격 변동에 대해 동일한 방향으로 반응한다. 특히 정보의 비대칭성이 있고 정보가 부족한 거래자가 정보가 많은 거래자의 행위를 모방할 경우 그 정도는 더 심해진다. 따라서 금융시장에서는 일단 가격이 균형을 벗어나면 균형에서 더욱 멀어지는 경향이 있다. 이것은 금융시장에서 주가 급등과 같은 투기적 거품의 형성과 뒤이은 붕괴가 반복되는 이유다.

셋째, 오늘날 금융 변동의 현저한 특징 중 하나는 금융시장이 점차 생산자본·기업들에게 자본을 제공하는 데 초점을 두지 않고 광범위한 새로운 금융상품과 금융 서비스를 창출할 수 있는 능력에 초점을 맞추고 있다는 점이다(Konings, 2008: 256). 대표적인 것이 파생금융상품인데, 이것은 무한한 상품의 창출을 가능하게 한다. 이들 상품 중 상당수는 투기적 금융거래가 지닌 '리스크risk의 분할 및 이전'과 관련된다(Langley, 2008: 135). 이는 소비자 대출과 같은 금융거래에서 나타날 수 있는 미래의 경제적·금융적 불확실성(부도 가능성)을 '리스크'로 간주해 계산한 다음 가격을 책정하고 분산하고 재구성해 다시 거래하는 것을 의미한다. 따라서 금융시장에서 상품화되고 유동화되는 것은 금융자산뿐만 아니라 이 자산에 대해 계산된 채무불이행 위험default risk이다. 이는 각종 금융 대출의 '미래 상환에 걸려 있는 리스크를 거래하는 시장'을 형성하게 되고 이는 지속적으로, 이론적으로는 무한히 팽창하게 된다. 그리고 이것은 금융 부문의 취약성, 변동성, 불확실성을 더욱 증폭하는 요인이 된다.

필자의 연구는 이러한 문제의식과 연구 관심에 기반해 현대자본주의의 금융화 경향성과 그것이 내포하는 이론적·경험적 쟁점을 검토하는 데 주된 목적을 둔다. 그럼에도 독창적인 주장을 개진하기보다는 문제를 제기하는 수준의 가장 초보적인 연구를 수행한다. 필자가 의도하는 가장 중요한 문제 제기는 사회학에서 금융 부문 및 금융화에 대한 연구가 활성화될 필요가 있다는 것이다. 미국과 서구의 사회과학계에서는 금융화에 대한 다양한 연구가 축적되었고,[1] 한국에서도 경제학과 경영학에서는 상당한 논의들이 진행되었다. 하지만 한국 사회학에서 이에 대한 논의는 매우 일천한 것

---

1 엥겔른(Engelen, 2008: 112)에 따르면, 2008년 2월 기준 the web of science database (www.isiknowledge.com) 검색에서 제목에 '금융화'를 포함한 논문은 35개였는데, 그 중 16개는 경제학, 11개는 공간과학(지리학, 지역학, 환경과학), 9개는 사회학, 7개는 정치학 논문이었다. 특히 미국 사회학에서는 금융에 대한 연구가 활발하다.

이 현실이다. 추측하건대 이는 '금융'이 사회학 영역이 아니라는 인식에서 연유하는 것으로 생각된다. 그러나 금융화는 오늘날 사회변동의 가장 강력한 추동력일 뿐만 아니라 금융화의 제반 결과는 계급 관계 및 사회적 관계(금융자본-생산자본, 자본-노동, 국가-자본)의 지형을 변화시키고, 경제행위자들(비금융 기업, 가계 등)의 행위양식에 심대한 영향을 미치고 있음을 고려할 필요가 있다(Martin, 2002; Martin, Raffery and Bryan, 2008). 따라서 사회학에서는 이를 연구 의제로 포섭하려는 적극적인 노력을 전개해야 한다.

먼저 제2절에서는 서구의 경험을 중심으로 금융화의 경험적 근거와 내용을 살펴본다. 제3절에서는 금융화의 등장 배경과 원인을 검토한다. 제4절에서는 금융화의 성격을 둘러싼 여러 쟁점을 금융 주도적 축적체제 논쟁, 금융 부문과 실물경제의 관계를 중심으로 검토한다. 마지막으로 제5절에서는 한국에서 나타나는 금융화의 특징과 특수성을 살펴보고 결론으로 금융화의 의미와 사회적 함의를 논의한다.

2 ─────────
금융화의 경험적 근거와 지표

현대자본주의의 금융화 경향성은 1980년대 이후 미국 경제에서 가장 뚜렷하게 확인된다. 따라서 금융화를 경험적으로 입증하려는 논의는 주로 미국을 분석 대상으로 삼고 있는데, 대표적인 논의가 크리프너(Krippner, 2005), 뒤메닐과 레비(2006), 오한가지(Orhangazi, 2008)의 연구다. 뒤메닐과 레비의 경우 미국과 더불어 프랑스의 경험을 함께 고찰함으로써 금융화 경향성이 단순히 미국에 국한된 현상이 아닌, 서구 선진국 경제에서 포괄적으로 나타나는 현상임을 입증한다. 여기에서는 기존 연구의 자료를 바탕으로 금융화의 징후와 주요 경험적 지표를 금융 부문, 비금융 부문, 가계 및 정부 부문, 경제 전반으로 나누어 살펴본다.

1 · 금융 부문

　세계 금융시장은 1980년대 이후 급속하게 성장하고 있다. 글로벌 금융자산의 총액(주식, 정부·민간채권, 은행예금)은 1980년 12조 달러였으나 2005년에는 140조 달러에 육박했고, 글로벌 금융자산 스톡은 2005년 세계 GDP의 338%에 달한다(Farrell et al., 2005; Orhangazi, 2008: 11). 그러나 세계적 수준에서 금융자산의 절대 액수가 증가한 것만으로는 금융화 추세를 제대로 파악하기 힘들다. 따라서 특정 국가를 대상으로 전체 경제에서 금융 부문 및 비금융 부문 각각이 차지하는 비중을 비교함으로써 금융화 경향성을 확인할 수 있다.

　〈그림 3-1〉은 미국에서 금융 부문*Finance, Insurance, and Real Estate: FIRE*(금융·보험·부동산)의 이윤과 비금융 부문(제조업 기업+FIRE를 제외한 서비스 기업)의 이윤 규모를 비교해 나타낸 것이다. 미국에서 금융 부문의 총이윤 규모는 1950년대 초반 비금융 부문 총이윤의 10%대 수준에 불과했지만, 1980년대 이후 급격하게 상승해 2000년대 초반에는 75%대에 육박한다. 물론 2000년대 중반에 이 수치는 40%대로 하락하는데, 이는 금융 부문의 이윤이 감소했기 때문이 아니라 비금융 부문의 수익성이 강하게 회복된 데서 기인한다(Orhangazi, 2008: 13). 또한 금융 부문 이윤에서의 이러한 추세는 다른 학자의 연구 결과(Krippner, 2005: 189)에서도 거의 동일하게 확인된다.

　〈그림 3-2〉는 미국과 프랑스에서 금융 기업과 비금융 기업의 이윤율을

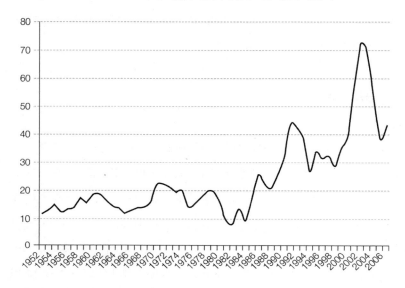

그림 3-1 미국 비금융 기업의 이윤 대비 금융 기업 이윤의 비율(%)

자료: Orhangazi(2008: 13).

비교해 나타낸 것이다. 1980년대 이전까지만 해도 미국과 프랑스 모두에서 금융 기업의 이윤율은 비금융 기업 이윤율을 항상 밑돌았고, 심지어 프랑스 금융 기업의 이윤율은 늘 마이너스 수준이었다. 그런데 1980년대 중반 이후로는 이런 추세가 역전되어 금융 기업의 이윤율은 비금융 기업의 이윤율을 큰 격차로 압도한다. 1999년 기준 미국 금융 기업의 이윤율은 15%, 비금융 기업의 이윤율은 6%였고 프랑스 금융 기업 이윤율은 20%, 비금융 기업의 이윤율은 5%로 나타났다.

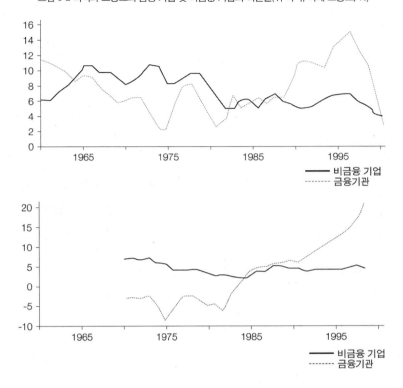

그림 3-2 미국과 프랑스의 금융 기업 및 비금융 기업의 이윤율(위 미국, 아래 프랑스, %)

자료: 뒤메닐·레비(2006: 179).

2 · 비금융 부문

금융화 경향성을 주장하는 많은 학자가 보다 중요하게 강조하는 것은 그
것이 금융 부문의 성장에만 국한되지 않고 비금융 기업의 행태와 소득 활
동을 금융 기업 및 금리생활자*rentier*처럼 바꾼다는 데 있다. 다음의 자료들
은 이러한 경향성을 보여준다.

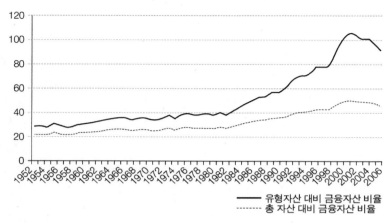

그림 3-3 미국 비금융 기업의 총자산 및 유형자산 대비 금융자산의 비율(%)

—— 유형자산 대비 금융자산 비율
- - - 총 자산 대비 금융자산 비율

자료: Orhangazi(2008: 18).

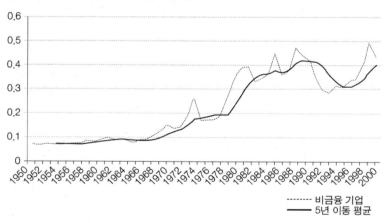

그림 3-4 미국 비금융 기업의 전체 현금흐름에서 포트폴리오 소득 비중(%)

- - - - - 비금융 기업
—— 5년 이동 평균

자료: Krippner(2005: 185).

〈그림 3-3〉은 미국 비금융 기업의 총자산 및 유형자산에서 금융자산이
점하는 비율의 추이다. 1950년대부터 1980년대 초반까지 총자산의 20~

그림 3-5 프랑스 비금융 기업에서 고정자본 순투자 대비 주식구매의 비율(1970~1997년, %)

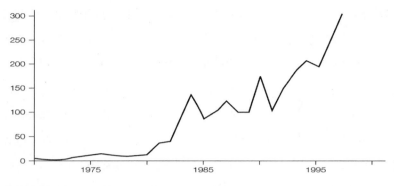

자료: 뒤메닐·레비(2006: 161).

30%, 유형자산의 30~40%에 불과한 비금융 기업의 금융자산 비율은 1980년대 후반 이후 급격하게 상승해 2000년대 초반에는 총자산의 50% 수준, 유형자산의 110% 수준으로까지 상승했음을 알 수 있다.

〈그림 3-4〉는 미국 비금융 기업의 전체 현금흐름cash flow(이윤+감가상각비)에서 포트폴리오 소득(이자, 배당금, 자본수익)이 점하는 비율 추이다. 기업 현금흐름에서 포트폴리오 소득의 비율은 비금융 기업이 금융 활동으로 얻은 수익과 생산 활동으로 얻은 수익의 관계를 반영한다. 이를 보면, 1950~1970년대 후반까지 10~20%대에 머물던 포트폴리오 소득의 비중은 1980년대 이후 급상승해 2000년에는 전체 현금흐름의 50%에 육박한다. 이는 미국 비금융 기업의 수입 원천의 절반이 금융소득에 기인한다는 것을 의미한다.

〈그림 3-5〉는 프랑스 비금융 기업에서 고정자본 순투자 대비 주식투자의 비율 추이를 보여준다. 비금융 기업의 주식투자는 자사주 매입과 타 기

업 주식의 매입을 포함한다. 이를 보면 1980년대까지 고정자본투자의 10% 이하에 불과하던 비금융 기업의 주식투자액은 이후 급격하게 상승해 1997년에는 고정자본투자의 300%에 달한다. 이는 유럽의 비금융 기업도 생산 활동보다는 금융 활동에 더욱 주력하고 있음을 보여준다.

비금융 기업의 금융화 현상은 기업 부문의 전체 자료 외에도 개별 기업들의 사례에서도 확인된다. 예를 들어, 2003년 GE 그룹 이윤의 42%는 GE의 금융 자회사인 GE 캐피탈이 벌어들였고, GM의 금융 자회사인 GMAC도 29억 달러를 벌어들여 GM 총수입의 80%를 차지했다(Blackburn, 2006: 43~44). 비금융 기업이 금융화를 향한 충동을 가지는 이유는 이들 제조업 기업이 소비자신용, 할부판매, 제품보조금, 소비자 리스와 같이 금융상품을 제공할 경우 자사 제품을 팔기가 더욱 쉽다는 점이다. 또한 소비자금융의 수익률이 제품의 판매수익률보다 월등히 높기 때문이다.[2]

3 · 가계 및 정부 부문

금융화의 추세는 금융 기업 및 비금융 기업에만 국한되지 않는다. 기업 부문 이외에 또 다른 경제주체인 가계와 정부 부문도 금융화의 논리에 깊숙이 포섭되고 있다.

〈그림 3-6〉은 미국과 프랑스 가계의 가계소득에서 금융소득이 차지하는 비율의 추이를 보여준다. 여기서 가계의 금융소득은 가계에 지불된 이자와

---

2 이런 현상은 한국에서도 발견된다. 일례로 현대자동차의 금융 자회사인 현대카드가 이와 같은 역할을 담당한다. 또한 모든 자동차 회사는 이런 유형의 금융 자회사(예컨대 르노삼성자동차의 르노캐피탈)를 운영하고 있다.

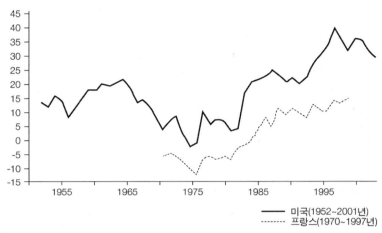

그림 3-6 미국과 프랑스 가계의 가계소득 중 금융소득 비율(%)

미국(1952~2001년)
········ 프랑스(1970~1997년)

자료: 뒤메닐·레비(2006: 183).

배당금을 포함하며, 주가 상승으로 인한 소득도 추가되지만 인플레이션으로 인한 화폐금융자산의 가치하락은 차감된다. 이를 보면 1970년대 중반까지 줄곧 하락하거나 마이너스에 머물러 있던(프랑스의 경우) 가계 금융소득의 비율은 1980년대 이후부터 급속하게 상승해 1990년대 후반에는 전체 가계소득의 40%(미국), 15%(프랑스) 수준으로 상승했다.

〈그림 3-7〉은 미국과 프랑스 가계의 가처분소득 대비 가계부채의 비율을 보여준다. 가계의 금융소득과 금융 활동이 증대함에 따라 가계부채의 비율은 꾸준하게 상승하고 있으며 '가계의 채무화' 경향이 나타남을 확인할 수 있다. 1980년대 초반 가처분소득 대비 60~70%대에 머무르던 가계부채 비율은 이후 지속적으로 상승해 미국의 경우 2001년에 100%를 돌파했다. 프랑스 가계는 약간 다른 추이를 보이는데, 가계부채 비율이 1990년대 초반 80% 수준까지 상승했다가 이후로는 하락하고 있다.

제3장 현대자본주의의 금융화 경향성과 쟁점　87

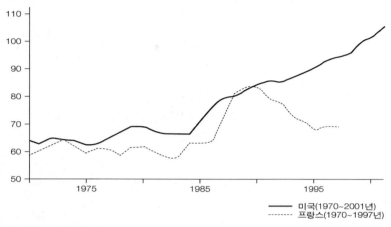

그림 3-7 미국과 프랑스 가계의 가처분소득 대비 가계부채 비율(%)

미국(1970~2001년)
프랑스(1970~1997년)

자료: 뒤메닐·레비(2006: 119).

한편 정부 부문의 금융화와 관련해 〈그림 3-8〉은 미국 정부와 프랑스 정부의 재정수지 추이를 보여준다. 각 그림에서는 모든 지출을 포함한 재정수지와 이자 지불을 제외한 재정수지를 비교하고 있는데, 두 재정수지는 1980년대까지는 유사한 추세와 약간의 격차를 보였지만 1980년대 이후로는 양자의 격차가 급격하게 벌어졌음을 발견할 수 있다. 이는 실질금리의 상승과 정부의 금융차입 증대로 인해 나타난 결과다. 특기할 만한 점은 미국과 프랑스의 재정수지는 거의 전 기간 마이너스를 기록했는데, 이자 지불을 제외하면 재정수지는 거의 균형재정에 근접한다는 점이다. 이는 선진국의 정부 부채와 재정적자의 상당 부분이 금융화 현상과 연관되어 있음을 보여준다.

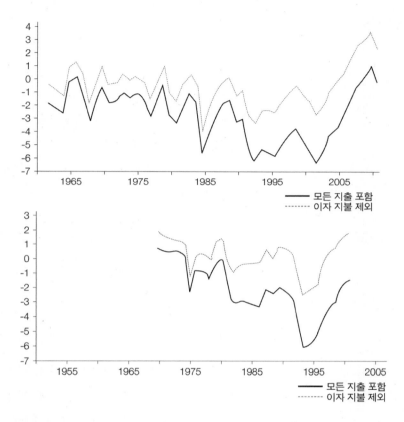

그림 3-8 미국과 프랑스 정부의 재정수지 비율(위: 미국, 아래: 프랑스, %)

모든 지출 포함
이자 지불 제외

모든 지출 포함
이자 지불 제외

자료: 뒤메닐·레비(2006: 116).

4 · 경제 전반

지금까지 살펴본 것처럼, 경제행위자와 경제 부문의 금융화 추세가 강화
됨에 따라 경제 전반의 지형도 금융 우위의 형태로 변하고 있다.

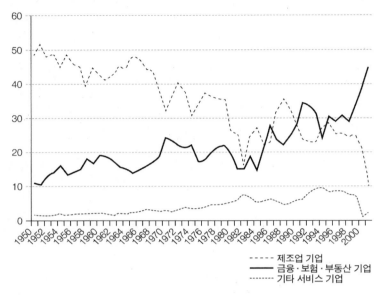

그림 3-9 미국 기업이윤의 산업별 비중(%)

----- 제조업 기업
——— 금융·보험·부동산 기업
·········· 기타 서비스 기업

자료: Krippner(2005: 179).

〈그림 3-9〉는 미국에서 기업이윤의 산업별 비중 추이를 나타낸다. 제조업 기업, 금융·보험·부동산 기업, 기타 서비스 기업이 비교 대상이다. 이를 보면, 1950년대 초반 전체 산업 이윤의 50%에 달하던 제조업 기업의 이윤 몫은 지속적으로 하락해 2000년대 초반에 이르면 10% 수준으로 급락한다. 반면 금융·보험·부동산 기업의 이윤 비중은 사실상 제조업과 정반대라고 할 수 있는데, 1950년대 10%에 불과하던 것이 2000년대 초반에는 45%의 비중으로 성장했다. 제조업과 금융·보험·부동산산업의 이윤 몫이 역전되는 기점은 1980년대 중반이다.

〈그림 3-10〉은 프랑스에서 주요 경제주체별 실질이자(수취된 이자에서 지

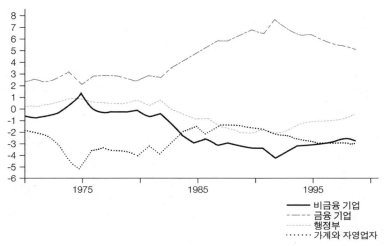

그림 3-10 프랑스에서 실질이자의 순흐름(1970~1999년, %)

비금융 기업
금융 기업
행정부
가계와 자영업자

자료: 뒤메닐·레비(2006: 177).

불된 이자를 뺀 것)의 순흐름을 보여준다. 이를 보면 1980년대 초반까지 총
산출의 2~3% 수준이던 금융기관의 이자소득은 이후 급격하게 상승해 1990
년대 중반에는 7%를 상회한다. 반면 다른 경제주체인 비금융 기업, 행정
부, 가계와 자영업자의 이자수지는 마이너스를 기록할 뿐만 아니라 금융기
관 이자소득의 상승과 반비례해 더욱 악화되었음이 확인된다. 다만 가계와
자영업자의 이자수지는 여전히 마이너스이지만 꾸준하게 상승했다.

3 ─────────
금융화의 원인

　어떤 구조적 요인과 정치적·경제적·사회적 힘들이 금융화를 추동하는
가? 앞서 금융화 지표들을 보면 그 경향성이 1980년대 이후 본격화되고 있
음을 알 수 있다. 이는 현 단계의 금융화가 1970년대 자본주의의 위기와 재
구조화에서 파생된 결과물, 즉 축적 위기에 대한 대응으로서 출현했음을
시사한다. 실제로 금융화를 다루는 대부분 연구들은 금융화의 원인과 동력
으로 이 점을 꼽는다.[3] 그런데 세부적으로 보면 이런 인식을 공유하면서도
다소 상이한 접근방식들이 나타나는데, 대표적인 것이 장기파동 접근법과
신자유주의적 접근법이다.

　자본주의 장기파동 접근법에 대해서는 아리기(Arrighi, 1994; Arrighi and Silver,
1999), 오버빅과 페일(Overbeek and Pijl, 1993)의 논의를 들 수 있다.[4] 이들은 자
본주의 역사에서 반복되는 장기변동의 관점에서 금융화를 이해한다. 아리
기에 따르면, 자본주의의 장기파동은 실물생산의 확대와 뒤이은 과잉축적

3　따라서 현 시기 금융화의 원인을 추적하는 작업은 자본주의의 발전과 변동에 대한 역사
　적 연구를 필요로 한다. 그러나 필자는 여러 제약 때문에 이 부분을 다루지는 못했다.
　금융화의 역사적 맥락은 국내 학자들도 많이 다루었는데 대표적으로 조영철(2001), 백
　승욱(2006)을 들 수 있다.

4　국제정치학자인 오버빅과 페일은 아리기와는 약간 상이한 헤게모니 순환론을 주장한다.
　이들은 자본주의에서 산업자본과 금융자본의 이해관계를 대립적인 것으로 파악하는데,
　자본주의 발전 과정에서 1820~1920년대에는 금융자본이, 1930~1970년대에는 산업자본
　이, 1980년대 이후에는 다시 금융자본이 헤게모니를 갖는 것으로 분석한다(Overbeek
　and Pijl, 1993: 7).

의 위기 및 금융 팽창이라는 2개의 국면으로 구성되는데, 1400년 이후 자본주의 세계체제는 4개의 사이클(제노바-네덜란드-영국-미국)을 지나왔으며, 1980년대 이후는 자본주의 시스템의 장기파동에서 금융적 팽창 국면에 해당한다고 본다. 금융 팽창이 발생하는 것은 자본주의에 내재하는 근본적 경향인 자본의 과잉축적, 유동자본을 둘러싼 국가 간 경쟁 심화의 결과다 (Arrighi and Silver, 1999: 31~32). 즉, 시장에서의 경쟁 격화로 실물 부문에서 이윤 창출의 기회가 소진됨으로써 과잉축적이 발생하게 되고, 이로 인해 비금융 기업이 금융 사업에 진입하게 된다. 장기파동 접근법에서 특징적인 것은 이러한 금융적 팽창이 자본주의의 전 역사에 걸쳐 반복되어온 현상이며, 자본주의 발전의 최종적 단계가 아닌 단지 다음 발전 단계로의 이행을 의미한다는 점이다.

다음으로, 현 시기 금융화에 대한 가장 지배적인 견해인 신자유주의적 접근법은 금융화가 1980년대 이후 신자유주의에 따른 구조적 전환의 결과로 나타났다고 보는 것이다(뒤메닐·레비, 2006; 하비, 2007; Crotty, 2005). 크로티에 따르면, 1970년대 자본주의 위기로 인해 세계적 총수요의 증가세가 둔화되고 핵심 생산물시장에서의 경쟁이 격화되면서 이전에는 장기적 시야로 생산자본 및 제조업 기업에게 인내 자본*patient capital*을 제공했던 금융시장이 인내하지 못하는 금융시장으로 변하게 된다. 이 경향은 실질이자율을 상승시킴으로써 비금융 기업이 금융기관에 이윤의 더 많은 부분을 지급하게 되고, 경영 목표와 사업 계획의 시계를 단기로 만든다(Crotty, 2005: 78). 1980년대 이후 낮은 이윤율, 높은 외부차입비용에 직면해 있던 비금융 기업은 금융자산과 금융 기업의 높은 수익률에 주목함으로써 금융자산 획득과 금융 자회사의 설립 및 매수 등으로 반응한다. 이 과정에서 금융화 경향성이 본격화되었다고 할 수 있다.

4 ——————————————

금융화의 성격을 둘러싼 쟁점

1 · 독자적인 축적체제?

금융화를 둘러싼 정치경제학적 연구에서 가장 치열한 논쟁을 불러일으
킨 쟁점은 금융화를 자본주의의 새로운 발전 단계 또는 독자적인 축적체제
로 볼 수 있는지의 문제다. 이와 관련된 핵심 개념이 주로 프랑스 조절이론
에서 제기되어온 '금융 주도적 축적체제'다. 이 개념과 관련된 주요 주장들
을 요약하면 다음과 같다.

첫째, 아글리에타(Aglietta, 1998)는 미국의 사례를 바탕으로 금융적 축적의
주요 원천이 자산수익에 있다고 보고 이를 '자산적*patrimonial* 성장체제'로 명
명한 바 있다(전창환, 1999: 61~66). 이 축적체제를 지탱하는 조절양식은 기관
투자자(연기금 등)의 금융지배, 이를 통한 기업지배구조의 변화다. 여기서
기업의 목표는 금융시장에서 기업가치 및 주가수익의 극대화가 되고, 이를
위해 기업 규모의 확대보다는 자본의 절약을 가능하게 하는 조직혁신 투자
에 치중하게 된다. 또한 이윤의 분배도 배당이 먼저 결정되고 내부유보가
정해진다. 아글리에타는 이 축적체제가 안정성을 가지고 있으며 새로운 성
장체제로 성립할 수 있다고 주장하는데, 그것은 다음과 같은 선순환 구조
를 지니고 있다고 보기 때문이며(서익진, 2007: 371), 이에 따라 낙관적인 전망
을 제기한다.

임금노동자의 저축 → 집중화된 사회적 저축(연기금) 형성 → 기관투자자의
기업지배구조 통제 → 생산성 및 혁신투자+비용 절감 → 수익성 제고 → 고

배당+주가 상승 → 부의 효과*wealth effect* → 소비 증대 → 수요 증대 → 생산 증대 → 임금 상승 → 저축 증대

둘째, 브와예(Boyer, 2000: 116)에 따르면 금융 주도적 축적체제는 "노동시장 유연성, 물가 안정, 하이테크 산업의 발전, 주식시장의 붐, 소비의 지속적 성장을 가능하게 하는 신용체계라는 요인들이 결합된 형태"다. 금융화가 주주가치 중심의 기업지배구조를 결과하고 기업의 행위양식과 노사관계에 영향을 미친다고 보고 있으며, 이를 통해 금융시장의 자산가치 상승에 기반한 부의 효과를 낳는다고 보는 점에서 브와예의 견해는 아글리에타의 논의와 동일하다. 그러나 브와예는 금융 주도 체제 아래에서 과거 포드주의적 노동자-자본가 타협은 개별적·분산적 노동계약으로 대체되고 이전 시기의 과점적 기업경쟁은 국제경쟁의 심화로 대체된다는 점에서 새로운 축적체제의 지속 가능성에는 의문을 제기한다.

셋째, 쉐네(1998, 2002a)는 '금융화된 세계적 축적체제'라는 개념을 제기한다. 이 개념은 전후의 장기축적이 난관에 직면하면서 위기의 탈출구로 등장했는데, 특히 포드주의적 임금노동관계의 심각한 손상을 내포한다. 그에 따르면, 신자유주의 시대에 자본축적 방식은 지대적 특성(금융수익, 포트폴리오 투자)을 띠며, 이는 임금노동관계의 변환과 착취율의 심화에 근거한다. 또한 축적체제의 작동은 금융자본의 선택에 의해 좌우되는데, 금융자본은 단기투자 형태의 자금 운용을 중시하는 특성을 보인다(쉐네, 1998: 146). 금융화된 세계적 축적체제의 주요 조절 메커니즘은 통화정책, 특히 미국의 통화정책인데, 이것이 임금노동관계 전반의 변화(유연성, 불안정, 실질임금 저하)를 유도한 원천이라고 쉐네는 주장한다(쉐네, 2002a: 297~299).

'금융 주도적 축적체제론'은 이후 조절이론 내외부에서 다양한 비판을 받

았다. 특히 금융화의 투기적·거품적 속성, 불안정성보다는 부의 효과에 따른 소비 중대를 더 강조한 낙관적 논의들에 비판이 집중되었다.

첫째, 쉐네(쉐네, 2002b)는 아글리에타의 주장을 비판하면서 그의 '자산적 성장체제'의 선순환과 지속 가능성은 주가의 투기거품이 지속되는 동안만 가능하다고 지적한다. 즉, 주가 하락 및 버블 붕괴 시에는 금융적 축적체제의 선순환 구조가 붕괴한다는 것이다. 그리고 국제적 차원에서 미국식 금융 주도 축적체제는 미국의 예외적 입지(미국의 시뇨리지 효과*seigniorage effect*), 금융 거품, 동아시아 잉여자금의 부단한 유입을 조건으로 해서만 성립 가능하며, 따라서 미국 이외의 다른 나라에서는 금융적 축적모델이 전파될 수 없을 것이라고 주장한다.

둘째, 포스터(Foster, 2007)는 금융화의 현실을 인정하지만 이것을 자본주의의 새로운 단계로 볼 수는 없다고 주장한다. 자본주의 생산 영역에서의 모순의 구조는 그 전과 동일하고 갈수록 심화되고 있기 때문이다. 현상적으로 나타나는 금융시장의 팽창은 단지 자본주의 생산 영역의 모순으로 인해 계속적으로 나타나는 경기 침체*stagnation*를 해결하기 위해 가공자본*fictitious capital*의 영역인 금융 부문이 일방적으로 팽창하는 것에 불과하다고 비판한다.

셋째, 뒤메닐과 레비(2006: 159)는 금융화된 축적체제가 금융자산의 수익성과 가격 상승이 시장수요를 지탱해주리라 믿는 축적체제라고 지적하면서, 현실의 여러 증거는 시장수요가 주식시장과 부의 효과에 의해서만 결정되고 더 이상 임금관계에 의해 영향을 받지 않는 새로운 축적체제의 등장을 입증하기에는 충분하지 않다고 비판한 바 있다.

이러한 일련의 논쟁들과 현실에서 새롭게 등장하는 논거들은 결국 금융 주도적 축적체제의 개념을 사실상 폐기하는 쪽으로 몰아가고 있다. 2000년 전후에 이 개념을 최초로 제기한 아글리에타(2009)와 브와예(Boyer, 2004)는 2000년대 중반 이후로는 금융화의 부정적 효과를 시인하고 금융화에 비판적인 입장으로 선회했으며 더 이상 금융 주도적 축적체제라는 개념을 사용하고 있지 않다. 무엇보다 금융 주도적 축적체제의 현실성과 존립 가능성에 치명타를 안겨준 것은 서브프라임 모기지 위기로 점화된 2008년의 미국 금융위기일 것이다. 이 금융위기는 금융화의 투기적·거품적 속성, 레버리지leverage를 활용한 금융부채의 동학, 증권화의 연쇄적 사슬에 따른 위기의 전방위적 확산 등 금융화가 지닌 모든 취약성과 불안정성을 한번에 확인해준 계기였기 때문이다(전창환, 2009). 그럼에도 금융화가 단순히 금융 부문에만 국한되는 현상이 아니며 자본주의의 축적 방식과 기본 성격에서의 변동과 관련된 현상인 만큼, 자본주의 체제 수준에서 금융화의 의미와 성격을 규명하는 시도는 계속 이루어져야 한다.

이와 관련해, 금융화가 자본주의의 새로운 발전 단계 또는 독자적인 축적체제로 성립될 수 있는지를 판별하는 준거로 금융 부문이 독립적인 이윤과 부가가치를 창출할 수 있는지의 문제를 검토할 필요가 있다. 이 문제에 대해 금융화 비판론자들은 금융 부문이 독자적인 가치나 부를 창출하지 못하며, 금융산업의 이윤은 이자, 배당 등을 통해 실물경제에서 '강탈dispossession한 것', 즉 전체 경제의 이윤 분배구조에서 더 많은 이윤 몫을 금융자본이 전취함으로써 나타난 것으로 간주한다(서익진, 2005, 2007: 374; 하비, 2007: 194~196). 이런 평가는 금융 부문의 기생적 특성, 비생산적 속성을 강조하는 것이라고 할 수 있다.[5] 그러나 현 시기 금융화의 주된 수단이자 기능인 시장

---

5   뒤메닐과 레비는 기본적으로 이런 관점을 수용하면서도 보다 신중한 태도를 보인다. 이

리스크에 대한 헤지*hedge*, 기업 및 투자 대상의 시장가치 및 미래수익가치에 대한 평가, 리스크에 대한 보험·보증 기능 등을 아무런 가치도 창출하지 못하는 비생산적인 활동으로만 단언하기는 어려울 것이다.

따라서 이런 측면들을 감안하면 현대자본주의에서 축적과 재생산을 위한 이윤 원천은 예전의 포드주의 시기와는 달리 산업자본의 생산 활동뿐만 아니라 금융자본의 금융 서비스 및 포트폴리오 투자, 그리고 IT·인터넷·정보서비스 분야의 지식자본 및 첨단혁신산업 등으로 다원화·다변화되는 것으로 판단해야 한다(윤상우, 2010: 29). 이런 맥락에서 김형기는 세계화·정보화 이후의 현대자본주의 축적체제를 금융 주도(금융화), 지식 주도(혁신산업), 포드주의(대량생산) 축적체제로 구분한 바 있는데(김형기, 2007: 35~37), 이들 각각의 축적 방식은 개별 국민경제 안에서 복합적인 방식으로 결합되어 나타날 수 있다. 예를 들면, 미국은 금융 주도적 축적체제와 지식(혁신) 주도적 축적체제가 결합된 유형으로 간주된다. 따라서 축적체제에 대한 이러한 유형화를 고려하면 독자적인 축적체제까지는 아니더라도 금융화 경향성 및 금융화의 논리가 강하게 투영된 복합적인 축적체제의 가능성을 열어둘 수 있게 된다.

들은 한편으로 금융 부문이 수혜자가 비용을 지불하는 서비스(예컨대 다른 통화의 구입 등)를 제공하는 것과 다른 한편으로 금융 부문이 이자와 배당을 지불받는 것을 구분한다. 국민 계정의 관행에 따르면, 전자는 생산적인 것으로 계상되고 소득을 창출하는 것으로 간주되는 반면, 이자·배당의 지불은 채권자나 주식소유자로 소득이 '이전'된 것으로 계상되고 생산과 수입을 전혀 증가시키지 않는 것으로 처리된다(뒤메닐·레비, 2006: 175).

2 · 금융 부문과 실물경제의 관계

금융화를 둘러싼 또 다른 중요한 쟁점 가운데 하나는 금융 부문과 실물경제의 관계, 즉 금융화가 실물경제에 어떤 영향을 미치는지의 문제다. 이는 금융화된 신자유주의 체제의 경제적 성과를 어떻게 평가할지와 관련된다. 이에 대해서는 금융화의 부정적 효과를 강조하는 입장과 긍정적 효과를 강조하는 입장으로 나뉜다. 금융화의 부정적 효과를 강조하는 입장은 비판적·정치경제적 관점에서 금융화를 분석한 상당수 학자들에게서 제기되는데, 대표적인 주장들을 요약해보면 다음과 같다.

먼저, 크로티(Crotty, 2005: 78, 107)는 금융화 경향성이 세계적 총수요의 침체 및 핵심 생산물시장에서의 경쟁 격화와 결합되어 비금융 기업의 이윤율을 낮추고 부채율을 높였으며, 자본축적률을 낮추고 경영자의 관심을 장기적인 고진로high-road 전략 대신 단기적인 생존 위주의 전략에 집중하게 만든다고 주장한다. 동시에 비금융 기업에 높은 이자와 배당 지불, 자사주 매입 등을 강제함으로써 다시 총수요를 감소시킨다. 결국 금융화된 신자유주의적 세계화는 생산물시장과 금융시장 모두에서 비금융 기업들이 장기적으로 성공할 수 있는 조건들을 파괴했다는 것이 그의 결론이다.

뒤메닐과 레비는 실물경제에 대한 금융화의 부정적 효과로 다음 사항들을 지적한다. 첫째, 1980년대 중반 이후 비금융 기업의 이윤율은 실제로는 1970년대 경제위기 이전의 수준을 회복한 것으로 나타난다. 그러나 이자 및 배당 지불을 제외한 유보이윤율rate of retained profit은 낮은 수준인데, 이는 이윤의 상당 부분이 금융 부문에 이전되었음을 의미한다. 따라서 유보이윤율이 낮아짐에 따라 1980년대 이후 축적률은 하락한다(뒤메닐·레비, 2006: 106~112). 둘째, 구조적 위기 이후 급증하기 시작한 선진국 정부의 재정적자 및 공공부채 대부분은 1980년대의 금리 인상과 고금리 때문이다. 여기서 이자 지불을 제외하면 재정적자는 사실상 사라지는 것으로 나타난다. 또한 가계 부문도 실업과 고용 불안으로 인한 소득 감소와 실질금리 인상이라는 이중고를 겪고 있으며, 이로 인해 가계의 비자발적 부채가 증가하고 가계의 채무화 경향성이 강화된다(뒤메닐·레비, 2006: 115, 120~121). 셋째, 신자유주의자들의 주장과는 달리 주식시장은 비금융 기업의 자금 조달 통로로 기능하지 않는다. 주식 발행을 통한 자금 조달은 투자액의 겨우 5%에 불과한데, 이는 더 많은 주식이 발행되고 있지만 기업은 자사주 매입이나 타 기업 주식을 더 많이 구입하기 때문에 실물 투자에 별 도움이 되지 않는다는 것을 의미한다. 기업들은 금융화의 논리에 따라 주식을 사기 위해 주식을 발행해 자금을 조달하고 있는 것이다(뒤메닐·레비, 2006: 168).

서유럽을 대상으로 금융화 효과를 경험적으로 검증한 스톡해머의 연구(Stockhammer, 2008: 190~191)도 앞의 논의들을 그대로 확인해준다. 그에 따르면, 금융화는 기업의 실물 투자에 많은 변화를 가져왔는데, 주요 국가들(독일, 프랑스, 영국, 미국)에서 이윤 대비 투자율은 하락 추세인 것으로 나타났다. 영업잉여 대비 투자율은 EU 국가가 1970년대 47%에서 2000년대 40%로, 미국이 46%에서 39%로 감소했다. 이는 영업잉여 가운데 이자와 배당금 지불이 증가한 데서 기인하는 것으로 분석된다. 또한 거시경제적으로 금융화 시기에 실질 GDP 성장률도 지속적으로 하락하고 있어,[6] 금융화 효과는 대체로 낮고 취약한 축적률을 결과한다는 점을 강조한다(Stockhammer,

---

6   EU 국가들의 실질 GDP 성장률은 1970년대 3.27%이었으나 1980년대 2.43%, 1990년대 2.14%, 2000년대 1.49%로 크게 낮아지고 있다.

2008: 196~197).

그러나 금융화를 분석한 모든 논자가 부정적 효과만을 강조하는 것은 아니다. 금융화의 긍정적 효과에 주목하는 논의도 다수 발견되는데 이들의 주장을 요약하면 다음과 같다.

첫째, 패니치와 긴딘(Panitch and Gindin, 2005: 119)은 금융화가 수익률이 낮은 사업을 폐쇄하고 인수합병을 촉진함으로써 자본의 탈출구를 확장해 과잉축적과 만성적 설비과잉이라는 자본주의의 본질적 문제 해결에 기여했다고 주장한다. 비슷한 논리로 세컴비(Seccombe, 2004: 198) 역시 금융시장이 선도적 기술 부문에 자금을 제공하고 낙후된 생산 설비나 비효율적 기업을 퇴출시킴으로써 다윈적*Darwinian* 적자생존 과정을 강제해 경제 회생에 기여했다고 주장한다. 그러나 오한가지(Orhangazi, 2008: 6061)는 금융화의 긍정적 효과론과 관련해 이들의 주장을 뒷받침하는 경험적 연구 결과가 없다는 점을 비판하면서, 이들이 금융화의 부정적 효과를 주장한 이들(예컨대 뒤메닐과 레비, 크로티 등)의 경험적 근거와 객관적인 사실을 어떻게 반박할지에 대해 의문을 제기한다.

둘째, 금융화가 실물자본의 이윤과 투자를 위축시키기도 하지만 실물자본을 뛰어넘어 가계와 일반 소비자의 포섭이라는 독자적인 이윤 창출 기반을 마련함으로써 경제성장을 촉진한다는 주장이 제기되기도 한다. 금융화는 기업금융에서 가계금융으로의 전환, 가계의 신용접근성 향상(자동차금융, 모기지대출 등), 부의 효과를 통해 소비 지출과 투자를 자극해 실물축적을 촉진하는 효과가 있다(홍장표, 2010: 254~255; Shin and Adrian, 2008). 실제로 미국에서는 1980년대에 실물 투자가 감소했지만 1990년대 이후에는 금융화의 진전에 따라 임금소득과 무관하게 소비와 투자가 늘면서 유효수요 부족의 한계를 돌파한 바 있다. 그러나 이런 주장은 금융화의 긍정적 효과가 미국민의 특수성과 예외성에서 기인하는 것은 아닌지, 미국을 넘어 다른 국가들에서도 동일하게 일반화될 수 있는지에 대해서는 분명한 대답을 하지 못한다. 그리고 이미 미국에서조차 가계의 신용접근성 향상과 부의 효과를 통한 소비 지출 확대가 증권화에 대한 투기적 거품이 지속되는 기간에만 가능하며 장기적이고 지속적인 경제성장의 토대가 될 수 없음이 2008년의 금융위기를 통해서도 여실히 드러난 바 있다.

지금까지의 논의를 종합해보면, 금융화가 실물경제에 미치는 영향은 부정적 효과와 긍정적 효과가 뒤섞여 있는 가운데 비금융 기업의 생산·투자·이윤·축적에는 다소 부정적 효과가 우세하다는 점을 여러 경험적 근거와 자료를 통해 확인할 수 있다. 그럼에도 금융 부문이 비금융 기업 등 실물자본에만 메여 있지 않다는 점, 가계 부문과 일반 소비자 등으로 끊임없이 이윤 창출 기반을 확장해갈 수 있다는 점은 불안정하고 일시적임에도 경제성장을 견인할 잠재성과 가능성을 지닌 것으로 평가할 수 있다.

5 ──────
금융화와 한국적 특수성

1997년 외환위기 이후 신자유주의로의 전환이 심화되고 있는 한국에서 금융화 경향성은 어떤 형태로 발현되고 있는가? 사실 한국의 신자유주의 체제는 영미권의 고전적 신자유주의, 주주자본주의 모델과 비교할 때 여러 면에서 차별성을 지니며, 신자유주의의 원리와 정책이 부분적이고 불완전하게 적용된 '변형된 하위형태'의 특성을 지닌다(김기원, 2007; 윤상우, 2009). 따라서 한국 신자유주의 체제의 특수성은 금융화 현상에서도 한국적 특수성

이 내재할 수 있다는 점을 강하게 함축한다.[7]

한국에서 금융화를 둘러싼 가장 큰 쟁점은 과연 금융화가 한국에서도 나타나는 현상인가 하는 점이다. 이에 대해서는 상반된 주장들이 제기되는데, 한국은 여전히 은행 중심 금융구조가 지배적이며 금융화 현상은 나타나지 않았다는 주장과(김창근, 2006), 자본시장 금융구조로의 재편과 금융적 수익 원리의 강조 등 금융화가 진전되고 있다는 주장(조복현, 2007)이 대립하고 있는 실정이다. 거의 동일한 경험적 자료에 대해 상반된 해석이 제기되는 것은 추후 금융화에 대해 지속적이고 심도 깊은 경험적 연구가 필요함을 시사한다. 그러나 필자는 여러 제약 때문에 세부적인 통계자료와 경험적 지표가 요구되는 이 문제를 직접적으로 다루지는 못한다. 그 대신 한국의 금융화가 지닌 독특한 특성 몇 가지를 지적하는 선에서 논의를 전개하고자 한다.

첫째, 한국 정부가 금융산업을 육성하기 위해 추진한 '자본시장통합법'(2009)과 각종 금융 규제 완화는 산업자본인 재벌 주도의 금융화로 귀결될 가능성이 농후하다. 이는 미국의 금융화처럼 금융자본이 산업자본을 주도하고 통제하는 형태가 아니라, 오히려 산업자본(재벌)의 금융 활동 확대를 기반으로 해서 산업자본과 금융자본이 동일한 주체가 되는 특별한 형태의 융합이 일어날 수도 있음을 의미한다(유철규, 2008: 161; 이종태, 2008). 재벌이 원

---

7 신자유주의 자체가 다양성을 지니고 있듯이 금융화 현상 역시 다양성(varieties of financialization)을 지니고 있다. 코닝스(Konings, 2008: 262)는 미국의 금융화가 금융기관, 정부 및 규제당국, 일반 경제행위자들 사이의 상호 강화적인 제도적 연결망에 기반한 고도로 유기적인 과정인 것에 비해, 유럽의 금융화는 금융 성장과 금융 혁신을 활성화하기 위해 국가에 의해 시작되고 촉진된 하향적 과정이라는 점을 지적한다. 이런 기준으로 보면 한국의 금융화는 후자에 가깝다고 할 수 있다.

하는 것은 단순히 금융 부문에 진입하거나 산업 활동을 뒷받침하는 금융적 지원이 아니라, 금융 부문과 산업 영역 어느 곳이든 필요에 따라 자신의 이윤 원천을 선택할 수 있는 가능성과 능력을 획득하는 데 있기 때문에 '금융적 수단을 통한 자본축적의 유연화'가 한국 금융화의 핵심 특징이 될 가능성이 높다(유철규, 2008: 149).

둘째, 기업의 금융화는 아직까지 뚜렷한 추세를 보인다고 단언하기 어렵다. 미국이나 프랑스에 비해 은행차입의 비중이 상당히 높은 수준을 유지하고 있는 한국의 구조는 일본, 독일과 같은 은행 중심의 자금 조달구조와 유사하다(권우현, 2007: 444~445). 비금융 기업의 금융부채 구성비를 보면, 한국 기업의 은행차입은 2005년 32.2%로, 1991년 37.9%보다는 하락했지만 미국(14.9%), 프랑스(19.8%)보다는 월등히 높은 수준이다. 반면 주식 발행은 1991년 12.4%에서 2005년 20.6%로 크게 늘어났지만 미국(58.3%), 프랑스(62.4%)의 1/3 수준에 불과하다.[8]

셋째, 가계 부문의 금융화 역시 제한적이다. 가계의 금융화는 가계보유 자산에서 금융자산(특히 주식자산)의 급격한 증가, 가계저축률의 하락, 금융부채의 급증 등을 특징으로 하는데, 금융부채가 증가하는 가계의 채무화 현상은 선진국과 유사하게 나타나지만 그 외의 지표들은 뚜렷하지 않다. 한국에서는 주식 금융자산보다는 현금과 예·적금의 비중이 압도적으로 높

---

8 물론 주식시장의 비중이 점차 증가하면서 기업들은 과거에 비해 '주주가치 경영'을 중시하는 특징을 보이기도 한다. 이는 금융화가 기업지배구조에 미치는 효과 중 하나인데, 외국인 투자자에 의해 주가 향방이 좌우됨에 따라 기업들이 주식시장의 평판 효과를 의식하게 되면서 나타난 현상이다. 그럼에도 한국에서 이런 평판 효과는 제한적이어서 재벌이 추구하는 주주가치 경영은 완전한 영미식 형태가 아니라 투자자의 요구를 소극적으로 수용하는 '약한 주주가치 경영'에 그치고 있다(조영철, 2007: 322).

으며, 개인의 금융자산 운용 방식의 변화도 아직 나타나고 있지 않다(권우현, 2007: 440~441). 한국의 가계에서 금융자산 축적도가 낮은 것은 자본시장이 영미권에 비해 상대적으로 덜 발달했다는 점과 부동산 등 실물자산에 대한 개인의 선호에 기인하는 것으로 생각된다.

넷째, 한국 경제 전체로 보았을 때 외환위기 이후 금융 부문이 수익을 추구하는 방향으로 그 역할과 위상이 근본적으로 변한 것은 사실이지만, 그 효과가 한국 축적체제의 기본 성격이나 제조업의 우위를 부정할 정도로 진전된 것은 아니다(이병천, 2011: 10~11). 지금의 한국 경제는 미국식 금융자본주의와 같이 금융 분야의 경쟁력을 갖고 있지 않으며, 한국 경제에서 IT와 자동차로 대표되는 제조업의 위상과 수출경쟁력은 외환위기 이후 오히려 더 강화되었다. 강력한 제조업 경쟁력에 기반한 수출 주도 축적체제는 재벌체제라는 제도·권력 형태에 의해 유지되고 있으며, 재벌은 설비투자자금을 압도적으로 내부유보자금으로 조달하는 등 규모 확대를 추구하는 개발주의적 경로의존성도 강하게 지니고 있다.

이런 측면들을 감안하면, 한국의 금융화는 아직까지는 여러 측면에서 제한적이고 불완전하며 축적체제의 성격과 방향을 좌우할 정도로 발전하지는 않은 것으로 판단된다. 물론 향후의 가능성도 열려 있지만 금융화의 경향성이 강화되더라도 한국적 특수성이 반영된, 영미권의 금융화와는 상당히 차별적인 혼종적*hybrid* 성격이 될 가능성이 농후하다.

6
금융화의 사회적 함의

1980년대 이후 본격화된 신자유주의적 세계화는 금융화의 경향성을 강력하게 추동하고, 또한 신자유주의는 금융화를 통해 그 자신의 규범과 원리, 행위양식을 전 세계적으로 전파하며 스스로를 강화하고 있다. 금융화는 결코 금융 부문의 활동에만 국한되지 않으며 비금융 기업, 정부 부문, 가계 및 개인행위자의 지향성과 행위 원리를 과거와는 다른 방식으로 주조함으로써 현대자본주의의 성격과 변동에 지대한 영향을 미치고 있다. 필자는 이러한 금융화의 경향성을 금융 부문, 비금융 기업, 정부 부문, 가계 부문, 경제 전체의 측면에서 경험적으로 검토하고, 금융화가 내포하는 이론적 쟁점을 축적체제의 차원과 실물경제의 관계 측면에서 살펴보았다. 더불어 한국에서 나타나는 금융화의 특수성도 간략하게 살펴보았다. 지금까지 논의된 내용을 요약하면 다음과 같다.

첫째, 금융화의 경향성은 ① 금융 부문의 이윤율이 비금융 부문의 이윤율을 큰 격차로 압도하는 점, ② 비금융 기업의 금융자산이 총자산의 절반 규모로 증가하고 전체 수입의 절반이 금융소득에서 연유하며 금융투자가 실물 투자를 넘어서고 있는 점, ③ 가계의 금융소득 비중 및 금융부채가 급격하게 증가하고 정부재정도 이자 지불의 증가에 따라 적자 폭이 늘어난 점, ④ 경제 전체로는 금융 부문의 이윤 몫 증대에 따라 다른 경제주체들의 이윤 몫은 줄어드는 점 등에서 확인할 수 있었다.

둘째, 금융화가 독자적인 축적체제로 성립될 수 있는가의 쟁점과 관련해서는, 상당수의 학자들은 금융적 선순환 구조가 금융상품 및 주식시장의 투기적 거품에 의존하고 있다는 점에서 불안정하고 일시적이며, 따라서 축적체제로서의 존립가능성에는 회의적인 입장을 나타냈다. 그러나 현대자본주의의 이윤 원천 중 하나로 금융 부문을 인정한다면 '금융-혁신-생산'이 복합적인 비율로 결합된 축적체제의 가능성도 전망할 수 있다.

셋째, 금융화가 실물경제에 미치는 영향은 부정적인 평가와 긍정적인 평가가 엇갈리는 가운데, 금융화가 진전될수록 생산자본의 투자·이윤·축적에는 부정적 효과가 우세하다는 점이 경험적으로 확인되었다. 그럼에도 금융 부문이 생산자본 이외에 가계 부문과 일반 소비자로 끊임없이 이윤 창출 기반을 확장해갈 수 있는 유연성을 지닌 점은 경제성장에 긍정적 기여를 할 수 있는 부분으로 평가되기도 한다.

넷째, 한국에서의 금융화는 영미권의 금융화와는 다른 특수성을 지니는 것으로 평가된다. 우선 금융자본의 생산자본 지배가 아닌 재벌 주도의 금융화가 될 가능성이 높으며, 비금융 기업 및 가계 부문의 금융화도 아직 제한적인 수준인 것으로 판단된다. 더불어 한국 경제의 축적구조도 제조업 경쟁력에 기반한 수출 부문이 주도하기 있기 때문에 금융적 축적은 보조적인 역할만을 하거나 축적의 유연성을 확보하는 수단으로서만 기능할 것으로 전망된다.

지금까지 살펴본 금융화의 쟁점들은 오늘날 금융화 경향성이 포괄하는 현상들 가운데 극히 일부에 해당되는 내용에 불과하다. 이는 금융화에 대한 확장된 후속 연구가 필요함을 시사한다. 특히 요구되는 것은 금융화의 사회적 함의에 대한 부분이다. 금융화는 분명 경제적 현상이지만 사회변동의 한 추세로서 계급 관계와 사회 영역, 제도·정책의 영역에도 광범한 영향력을 미치고 있다. 따라서 금융자본-산업자본의 관계, 금융자본-노동 부문의 관계, 금융자본-정부 부문의 역학 관계 및 상호작용 방식, 금융화의 주요 추동 세력이자 기관투자자인 연기금과 연기금 보험료를 납부하는 노동계급 및 일반 시민의 관계, 금융 부문에 대한 민주적 통제의 문제 등이 지속적으로 논의되고 연구되어야 할 것이다.

현시점에서 무엇보다 중요한 것은 금융화의 신화를 무너뜨린 2008년 미국 금융위기 이후에도 금융적 축적 방식과 금융화 경향성이 지속되고 관철될지의 문제일 것이다. 따라서 이 장에서 논의한 쟁점들을 장기적인 관점에서 검토하고 변화된 내용을 추적하는 작업도 지속될 필요가 있다.

제4장

베이징 컨센서스 비판:
라모와 아리기의 논의를 중심으로

1 —————————
베이징 컨센서스의 등장

개혁·개방 이후 중국이 보여준 장기간의 지속적인 고도성장은 그동안 발전론 영역에서 수많은 쟁점과 연구 의제를 양산해왔던 주제였다. 개혁·개방의 초기 단계에서 중국의 경제 발전은 탈사회주의 이행 전략의 차원에서 동구권의 충격요법*shock therapy*과 대비되는 점진적 이행 전략으로 주목받았다(Mcmillan and Naughton, 1993; Sachs and Woo, 1994). 1990년대 이후에는 중국의 고도성장이 본격적인 궤도에 오르면서 중국의 산업화 전략을 동아시아 발전모델과의 연관성 속에서 분석하는 논의들이 제기되기도 했다(백승욱, 2003; 윤상우, 2004; Xia, 2000; So, 2003). 이후 2000년대에 들어서는 신자유주의를 상징하는 워싱턴 컨센서스*Washington Consensus: WC*의 대항마로 '베이징 컨센서스*Beijing Consensus: BC*' 개념이 호명됨으로써(Ramo, 2004), 신자유주의를 대체할 수 있는 제3세계의 대안적 발전모델로까지 격상되고 있는 실정이다. 특히 2008년 세계 금융위기가 선진국 경제는 물론이고 상당수 신흥국 경제와 제3세계 경제권을 강타했을 때조차 중국만은 홀로 견실한 고도성장을 이어감으로써 베이징 컨센서스의 담론은 단순한 신화를 넘어 실제 현실로 받아들여지고 있는 듯하다.

그러나 중국의 경제성장이 자본주의 역사상 유례가 없는 경이로운 실적을 거두고 있다는 부인할 수 없는 사실과, 이를 개념화하려는 베이징 컨센서스의 용어가 저널리즘적인 수사와 대조적 은유의 맥락에서 제기되었다는 사실을 인정하더라도, 베이징 컨센서스의 담론적 주장은 중국의 현실을 오도하고 왜곡하며 나아가 제3세계에 잘못된 대안적 발전모델을 전파하고 있다는 인상을 지우기 어렵다. 이와 관련해, 중국의 발전모델은 여러 이질적인 요소들을 포함하지만 기본적으로 신자유주의 정책 노선에 기반하기 때문에 신자유주의를 대체하는 발전모델로 보기 어렵다는 주장이 제기되기도 한다(Yao, 2010). 또한, 신자유주의적 경로에도 불구하고 (남미 국가와 달리) 고도성장이 가능했던 이유가 상당 부분 중국적 특수성에서 연유하기 때문에 역사적·사회적 조건이 상이한 다른 제3세계 국가로 전파되거나 일반화될 수 없다는 주장도 강력하게 대두되고 있다(Naughton, 2010).

필자는 이러한 문제의식에 기반해 베이징 컨센서스의 담론을 대표하는 라모(Ramo, 2004)와 아리기의 주장(Arrighi, 2007)을 중심으로 이들 논의의 문제점을 비판적으로 검토하고, 중국 발전모델의 현실을 신자유주의적 정책과 국가 주도적 산업화 전략이 혼종적으로 결합된 독특한 '제3의 혼합 모델'로 재개념화하고자 한다.[1] 이미 잘 알려져 있듯이, 라모는 베이징 컨센서스라

---

1 중국의 경제와 발전모델에 대한 논의들은 전 세계적으로 셀 수 없을 만큼 쏟아져 나왔기 때문에 모든 논의를 포괄하는 것은 사실상 불가능하다. 특히 국내에서도 수많은 중국학자와 서구학자의 분석들이 번역되어 소개되고 있는데, 이 중 중국의 발전모델에 대한 중요한 저서들을 추려 쟁점별로 비교 분석한 문헌 비평으로는 이정훈(2011)을 유용하게 참고할 수 있다. 다만 여기에는 필자가 중점적으로 다루는 라모와 아리기의 논의는 포함되어 있지 않다. 필자가 라모와 아리기의 논의에 주목하는 것은 이들이 베이징 컨센서스의 상징성(라모)과 분석의 포괄성·정교함(아리기)을 갖추고 있기 때문이다.

는 논쟁적 개념을 최초로 제기한 논자이고, 아리기는 세계체제적 관점에서 자본주의의 역사 변동을 분석하면서 향후 중국의 부상과 중국의 세기를 전망한 학자다. 필자가 지향하는 것은 중국의 발전 현실에 대한 정확한 이해다. 이를 위해서는 우선 베이징 컨센서스 담론을 넘어서는 일이 필요하다.

먼저 제2절에서는 라모의 논의를 중심으로 베이징 컨센서스의 기본 원리 및 구성요소를 살펴보고, 이를 보다 현실적으로 재개념화하고 재구성한 리신 등(Li, Brødsgaard and Jacobsen, 2009)의 '확장된augmented 베이징 컨센서스'의 내용을 비판적으로 검토한다. 제3절에서는 아리기(Arrighi, 2009)가 『베이징의 애덤 스미스: 21세기의 계보Adam Smith in Beijing: Lineage of the 21st Century』에서 분석한 중국 발전모델의 특성과 중국 부상의 정치적·경제적 근거를 살펴보고 분석적 문제점과 한계를 논의한다. 제4절에서는 베이징 컨센서스에 대한 비판적 분석을 토대로 중국 발전모델을 둘러싼 핵심 쟁점을 중국 모델의 기본 성격과 중국 모델의 보편성·특수성·지속 가능성을 중심으로 논의한다. 여기에서는 중국의 발전모델을 왜 제3의 혼합 모델로 봐야 하는지 그 논리와 근거를 제시할 것이다. 마지막 제5절에서는 중국 발전모델의 향후 전망을 진단하고 토의한다.

2
라모의 '베이징 컨센서스'론

사실 라모가 발표한 논문 「베이징 컨센서스」(2004, 국역본 2009년)는 주장의 논리적·분석적 타당성보다는 '베이징 컨센서스'라는 용어가 가지는 상징적 의미와 선도적 개념화 덕분에 학계와 대중에게 널리 알려지고 주목받은 측면이 크다. 베이징 컨센서스는 1990년대 신자유주의 담론과 정책 패키지를 상징하는 워싱턴 컨센서스의 대칭적 개념으로서, 신자유주의적 발전모델의 실패와 쇠퇴, 그리고 중국이 보여준 새로운 발전모델의 가능성과 부상을 함축하는 용어라고 할 수 있다(Naughton, 2010: 438). 1990년대 초인 플레이션, 경상수지 적자, 외채누적 등 경제위기를 겪고 있던 여러 개발도상국, 특히 중남미 국가에게 경제위기를 극복할 수 있는 정책 처방으로 제시된 워싱턴 컨센서스는 기대했던 것만큼의 경제적 성과가 나타나지 않고 불평등과 빈곤 등 사회적 부작용이 급증하면서 점차 실망과 회의의 대상이 되었다. 이런 상황에서 2000년대에 개념화된 베이징 컨센서스는 자국 상황에 맞게 개혁을 이룬 개발도상국의 성공 사례로서 다른 개발도상국이 어떻게 세계화의 도전에 대응하고 근대화를 실현할지를 보여준다는 데 의의가 있다(김도희, 2008: 101).

그럼에도 라모의 베이징 컨센서스는 상당히 방대한 논문 분량에도 불구하고 경험적 근거와 자료의 제시가 미비하고 중국 고위 인사와의 인터뷰와 자신의 직관에만 의존해 중국의 새로운 발전모델을 주장하기 때문에 학술적인 토론 대상으로 삼기에는 많은 한계와 취약성을 지닌다. 게다가 논문의 후반부에서는 중국의 발전모델이 아닌, 중국과 미국·서구의 국제정치적 역학 관계를 다루고 있고, 결론에서는 저자의 서구중심적 시각("중국을 어떻게 다룰 것인가")과 주관적 편향성이 드러난다는 점도 지적될 필요가 있다.

이런 점들을 감안하면서, 먼저 라모가 주장하는 중국의 새로운 발전모델인 베이징 컨센서스의 주요 내용을 간략히 정리해본다. 라모(2009: 16~17)는 개혁·개방 이후 중국의 부상이 국제적 발전의 전체적 면모를 변화시키고 있다고 주장하면서, 중국이 보여준 새로운 힘과 발전의 동력을 '베이징 컨센서스'라고 호명한다. 이는 이론이라고 하기도 어려울 정도로 유연한 형태를 띤 실용의 추구이며, 토대가 되는 핵심적인 개념은 변화, 새로움, 혁신 등이다. 라모(2009: 25)에 따르면, 베이징 컨센서스는 오늘날 세계에서 개발도상국이 스스로 발전을 조직하는 방법에 관한 세 원칙을 담고 있다.

베이징 컨센서스의 첫 번째 원칙은 혁신의 가치를 재정립하는 것이다. 개발도상국이 동 케이블 같은 후발 기술에서 발전을 시작해야 한다는 기존의 이론과는 달리, 이 원칙은 광섬유 같은 첨단기술의 혁신이 반드시 필요하다고 주장한다. 그동안 중국의 경제성장은 값싼 노동력을 기반으로 한 대표적인 성공 사례라는 것이 일반적인 생각이지만, 라모는 사실은 그 반대라고 본다. 중국의 경제성장을 유지해온 것은 혁신을 통한 생산성 증대였고, 위험한 내부적 불균형 상태가 초래되는 것을 막아준 것 역시 혁신이었다는 것이다(라모, 2009: 30).

혁신이 왜 중요한가? 라모는 중국의 경험에서 이유 2가지를 도출한다. 하나는 혁신과 기술만이 일부 영역에서 초고속 변화를 이끌어낼 수 있고, 그것을 통해서 국가가 빠르게 움직임으로써 개혁으로 인해 생긴 부작용을 해소할 수 있기 때문이다. 즉, 변화로 인해 생겨난 문제를 제거하는 가장 좋은 방법은 더 많은 변화와 더 많은 혁신이라는 것이다. 라모는 혁신이 중국 사회의 밀도를 증가시킨다고 본다. 그것은 관계망을 통해서 사람들 사이의 연계를 더욱 긴밀하게 하고, 개혁의 기간을 단축하며, 소통도 더욱 쉽고 빠르게 한다. 혁신이 잘 될수록 사회 밀도도 더 커지며, 발전도 더욱 빨라진다는 것이다(라모, 2009: 28). 또 다른 이유는 혁신적인 사회가 반복되는 실험과 실패를 자연스럽게 용인하는 분위기를 가지기 때문이다. 이런 분위기가 조성되어야 발전의 충격에도 불구하고 변하면서 살아남을 수 있는 생산적 활력이 생긴다는 것이다(라모, 2009: 34).

베이징 컨센서스의 두 번째 원칙은 지속 가능성과 평등성을 우선적인 고려 대상으로 삼는 발전모델을 구축하는 것이다. 이는 1인당 GDP 같은 객관적 척도에 국한되지 않고 발전의 중점을 삶의 질 쪽으로 옮기려는 것으로, 중국이 발전 과정에서 생겨나는 거대한 모순을 관리할 수 있는 유일한 경로다(라모, 2009: 25). 라모는 2003년 후진타오胡錦濤 지도부 출범 이후 새로운 '조화 지향형' 경제 발전과 균형 발전이 향후 핵심 발전 전략으로 천명된 것, 중국의 대표 경제학자인 후안강胡鞍鋼이 성장 척도로 환경파괴비용을 차감한 '녹색 GDP', 부패비용을 차감한 '클린 GDP' 개념을 제기한 것 등을 지속가능하고 평등한 발전모델을 구축하려는 중국의 노력으로 간주한다. 그는 중국이 경제 발전에서 이런 측면을 강조하는 것은 오염과 부패를 사회의 독소로 인식하고 체제 전환 과정에서 사회 안정을 가장 중요시하기 때문이라고 주장하면서, 나아가 중국 공산당 지도부의 권력 독점도 이러한 맥락의 일환으로 간주한다(라모, 2009: 36~37).

베이징 컨센서스의 세 번째 원칙은 국제정치·경제 질서에서 자결self-determination의 원칙이다. 현재 중국은 미국이 패권적 행동을 함부로 할 수 없는 환경을 만들어가고 있고, 전통적인 권력 수단(군사력)에 가장 적게 의존하는 평화적인 방식에 기반해 비대칭적인 초강대국으로 부상하고 있는데, 이는 수많은 개발도상국에게 진정한 발전과 독립의 희망을 제공한다는 것이다(라모, 2009: 16, 40~41). 라모는 중국이 국제 질서에서 자결의 원칙과 관련해 다음의 세 방식으로 자신의 에너지를 전파하고 있다고 본다.

첫째는 외국자본과 은행의 공감만을 얻는 워싱턴 컨센서스(신자유주의)의 낡고 획일적인 발전관념에 대한 반작용적 운동 에너지로서, 베이징 컨센서스는 자국민의 삶의 질 향상과 아래에서 시작되는 상향식 발전이 실현될 수 있는 환경의 조성을 지향하는 것이다. 둘째는 역사적으로 중국 문화가 강력한 힘을 발휘한 이유가 관념, 생산물, 생활방식 등에서 중국만의 지역적 특색을 유지하는 데 있으며, 이에 따라 개혁·개방 이후 '중국적 특색의 사회주의'를 넘어 '중국적 특색의 세계화'를 발전시키는 일에 주력하는 것이다. 이는 세계화 추세에 또 다른 대안적인 길을 제시하는 것인데, 세계화의 관념이 각 지역의 특수한 상황에 부합하는지를 엄격히 따지면서 그것을 자신의 방식대로 통합해가는 것을 말한다. 마지막으로 중국의 경제적 부상을 말미암아 국제무역을 통해 중국과 여타 개발도상국의 경제적 이익을 상호 긴밀하게 연결하는 경제 환경을 창출하는 것이다. 이제 중국의 성장은 중국인만이 아닌 개발도상국 수십 억 명의 이익에 부합되는 경제 질서를 만들어가고 있다(라모, 2009: 42~50).

이상이 라모가 주장한 베이징 컨센서스의 주요 내용이다. 사실 중국은 개혁·개방 이후 눈부신 경제성장으로 세계의 주목을 받았지만 성공적인 발전모델로서는 정당한 평가를 받지는 못했다는 점에서(김도희, 2008: 83), 라모의 주장이 던지는 문제의식과 화두는 충분히 수용할 만한 설득력을 지닌 것이라고 할 수 있다. 그러나 라모의 베이징 컨센서스론은 중국 모델을 단순히 성공한 발전모델의 차원이 아닌, 신자유주의를 대체하는 대안적인 발전 패러다임으로 격상하는 대담하고 파격적인 주장을 제기하기 때문에 수많은 비판과 논란의 대상이 되었다. 게다가 라모가 밝힌 베이징 컨센서스의 세 원칙과 관련해 중국 내외부에서 중국의 실제 현실과 부합되지 않는다는 경험적 반박과 비판들이 무수히 제기되었다. 라모의 베이징 컨센서스에 대한 여러 비판 중에서 가장 체계적이고 적실성 있는 비판을 제기하는 케네디(Kennedy, 2010: 469~472)의 주장을 정리해보면 다음과 같다.

첫째, 혁신의 원칙과 관련해 기술혁신은 중국이 성장할 수 있었던 비결의 핵심이 아니라는 비판이다. 분명 중국은 성장 과정에서 제조업과 여러 산업에서 점진적인 혁신이 있었고, 거대한 과학자·엔지니어 풀을 가지고는 있지만 혁신의 리더는 아니라는 것이다. 중국 기업은 해외에서 발명되고 설계되는 제품을 생산할 뿐이며, 첨단기술 부문에서 글로벌 생산 네트워크 아래 단순 조립·제조업체로 통합되어 있다.

둘째, 중국이 지속가능하고 평등한 발전을 추구한다는 주장은 현실에서 제한적일 수밖에 없다. 이는 개혁·개방기 중국의 주류 정책은 결코 아니며, 중국의 성장 경험이 보여준 주된 특성은 오히려 평등이 아닌 불평등이었다. 결국 지속가능하고 평등한 발전은 기껏해야 미래의 목표일 뿐이라는 것이다.

셋째, 라모는 중국의 발전 전략이 지닌 독특성을 강조하는데, 경제 발전 과정에서 다른 국가들과 똑같은 정책 조합을 채택하고 똑같은 경제 성과를 얻는 국가는 존재하지 않는다. 단순히 성공적인 발전을 이룩했다고 해서 모든 국가에게 'X국가 컨센서스'라는 명칭을 부여하는 것은 무의미한 일이다. 게다가 중국의 정책이 과연 오리지널 워싱턴 컨센서스에 반하는 것인지 의문을 제기할 필요가 있다. 오히려 중국은 워싱턴 컨센서스의 10가지 원칙 가운데 8가지를 충실히 이행했다.

넷째, 라모는 중국 공산당 지도부가 자국이 지닌 여러 요인이 상호 조화를 이루어 잘 규정된 경제 목표를 추구하도록 이끌었고 중국의 경제 실적은 이러한 계획된 목표의 반영이라고 주장한다. 그러나 중국 지도부는 그들의 적극적인 선택이 아니라 주어진 경제적·정치적 환경과 압력에 대응하는 과정에서 자신들의 정책을 시행해왔으며, 이는 공산당 내 자유주의 분파와 보수적 분파의 타협과 관료정치라는 임기응변의 산물로 봐야 한다.

한편, 리신 등(Li, Brødsgaard and Jacobsen, 2009)은 라모의 주장이 경험적으로 부정확함과, 베이징 컨센서스를 비판하는 학자들의 주장이 일정 부분 타당함을 인정하면서도 중국 모델을 이해하기 위한 방편으로 베이징 컨센서스

개념의 유용성을 수용하면서 이를 (윌리엄슨의 워싱턴 컨센서스와 동일한 틀인) 원칙 10가지로 재개념화한다.

① 외부에서 수입한 최적의 관행 토착화
② 시장과 계획의 결합
③ 목표에 대한 유연하고 실용적인 수단 채택
④ 정책권*policy rights*(자신의 상황에 맞는 전략·정책을 선택할 수 있는 자유)
⑤ 안정적인 정치 환경
⑥ 자립*self-reliance* 원칙
⑦ 지속적인 산업구조 고도화
⑧ 내생적 혁신
⑨ 신중한 금융 자유화
⑩ 사회적 조화*social harmony*를 지향하는 경제성장

사실 리신 등의 재개념화가 라모의 주장을 혁신적으로 재구성하고 중국 경제의 본질을 정확히 규정했다고 보기는 어렵다. 라모의 베이징 컨센서스의 세 원칙(혁신, 형평성, 자결의 원칙)을 사실상 수용하면서 여기에 중국 모델의 특성으로 가장 많이 언급되는 국가 주도 시장경제모델, 유연한 정책 수단 등을 첨가한 정도에 그치기 때문이다.

필자는 라모의 베이징 컨센서스 주장에 대한 기존 학자들의 비판(특히 케네디의 비판)이 경험적으로 정당하고 설득력을 지닌다는 데 전적으로 공감하면서, 라모의 논의가 지닌 문제점에 대해 몇 가지 부연적인 비판을 제기한다.

첫째, 개념 규정의 엄밀성에 대한 것이다. 혹자에게 "어떤 특정 국가의

경제와 발전모델이 '혁신, 형평성, 자결'의 원리를 가지는데, 이 국가는 어떤 국가인가?'라고 질문하면 과연 몇 명의 사람들이 바로 중국을 떠올릴 수 있을까. 아마 대부분 사람들은 북유럽의 어떤 국가를 떠올릴 것이다. 물론 중국의 발전 경험은 워낙 다양한 요소와 복합적인 차원을 포괄하기 때문에 그 발전 과정에서 혁신, 형평, 자결의 요인들이 어느 정도 내포되어 있을 수도 있다. 그러나 이 요인들이 개혁·개방 이후 중국 발전모델의 핵심과 본질을 구성하는 것은 결코 아니며, 이 요인들로 인해 중국이 고도성장을 이루었다고 보기는 어렵다.

둘째, 과학성을 빙자한 자의적 설명의 한계다. 라모는 자신의 글의 사실상 부제를 '중국의 힘에 관한 새로운 물리학'으로 규정하면서 티코 브라헤, 하이젠베르크, 아인슈타인 등의 논의를 끌어와 자신의 주장이 마치 이들과 같은 과학성을 지니고 있음을 강변하려는 듯 보인다. 이는 물리학적인 비유는 될 수 있을지 모르지만 중국의 발전 과정에 대한 설명은 될 수 없다. 중국은 단지 빠르게 성장하고 있는 후발 국가일 뿐이고 양자물리학에서 말하는 속도와 위치를 동시에 파악할 수 없는 '양자'가 아니기 때문이다.

3 ——————————————————————
아리기의 세계체제적 베이징 컨센서스론

이미 1994년에 『장기 20세기_The Long Twenties Century_』라는 역작을 통해 세계체제적 관점에서 자본주의의 발전 궤적에 대한 역사적 분석을 시도한 조반니 아리기는 분석의 시·공간적 스케일이나 이론적 깊이와 통찰력 면에서 라모와는 차원이 다른 학자임이 분명하다. 그는 『베이징의 애덤 스미스』에서는 세계 헤게모니 이행·순환의 21세기적 계보로서 미국 헤게모니의 쇠퇴와 중국을 선도국으로 하는 동아시아로의 중심 이동을 주장한다. 특히 아리기의 주장이 주목을 끄는 점은 중국의 쇠퇴와 유럽의 부상이라는 19세기 대분기*great divergence*가 나타나기 이전의 중국 발전 경로를 재평가한다는 점, 제국 말기 중국의 발전 경로가 애덤 스미스가 말한 자연적인 발전 경로에 부합된다는 점, 그리고 20세기 말 중국의 부상과 경제 부흥에 이러한 역사적 전통과 잠재력이 작용했다는 점을 주장하는 등 이른바 '중국 예외주의'(박상현, 2011: 106)라고 불릴 만한 대담하고 파격적인 주장을 제기하는 데 있다. 아리기(2009: 521~522)는 자신의 입장을 명시적으로 '베이징 컨센서스'라고 칭하지는 않지만 책의 에필로그에서 라모의 베이징 컨센서스에 공감을 표하고, 중국 발전모델의 우위성에 대해 사실상 라모와 동일한 결론을 도출한다는 점에서 베이징 컨센서스론의 확장된 버전(자본주의 세계체제 역사로의 확장) 또는 세계체제적 베이징 컨센서스론으로 볼 수 있다.

그런데 아리기의 주장을 정리하고 평가하는 작업은 결코 쉽지 않다. 그의 주장의 근간이 되는 『베이징의 애덤 스미스』가 자본주의 세계체제와 세계 헤게모니의 역사라는 방대한 시·공간적 스케일을 포괄하고, 또한 워낙 다양한 학자의 논의를 동원해 평가하고 인용하며, 책의 도처에서 독립적인 연구 주제가 될 법한 근본적인 문제와 논쟁점을 제기하기 때문에 그의 주장을 따라가고 독해하는 것이 까다롭기 때문이다. 따라서 여기에서는 아리기의 『베이징의 애덤 스미스와』와 이를 요약한 후속 논문(아리기, 2012)을 중심으로 중국의 부상과 헤게모니 전망에 대한 아리기의 주장을 간략하게 요약한다.

아리기(2009: 22~23)는 이 책의 서론에서 자신의 핵심 주장을 간결하게 제시하는데, 20세기 후반기 역사에서 가장 중요한 주제는 동아시아의 경제

부흥이며, 20세기 헤게모니 국가인 미국이 진정한 세계제국을 수립하려는 시도가 실패하고 중국의 성공적인 경제 발전이 결합되면서 동아시아 중심의 (스미스적인) 세계-시장사회가 형성될 가능성이 높아졌다는 것이다. 아리기의 관점에서 20세기 후반 중국의 부상은 기존 세계체제론의 주류적 해석이 주장하는 것처럼 단순히 자본주의 세계체제에 반주변부로의 편입이나 구조적 종속의 결과물로 파악될 수 없으며, 안드레 군더 프랑크(2003)가 『리오리엔트*Reorient : global economy in the Asian age*』에서 주장했던 것처럼, 과거 세계제국의 역사적 전통 그리고 잠재력과 밀접한 연관성을 지니는 현상이다(박상현, 2011: 99~100). 따라서 오늘날 중국의 경제성장은 새로운 현상이 아니라 말 그대로 '부흥*renaissance*'이며(아리기, 2009: 14), 19세기의 대분기 이래 지난 150년 동안의 중국의 쇠퇴가 오히려 이례적이고 예외적인 현상으로 파악된다.

아리기(2012: 47)는 이런 역사적 관점에서 출발하기 때문에 중국의 부상에 대한 문제의식은 다음과 같은 과거 역사와의 관련성 속에서 설정된다. 첫째, 중국과 동아시아는 왜 그리고 어떻게 세계 발전에서 서구에게 장기간 주도권을 상실했으며 한 세기 이상 쇠퇴했는가? 둘째, 동아시아 지역이 제2차 세계대전 이후 침체에서 신속하게 회복할 수 있었던 이유는 무엇인가? 셋째, 오늘날 세계경제에서 중국과 동아시아가 새로운 중심으로 부상하는 현상과 동아시아가 예전에 지녔던 세계 발전의 주도권 사이의 관계는 무엇인가?

아리기에 따르면, 19세기 대분기 이전 중국은 세계 발전의 최선두에 있었으며 유럽과는 상이한 발전 경로에 있었는데, 이를 제대로 이해하기 위해서는 맑스의 자본주의 개념보다는 스미스의 시장경제 개념이 더 적절하다고 주장한다. 19세기 이전 중국의 발전 경로에 대한 아리기의 인식은 다음과 같이 정리할 수 있다.

첫째, 대분기 전까지 중국은 '비자본주의적 시장경제' 발전으로 규정될 수 있다. 중국은 소농 중심의 토지평등 원칙이 실현되고 있었기 때문에 브레너가 말한 자본주의 요건(생산수단에 대한 직접생산자의 통제력 상실)을 충족하지 못하며, 따라서 시장 교환이 확대되더라도 중국의 발전 경로는 자본주의적이지 않다는 것이다(아리기, 2009: 45~47).[2]

둘째, 아리기는 스기하라 가오루杉原薫의 주장에 기반해 중국이 '근면 혁명industrious revolution'에 따른 발전 경로를 걸어왔다고 파악한다. 16~18세기 동아시아 국가는 천연자원의 제약(토지 부족)에 대응해 노동력을 흡수하는 제도와 노동집약적 기술을 발전시켜 인구 증가에도 불구하고 생활 수준과 부를 개선하는 근면 혁명의 경로를 추구해왔는데, 이는 20세기 이후에도 동아시아 발전 경로의 특징으로 남아 있다는 것이다. 반면 유럽은 자본집약적이고 에너지 소모적인 '산업혁명industrial revolution'의 경로로 나아간 것으로 파악된다.

셋째, 중국의 비자본주의적 시장경제, 근면 혁명을 바탕으로 한 발전 경로는 내재적으로 사회의 틀을 그대로 유지하는 스미스적인 성장에 부합되며, 또한 '자연적인' 발전 경로(농업-제조업-해외무역의 순차적 발전)로 평가할 수 있다. 반면 유럽은 자본주의적 시장경제, 산업혁명의 발전 경로를 밟아왔는데, 이는 기존 사회의 틀을 파괴하고 새로운 것으로 대체하는 슘페터와 맑스의 발전상에 부합되며 스미스적 관점에서는 '비자연적이고 퇴행적

---

2   브레너가 본 자본주의적 발전 요건은 ① 생산조직자는 시장경제 외부에서 자신의 생계와 계급지위를 재생산할 수 있는 능력을 상실해야 하고, ② 직접생산자는 생산수단에 대한 통제력을 상실해야 한다는 것이다(Brenner, 1977).

인' 발전 경로로 인식된다(아리기, 2009: 70~71, 91~92).

그렇다면 경제력 측면에서 서구를 압도했고 내용적으로도 우월하고 자연적이었던 중국의 발전 경로는 왜 대분기 이후 급속한 몰락과 쇠퇴를 경험하게 되는가? 아리기(2012: 47)는 대분기의 기원을 경제적 요인보다는 지정학적 요인에서 찾는다. 유럽 체계는 16세기 이래 세력 균형 구조가 유지되었는데, 이에 따라 국가들 사이의 끊임없는 군사 경쟁과 지리적 팽창의 경향이 강화되었다. 또한 원거리 무역에 대한 통제권은 중국보다 유럽에서 훨씬 더 중요한 부와 권력의 원천이었다. 따라서 유럽 내 권력투쟁의 외향성은 자본주의, 군사주의, 영토주의의 결합을 가져온 핵심요인이었고 유럽 체계를 세계화한 추진력이었다. 반면에 중국은 정치적·경제적 권력이 중심부(중국)에 집중되고 주변국이 조공무역에 편입된 세력 불균형 구조였는데, 이는 오히려 장기간의 평화, 군비경쟁의 부재, 해외 팽창보다 국내시장 안정화, 근면 혁명과 같은 내향적이고 자연적인 발전 경로를 창출했다(아리기, 2009: 435~443). 결국 중국과 동아시아 체계 전체는 팽창하는 유럽 열강의 군사적 맹공에 취약하게 되었고, 아편전쟁의 패배 이후 유럽 중심의 세계 자본주의 체제에 종속적으로 편입되면서 급속한 몰락과 쇠퇴의 길을 걷게 된 것이다.

두 번째 연구 질문과 관련해, 아리기(2012: 60~61, 78)는 제2차 세계대전 이후 동아시아 지역의 신속한 회복은 서구 발전 경로와 동아시아 발전 경로의 혼종적 결합이 방향을 바꾸어 동아시아 지역의 경제적 부흥에 유리한 조건을 창출했기 때문에 가능했던 것으로 파악한다. 냉전 시기에 미국이 동아시아에 수립한 군사적 질서가 이것의 토대가 되었는데, 이 관계 속에서 미국은 지역적·전 지구적인 보호의 제공과 정치권력의 추구를 특화했고, 반면 동아시아 예속국은 무역과 이윤 추구를 특화했다. 이런 질서는 일본이 주도하는 다층적 하청체계의 눈덩이*snowballing* 효과가 나타날 수 있는 조건을 창출해 동아시아와 동남아시아의 산업화, 화교경제 네트워크의 성장 등 동아시아의 경제통합과 경제팽창의 강력한 기제가 되었으며 미국의 경제적 역량을 성공적으로 잠식해갔다. 동아시아 발전 경로의 재등장과 경제 부흥은 중국이 1978년 개혁·개방 정책으로 세계경제의 전면에 부상하면서 새로운 단계에 진입하게 된다(강진아, 2012: 562).

그런데 중국과 동아시아로의 헤게모니 이동에 대한 아리기의 전망은 중국의 경제 부흥 외에도 또 다른 한 축을 필요로 한다. 그것은 미국 헤게모니의 쇠퇴와 위기다. 아리기(2009: 245~266)에 따르면, 미국 헤게모니는 베트남전쟁의 패전과 미국 군사력의 신뢰 하락으로 '신호적 위기'에 처하게 되는데, 이 평결을 만회하고 진정한 세계제국을 수립하려는 프로젝트인 2001년의 이라크 투기가 실패로 끝나면서 '최종적 위기'에 처한 것으로 간주된다. 여기서 특이한 점은 현재의 헤게모니 이행에서 자본주의 역사상 유례없는 군사적 권력(미국)과 금융적 권력(동아시아)의 분기를 전망한다는 것이다(아리기, 2009: 21; 박상현, 2011: 110). 이러한 이례성은 중국을 중심으로 군사적 권력에 의존하지 않는 새로운 세계 질서, 스미스가 예견했던 모두가 공존하는 세계-시장사회가 형성될 수 있다는 추론의 근거가 된다.

마지막으로, 중국의 부상에 대한 아리기의 설명을 검토한다. 앞서 세 번째 연구 질문 자체에서도 암시적으로 드러나듯이, 아리기에게 중국의 경제 부흥은 과거 전통과의 연관성 속에서 파악되어야 할 대상이다. 그는 지난 한 세기 동안의 서구중심적 세계자본주의 체제의 팽창에도 불구하고 중국 안에서 결코 소멸되지 않은 과거 비자본주의적 시장경제의 전통, 그리고 마오 시대의 혁명 전통에 주목하면서 이 전통들 덕분에 중국은 단기간에 경제적 우위를 회복할 수 있었다고 주장한다(아리기, 2009: 486). 첫 번째 전통의 유산은 제국 말기 변경의 조공무역에서 형성된 화교 공동체다. 이들은 제2차 세계대전 이후 일본 주도의 다층적 하청체계에서 번창했고 중국이 1978년 개혁·개방을 선언하자 중국으로의 투자유입을 통해 외국인직접투자를 선도하는 기폭제가 되었다. 두 번째는 농촌에 기반을 둔 비자본주의적 시장경제 전통의 부활이다. 스미스의 충고대로 농촌 부문부터 개혁을 시작한 점, 그리고 농촌 공동체를 중심으로 노동을 흡수하는 근면 혁명의 전통이 반영된 향진기업의 성과가 그것이다. 세 번째 전통은 마오 시대에 이루어진 대중 교육의 보편화로 근면하고 교육받은 노동자와 기술자·과학자·전문가의 저렴한 대량공급이 가능한 것인데, 이는 인적자원을 중시하는 중국의 발전 경로가 낳은 결과물로 간주된다(아리기, 2009: 483~486, 497~504, 2012: 69~75).

아리기의 대담하고 파격적인 주장은 이후 학계에 상당한 반향을 불러일으켰고 그의 저술을 평가하고 조망하는 다양한 서평과 후속 논의가 양산되었다. 특히 아리기의 주장을 옹호 또는 비판하는 학자들이 포함된 폭넓은 이론적 진영이 관여하기도 했는데, 몇몇 논의를 제외하면 아리기의 주장에 대해 부분적이거나 지엽적인 비판과 평가에 머무르는 것이 상당수여서 많은 아쉬움을 남긴다.[3] 여기서는 『베이징의 애덤 스미스』에서 아리기가 제기한 핵심 주장, 특히 중국의 역사적 발전 경로와 오늘날 재부상에 대한 해

---

3 2009년 ≪월드 시스템 리서치 저널(Journal of World-system Research)≫에는 특집으로 아리기의 저작에 대한 서평들이 실린 바 있는데, 대부분 아리기와 이론적 입장을 공유하는 학자들의 서평이어서 비판은 거의 없고 해설에 가깝다(Bair, 2009; Denemark, 2009; Coyne, 2009; Gulick, 2009; Trichur and Sherman, 2009). 2010년에는 ≪사적유물론(Historical Materialism)≫에도 특집으로 서평들이 실렸는데 여기에서는 맑스주의적 관점에서의 이론적 비판이 주를 이룬다(대표적으로 Pradella, 2010).

석을 비판적으로 평가해본다.

첫째, 아리기가 중국의 역사적 발전 경로를 해석하는 데 가장 큰 문제점은 '자본주의'와 '시장경제'의 개념이 불분명하고 모호하다는 점이다. 앞서 말한 대로, 그는 19세기 대분기 이전의 중국을 '비자본주의적 시장경제'로 규정한다. 그런데 비자본주의적이라는 아리기의 주장을 수용하더라도 (분명 당시 중국은 비자본주의다) 명·청시대의 중국 경제가 어떻게 '시장경제'에 해당하는지 의문이다. 그는 스미스와 브로델이 언급한 중국에서의 상업·무역 확대에 기대어 그러한 개념 규정을 하는 듯한데, 정작 중국을 시장경제로 규정할 수 있는 명확한 기준과 근거는 전혀 제시하지 않는다. 그런데 폴라니(Polanyi, 1957: 43~55)가 제시한 경제체제의 유형을 적용하면, 당시의 중국은 시장(교환)경제가 아닌 자급자족적인 가계경제householding 또는 재분배 체제로 보아야 할 것이다. 왜냐하면 중국의 직접생산자(농민)의 생산 목적이 (시장 교환을 위한) 상품을 생산하는 데 있는 것이 아니라 자신과 가족의 소비(생계)를 위한 것이며, 반드시 시장 교환을 통해야만 자신의 생존과 경제의 재생산이 가능했던 것이 아니기 때문이다.[4]

더불어, 아리기가 논의하는 '자본주의' 개념 역시 매우 혼란스럽고 당황스럽다. 그에 따르면 "시장 기반 발전의 자본주의적 성격은 자본주의적 제도·성향에 의해 결정되는 것이 아니라 국가권력과 자본의 관계에 의해 결정된다. 시장경제에 더 많은 자본가가 있다고 하더라도 국가가 자본가의

---

4 아리기는 중국이 브레너의 자본주의 필수요건(각주 2 참고) 중 두 번째를 충족하지 못하기 때문에 '비자본주의적'이라고 규정하는데, 첫 번째 요건(생산조직자가 시장경제 외부에서 자신의 생계와 계급지위를 재생산할 수 있는 능력 상실)을 충족하는지의 여부는 밝히지 않는다.

계급이익에 종속되지 않는다면 시장경제는 여전히 비자본주의적이다"(아리기, 2009: 457~458). 즉, 자본주의는 자본-노동 간 생산관계가 아닌 국가-자본 관계로 규정되는데, 아리기(2012: 55~56)는 브로델의 주장을 빌려 당시 중국이라는 국가가 자본가나 상인에게 적대적이었기 때문에 자본주의로 볼 수 없다고 주장한다. 그렇다면 자본주의는 경제체제나 생산조직의 한 형태가 아니라 정치체제의 한 유형인 것인가? 이에 대해 페니치(Panitch, 2010: 79)는 정치결정론적인 자본주의 이해라고 비판한다.

둘째, 아리기가 대분기 이전 중국 발전 경로의 우수성과 자연성에 대해 극찬하고 20세기 중국의 재부상에서 이런 역사적 전통과 유산이 결정적이었다는 주장은 일종의 '역오리엔탈리즘적 인식orientalism in reverse'(딜릭, 2000; 박승우, 2008)이라고 비판할 수 있다. 서구가 만들어낸 왜곡된 허구로서의 '동양(변방, 미개, 전통)'을 의미하는 오리엔탈리즘(사이드, 2007)에 반하는 개념이라고 할 수 있는 역오리엔탈리즘은 아시아의 문화와 전통에 대한 긍정 일변도의 해석, 근거 없는 신비화를 의미한다. 아리기의 주장은 이러한 편향성의 단면을 보는 느낌이다. 그의 설명은 마치 유교자본주의론이나 아시아적 가치론을 연상시킨다.

과거 중국 발전 경로의 우수성에 대한 아리기의 주장은 경험적 근거와 사실의 측면에서 취약성이 많다. 그는 애덤 스미스가 중국의 발전을 자연적 경로로 높게 평가했다는 점을 강조하지만, 스미스가 『국부론An Inquiry into the Nature and Causes of the Wealth of Nations』(1776)의 다른 부분에서 중국 경제의 정체된 성격과 낮은 임금, 중국 하층민의 빈곤이 유럽 최빈국의 수준을 압도했다는 언급은 간과했다(Pradella, 2010: 93). 실제로 일부 역사학자들은 17세기 영국과 중국의 노동자가 받는 실질임금에 대한 실증 비교를 통해 중국 노동자의 임금이 영국 노동자 임금의 30~40%에 불과했다는 분석을 제기하면서 당시의 중국이 산업혁명 직전의 영국보다 더 높은 수준의 경제력을 지녔다는 '대분기' 명제 자체를 비판한 바 있다(박상현, 2011: 105 재인용; Allen, 2009). 혹자는 대분기 이전 중국을 단일 실체로 취급하는 아리기의 관점을 비판하면서 중국 경제 내부의 지역적 편차와 가변성 문제를 제기하기도 한다(Christiansen, 2010: 113~114).

개혁·개방 이후 중국의 경제 부흥이 비자본주의적 시장경제 전통과 스미스적인 자연적 발전 경로의 부활에 기인한다는 아리기의 주장도 자의적 해석이라는 비판을 면하기 어렵다. 중국의 개혁이 '청사진 없는 개혁'이라고 불릴 정도로 종합적인 마스터플랜에 따라 진행된 것이 아니라는 사실은 익히 알려진 사실이며, 또 중국의 개혁이 농촌 개혁에서 출발한 것은 당시의 식량 수급 문제와 사회주의 시기 농촌 억압에 대한 저항을 무마하기 위한 목적에서 비롯된 것이고 과거의 근면 혁명의 전통과 관계된 것은 아니다(노턴, 2010). 또한 아리기가 강조하는 향진기업도 1990년대 이후에는 그 위상과 의미가 쇠퇴하고, 자본주의 세계경제의 첨병이라고 할 수 있는 서구의 다국적기업과 외자기업이 중국의 성장 동력이자 수출 주력으로 부상하는 사실을 애써 무시하는 점도 지적될 필요가 있다(Panitch, 2010: 84).

셋째, 아리기가 세계 헤게모니의 이행 및 향후 전망과 관련해 제기한 핵심 주장에 대해서도 명확한 근거 없이 희망 사항이 투영된 자의적 설명으로 일관한 점이 나타난다. 물론 미래 전망의 옳고 그름을 그 누구도 확신하기는 어렵겠지만, 아리기가 개진하는 주장의 현실성에 대해서는 많은 사람이 회의적일 것이다. 그의 대표적인 주장들은 다음과 같다. ① 세계 헤게모니 이행에서 자본주의 역사상 유례없는 군사적 권력(미국)과 금융적 권력(동아시아)의 분기를 전망하고 중국을 중심으로 군사적 권력에 의존하지 않는 새로운 세계 질서를 예상한 점(아리기, 2009: 21), ②『장기 20세기』에서 일본 중심의 헤게모니 전망을 주장하다가 별다른 해명 없이 『베이징의 애덤 스미스』에서는 중국 헤게모니론으로 선회한 점, ③ 중국 중심의 동아시아 지역 통합을 전망하면서 동아시아 국가들이 점차 중국을 위협으로 인식하지 않을 것이라는 주장 등이다.

분명 아리기의 논의가 자본주의 세계체제의 역사와 향후 전망을 이해하는 데 상당한 통찰력과 참신한 해석을 제공한다는 점은 부인하기 어렵다. 그럼에도 그가 제시한 수많은 역사적 사실과 경험적 자료, 그가 검토한 수많은 학자의 연구 성과와 이론에도 불구하고, 그의 주장은 실재하는 현실에 부합되기보다는 그가 머릿속에 그린 그림을 위한 아전인수식 해석에 그치고 있다. 이 점에서 아리기의 주장은 라모와 다를 바 없다.

4

베이징 컨센서스론의 극복과 중국 발전모델의 이해

베이징 컨센서스론에 대한 비판은 문제를 다시 원점으로 돌아오게 만든다. 개혁·개방 이후 눈부신 고도성장과 G2로 불릴 만한 정치적·경제적 위상을 구축한 중국의 발전모델을 어떻게 이해하고 규정해야 하는가? 이 절에서는 베이징 컨센서스론 비판과 일정 부분 연관되는 쟁점 3가지를 검토한다. 첫째, 중국 발전모델의 핵심적 성격은 무엇으로 규정될 수 있는가? 둘째, 중국 발전모델은 다른 제3세계 국가로 전파되고 복제될 수 있는 보편성을 지니는가 아니면 중국만의 예외성을 함축한 특수성을 지니는가? 셋째, 중국 발전모델의 지속 가능성은 어떠한가?

1 · 중국 모델의 기본 성격: 신자유주의? 국가 주도? 혼합 모델?

베이징 컨센서스론이 등장하기 이전 중국의 경제성장을 둘러싼 최대 쟁점은 중국의 발전모델을 무엇으로 규정할 수 있는지에 관한 것이었다. 주로 시장-국가, 신자유주의-발전국가 모델을 대립 축으로 전개된 중국 모델에 대한 논쟁은 베이징 컨센서스의 출현으로 더 혼란스럽고 복잡해진 측면(WC인가? BC인가?)이 있다. 그러나 앞서 베이징 컨센서스론이 중국의 현실에 부합되지 않는 이유와 근거를 밝혔으므로, 여기에서는 신자유주의와 국가 주도 모델을 축으로 중국 모델을 평가하고 규정해본다.

많은 학자가 지적했듯이, 중국이 신자유주의적 정책을 광범위하게 채택하고 수용한 것은 부인할 수 없는 사실이다. 대외 개방과 자유화, 외국인직접투자와 수출 부문에 기반한 성장은 신자유주의적 발전 경로를 분명하게 보여주는 지점이다. 혹자는 중국이 워싱턴 컨센서스의 10가지 요소 가운데 금리 자유화를 제외한 대부분의 정책을 수용했다고 평가하거나(Yang, 2010: 42~43; Kennedy, 2010: 470), 중국이 적어도 1980년대 시기에는 워싱턴 컨센서스와 완전히 일치하는 정책들을 수행했다고 평가한다(Huang, 2010: 32). 그러나 신자유주의적 정책을 채택했다는 사실 자체가 '중국=신자유주의 발전모델'로 규정할 수 있음을 의미하지는 않는다.[5] 신자유주의 발전모델이 되기 위해서는 경제 전반의 운영 원리와 규칙, 기업·금융·가계 등 모든 경제행위자의 태도와 행위방식이 신자유주의적 원리에 의해 지배받는 '신자유주

---

5   중국의 신자유주의 수용론을 주장하는 케네디의 경우도 중국 모델이 WC와 일정 영역에서 중첩되기는 하지만 WC의 이상형으로 나아간 것은 아니라고 인정한 바 있다.

의적 통치성*neoliberal governmentality*'이 사회 전반에서 관철되어야 하기 때문이다(사토 요시유키, 2014: 29~59; 푸코, 2012). 이런 점에서 보면 중국은 신자유주의 발전모델로 규정될 수 없으며, 경제정책과 제도의 측면에서도 다음과 같은 이유에서 신자유주의로 규정하기 어렵다고 본다.

첫째, 1980년대에 본격적으로 도입된 신자유주의 정책은 중국 경제 전체에 적용된 것은 아니다. 즉, 신자유주의는 지역적으로는 연해 개방 지역, 소유제적으로는 집체기업 및 삼자기업 등 이른바 '계획 외外 부문'에만 적용되었으며, 당시 이들 부문이 중국 경제에서 차지하는 비중은 크지 않았다.[6]

둘째, 시기적으로 1990년대의 중국 발전 경로는 신자유주의적 특성보다는 동아시아의 발전국가적인 특성을 더 강하게 보인다(윤상우, 2004: 155; 소, 2012: 89~94). 즉, 일련의 제도 개혁을 통해 국가능력성을 겸비한 기술 관료 중심의 국가 관료 체제를 구축했고 발전국가적인 산업·금융정책의 틀을 확립해 기업 부문을 선별적 전략산업으로 유도하고 경쟁력과 효율성을 강화하고자 했다. 또한 투자 정책을 조정해 해외자본이 첨단기술산업으로 유입되도록 함으로써 점차적인 산업구조 고도화를 지향해왔다.

따라서 중국에서 신자유주의 정책과 발전 경로는 국가의 통제력 범위 안에서 작동되고 조절되며 관리되었기 때문에 신자유주의적 발전모델로 규정하기 어려운 것이다. 그렇다면 중국은 국가 주도 모델인가? 이에 대해서

---

6 신자유주의적 발전의 주요 지표로 언급되는 외국인직접투자의 중요성과 위상도 예상보다는 크지 않다. 중국 경제에서 FDI의 비중은 1990년대 중반 정점을 찍은 다음 하락해 2001년 총고정자본투자의 10.6%를 차지하는데 이는 미국(15.5%)보다 낮은 수준이며, GDP 대비 FDI 비중은 4%대로 캐나다, 프랑스와 유사한 수준이다(OECD, 2003: 204~205).

도 보다 신중한 판단이 필요하다. 중국의 발전 경로가 1990년대에는 뚜렷한 발전국가적 성격을 보이지만, 2000년대 이후에는 공격적인 국가 개입이 크게 눈에 띄지 않기 때문이다. 2003년 후진타오 지도부 출범 이후 그런 양상이 두드러진다. 그들이 향후 발전 전략으로 신형공업화(질적 성장), 균형 발전, 공정 경쟁, 구조조정 등을 천명한 것은 이를 단적으로 보여준다. 이는 2000년대 중국 정부의 정책 기조가 1990년대 해외투자자본의 급격한 유입, 수출 부문의 급속한 성장으로 야기된 거시경제적 불균형과 시장 실패를 보완하는 데 주안점을 둔다는 것을 의미한다. 이는 동아시아의 발전국가가 아닌 유럽의 케인스주의적 국가 개입주의 유형에 더 가깝다.

사실 발전국가는 산업화 초기 단계에서 시장 형성이 미흡하고 민간 경제 부문의 내생적 성장 동력이 취약한 상황에서 요구되는 발전 전략이다. 그러나 경제가 성숙 단계에 진입하고 기업 부문의 자체적인 성장 동력과 혁신이 구축되고 주력 산업이 첨단기술 부문으로 이행하면 이런 유형의 개입은 오히려 경제의 효율성을 저해하는 국가 실패를 낳을 가능성이 크다. 이때는 케인스주의적 국가 개입(유효수요 창출, 통화·환율 관리, 복지 제공)으로 거시경제의 안정성을 관리하고 경제의 불균형을 조정하고 보완하는 방식이 더 적합하다.

따라서 현재의 중국 발전 경로는 시장 원리의 수용과 케인스주의적 개입주의가 결합된 '혼합자본주의적인 유형'으로 규정하는 것이 타당하다고 할 수 있다. 개혁·개방 이후의 중국을 기본적으로 신자유주의로 규정했던 하비(2007: 186)도 중국이 신자유주의적 규칙이 지배하는 세계에서 케인스주의적 국가처럼 행동한다는 점을 인정한 바 있다.[7]

2 · 중국 모델의 보편성과 특수성

베이징 컨센서스론이 남긴 또 하나의 쟁점은 중국의 발전모델이 제3세계 국가들에게 신자유주의를 대체하는 대안적 발전모델이 될 수 있는지 여부다. 이는 중국 모델이 정치적·경제적·역사적 조건이 상이한 다른 국가로 전파되고 확산될 수 있는 보편성을 지니는지 아니면 다른 국가가 쉽게 따라할 수 없는 특수성을 지니는지와 관련된다. 앞서 살펴본 대로, 라모는 베이징 컨센서스의 혁신, 형평성, 자결의 원칙이 제3세계에 바람직한 발전 경로를 제시할 수 있다는 보편성을 주장하는 입장이다. 반면 아리기는, 명시적으로 언급하지는 않지만, 중국이 지닌 역사적 발전 경로의 전통과 유산을 강조한다는 점에서 특수성을 주장한다고 할 수 있다.

사실 중국의 발전모델은 다른 제3세계에서도 채택될 수 있는 보편성을 지니고 있지 않다. 앞서 검토한 것처럼 중국 발전모델의 기본 성격이 신자유주의의 전면적 수용도 아니고, 그렇다고 해서 동아시아 발전국가 모델의 기계적 적용도 아닌, 매우 복합적·혼종적 특징을 보이기 때문이다. 게다가 1980년대 이후 중남미를 포함한 많은 수의 제3세계 국가들이 외환위기 같은 불가피한 이유로 중국이 했던 것만큼의 신자유주의적 경제정책을 채택했음에도 불구하고, 오로지 중국만이 고도성장을 달성했다는 사실은 중국

---

7 그러나 후진타오 정부 초기에 천명되었던 케인스주의적 정책 지향성은 후진타오 집권 2기와 2008년 세계금융위기를 거치면서 점차 국가자본주의적 발전 경로로 전환되었고, 이러한 추세는 2013년 시진핑(習近平) 정부의 출범 이후 더욱 강화되었다. 2000년대 중후반 이후 중국의 발전모델이 국가자본주의로 전환되는 과정과 원인에 대해서는 짜이와 노턴(Tsai and Naughton, 2015), 윤상우(2018)의 논의를 참조하라.

경제의 예외성과 독특성을 보여주는 지표라고 할 수 있다.

이와 관련해, 노턴(Naughton, 2010: 438~439)은 중국이 개혁·개방의 출발 단계에서 다른 국가가 모방할 수 없는 독특한 조건을 지니고 있다고 지적한다. 그 조건은 첫째, 중국 경제의 규모다. 이는 거대한 잠재적 내수시장을 함축하는데, 해외자본의 관심과 투자가 유입될 수밖에 없는 조건을 창출한다. 둘째, 사회주의 시기의 유산인 과잉 농촌노동력과 중화학 부문의 잘 훈련된 기술인력 풀이다. 이는 개혁·개방 이후 비교우위의 조건이 되었다. 그의 주장은 분명 타당한 지적이지만 중국 모델만의 독특성이나 특수성이라고 보기는 어렵다. 거대한 대륙 크기의 경제 규모를 가진 국가는 중국만이 아니며, 과잉노동력의 존재는 사실상 모든 제3세계 국가들이 공유하는 유사한 특성이기 때문이다.

지금부터는 중국 모델의 특수성을 다른 측면에서 파악하고자 한다. 그것은 개혁·개방 초기 성장의 젖줄이 된 대만 기업의 투자와, 중국이 국제분업 구조의 모든 가치사슬, 즉 저부가가치에서 고부가가치에 이르는 가치사슬 전반에 진입했다는 사실이다.

첫째, 중국이 1980년대에 순탄하게 개혁·개방을 추진하고 수출과 경제성장의 모멘텀을 확보할 수 있었던 결정적인 동력은 대만 기업과 화교자본의 대중국 투자였다. 이는 아리기도 중국 부상의 핵심요인으로 이미 지적한 사항이다. 그는 1970년대 일본 주도의 다층적 하청체계에서 번창한 동남아 화교자본을 주로 지목하고 있으며, 화교자본의 중국투자를 제국 말기 조공무역의 변경에서 형성된 화교 공동체 전통의 부활로 파악한다. 그러나 중국에 유입된 중화권 자본의 대부분은 대만 기업의 투자 결과이며,[8] 이는 중국 발전 경로의 역사적 유산과는 아무런 관련성이 없다. 그 이유는 ① 대만 기업의 대중국 투자는 1980년대 대만 경제가 직면했던 산업구조조정 압

력(노동력 고갈 및 임금 인상, 동남아 국가의 추격, 대만달러 평가절상)의 산물이
며(Chu, 1999), 대만 기업이 중국 투자에 집중했던 것은 언어적·문화적 동질
성과 지리적 근접성으로 인해 상대적으로 적은 조정비용으로도 투자가 가
능해서 외형상 해외투자이지만 사실상 국내투자와 같은 효과를 지니기 때
문이다(윤상우, 2005: 250~251). ② 동남아 화교자본의 경우 이미 자국 내에 저
임금노동력에 기반한 수출 부문이 존재하는 상황에서 굳이 저임금노동력
을 활용하기 위해 중국에 진출할 유인은 크지 않았다는 점이다.

둘째, 중국 발전 경로의 독특성은 세계경제로의 편입·통합 과정에서 1차
산업이나 노동집약적 산업에 특화되는 다른 개발도상국과 달리 국제분업
구조상의 모든 가치사슬에서 제조업 투자를 흡수할 수 있었다는 점이다(홍
호평, 2012a: 33~34). 이것이 가능했던 것은 분명 과거 사회주의 경제에서 발전
된 중화학공업 및 기술자의 거대한 인력 풀이 있었기 때문이다. ≪이코노
미스트The Economist≫의 "팬더가 기러기 대형을 무너뜨리고 있다"는 제목의
기사는 이를 상징적으로 잘 보여준다.

중국은 기러기가 아니다. 중국은 기러기 모델의 전형과 일치하지 않는다.
중국은 생리대처럼 단순한 상품에서 소형 전자칩 같은 복잡한 상품을 모두
만들어내기 때문이다. 중국은 전 세계 거의 모든 공산품의 가격을 결정할
정도로 가치사슬 전체에 걸쳐 상품을 생산한다(The Economist, 2001).

---

8   1992년 중국으로 유입된 외국인 투자의 79.5%가 홍콩·마카오, 대만 기업의 투자였는데
     (OECD, 2003: 197), 홍콩·마카오의 투자는 대부분 동남아 화교자본이 아닌 대만 기업
     의 우회투자였다. 이는 당시의 대만 정부가 공식적인 대중국 투자를 금지하고 있었기
     때문에 나타난 현상이다.

3 · 중국 모델의 지속 가능성

중국의 발전모델을 둘러싼 마지막 쟁점은 중국 모델의 전망에 대한 것이다. 이는 중국의 발전 경로와 경제성장이 앞으로도 지속될지 아니면 언젠가 위기와 쇠퇴에 직면하게 될지의 문제다. 라모와 아리기를 포함한 베이징 컨센서스론은 중국의 고도성장이 지속될 뿐만 아니라 세계경제의 헤게모니 국가로 도약하게 될 것이라는 긍정적·낙관적 입장이다. 반면 부정적·비관적 입장은 고도성장에도 불구하고 현재 중국 발전모델이 가진 취약성, 예컨대 에너지와 자원의 과다 소비, 환경오염, 소득 불평등, 도농·지역 격차, 만연된 부정부패 등에 주목하거나(리민치, 2010; Dirlik, 2006), 공산당지배의 권위주의 정치체제와 시장경제에 기반한 고도성장의 장기적인 양립 불가능성을 주장한다(천즈우, 2011). 물론 어떤 경제모델도 동일한 성장 속도를 영원히 유지할 수 없다는 점에서 중국 모델의 지속 가능성은 언젠가는 한계에 직면하게 될 것이다(Zhao, 2010: 435). 그럼에도 앞서의 낙관론과 비관론은 모두 문제점을 안고 있다.

베이징 컨센서스의 낙관론, 특히 아리기(2009: 524~530)의 주장은 현재의 헤게모니 이행 과정에서 군사적 권력과 금융적 권력이 분기하고 있으며 사실상 금융적 권력은 중국과 동아시아로 이동했다는 데 근거한다. 그러나 이것은 지극히 순진한 생각이다. 중국이 4조 달러의 외환보유고를 쌓아두고 미국이 세계 최대의 채무국으로 전락했지만 동아시아의 수출달러와 미국 재무부의 채권이 곧 금융적 권력을 의미하지는 않는다(박상현, 2011: 110). 오히려 미국이 지속적으로 부채를 발행하고 자국 금융시장으로 전 세계의 자금을 유입시킬 수 있는 고유한 금융적 권력을 갖고 있다고 보아야 한다. 중국 모델의 비관론 역시 과도한 전망이라는 비판을 면하기 어렵다. 중국

경제가 직면한 에너지·자원문제, 환경오염, 불평등, 도농 격차, 부정부패 등은 모든 국가가 산업화와 경제성장 과정에서 공통적으로 겪을 수밖에 없는 보편적 문제이기 때문이다. 이를 중국만이 해결할 수 없다는 것은 부당한 주장이다.

향후 중국 경제의 지속 가능성에 대한 전망은 축적의 불균형 문제를 어떻게 해결하는지에 달려 있다. 당연히 축적의 불균형 문제가 해소된다면 낙관적 전망이 가능할 것이고, 이 문제가 악화된다면 중국 경제의 위기와 쇠퇴가 현실화될 수도 있다. 중국 경제가 처한 축적의 불균형은 경쟁적인 지방정부들의 분권적 성장 방식이 낳은 과잉투자의 문제, 소득 불평등·양극화의 확대에 따른 과소소비의 문제, 그리고 이러한 내수시장의 불균형 (과잉투자-과소소비)을 상쇄하기 위해 호황인 수출 부문에서 심화되는 의존성 문제가 결합되어 있다(홍호평, 2012b: 281~290).

중국은 투자와 소비의 격차가 계속 확대되면서 과잉생산능력으로 인해 수출 부문에 더욱 의존하게 되었다. 급속한 수출 성장으로 인해 눈덩이처럼 늘고 있는 외환보유고는 은행 부문의 신용 팽창을 부추겼다. 그리고 부채에 기반한 투자의 확대는 결과적으로 더 많은 수출 성장이 있어야만 상쇄되는 과잉생산능력의 문제를 더 격화한다. 급증하는 수출과 급증하는 투자의 순환이 계속되는 것이다. 문제는 중국의 강력한 수출 엔진이 무기한 지속될지 불확실하다는 점이다. 또한 미국 시장에 과도하게 의존하고 있기 때문에 미국의 경제 상황에 따라 축적의 순환 고리가 깨질 수도 있는 위험한 상황에 처할 수 있다는 점이다.

5 ————————

베이징 컨센서스를 넘어서

워싱턴 컨센서스는 그 명칭이 갖는 의미와는 달리 발전모델에 대한 모든 사람의 합의가 아니라 미국 재무부, IMF, 초국적 금융자본만의 합의였다. 이 합의는 상당수 제3세계 개발도상국들에게 발전과 희망이 아닌 실패와 좌절을 안겨주었다. 지향점과 담긴 내용이 다르기는 하지만 베이징 컨센서스도 이와 유사한 성격을 공유한다고 할 수 있다. 즉, 모든 이가 공감할 수 있는 중국의 발전 경험에 대한 이해와 대안적 발전모델의 제시가 아니라 소수 집단만의 주관적이고 편향된 해석과 오도된 발전의 환상을 전파한다는 점에서 결국 베이징 컨센서스 담론은 워싱턴 컨센서스와 비슷한 운명에 처할 수 있다. 물론 베이징 컨센서스론이 주장하는 바가 중국이 수행했던 어떤 특정한 정책·제도를 채택하라는 것이 아니라 제3세계가 발전을 이룰 수 있는 보편적인 원칙을 제시하는 것뿐이라고 항변할 수도 있다. 그러나 제3세계 국가들이 혁신, 형평성, 자결의 원리가 중요하다는 것을 몰라서, 그리고 자신의 역사 유산에서 흡수할 수 있는 장점을 발견하지 못해서 경제 발전을 이루지 못하는 것은 결코 아니다. 설령 제3세계 국가들이 베이징 컨센서스의 원리를 전혀 모르더라도 중국처럼 경제 발전의 초기 단계에서 꾸준히 투자자본이 유입될 수 있는 '특수한' 조건만 갖고 있다면 곧 혁신, 형평성, 자결의 원리를 구현한 발전 경로로 진입할 수 있을 것이다.

베이징 컨센서스론이 지닌 여러 한계점 및 문제점과는 별개로, 중국의 발전 경로와 향후 경제 전망에 대한 분석은 여전히 우리 모두에게 중요하다. 중국 경제의 규모와 위상이 나날이 급증하고 세계경제 및 지역경제로의 통합이 더욱 심화되면서, 이제 중국의 경제 발전 문제는 중국만의 문제가 아닌 전 세계 모든 국가의 발전 문제와 직간접적으로 결합되었기 때문이다. 따라서 개혁·개방 이후 중국의 경제 발전이 어떤 요인으로 가능했고, 발전 과정에서 야기된 내적인 취약성은 무엇이며, 향후 중국 경제가 진화할 경로와 선택지를 파악하는 것은 우리의 발전 문제가 향후 어떤 양상과 가능성으로 전개될지를 가늠할 수 있는 핵심 준거이자 대외적 변수가 될 것이다.

그럼에도 필자는 중국의 경제적 부상이 곧 '중국의 세기'와 헤게모니 국가화로 나아갈 것이라고는 보지 않는다. 왜냐하면 중국과 동아시아 지역이 높은 성장률에도 불구하고 아직까지는 '축적의 내적인 완결성'을 갖추고 있지 못하기 때문이다. 향후 중국과 동아시아가 세계 최대의 수출경제가 아닌, 미국과 서구를 넘어선 세계 최대의 시장으로 도약한다면 그때가 진정한 '중국과 동아시아의 세기'가 시작되는 시점이 될 것이다.

제2부

신자유주의적 세계화와 사회 발전

제5장

외환위기 이후 한국의 발전주의적 신자유주의

1 ——————————

외환위기 이후 신자유주의의 내부화

미국발 금융위기로 촉발된 최근의 경제위기는 한국 경제의 구조적 취약성을 보여주는 또 하나의 계기가 되고 있다. 이미 10여 년 전에 사상 초유의 외환위기를 경험했고 이후 한국 경제의 틀을 근본적으로 개혁(?)하는 집약적인 구조조정이 이루어졌는데도 왜 경제위기는 반복되는가? 1997년의 외환위기와 2008년의 경제위기는 여러 경제적 조건과 상황에서 차이점이 있지만 무분별한 개방과 자유화, 신자유주의로의 전환이 낳은 대내외적 취약성의 결과라는 점에서는 공통점을 지닌다. 전자가 김영삼 정부가 추진한 미숙한 금융·자본 자유화, 발전국가적 기제의 해체를 주된 내용으로 하는 '얕은shallow' 신자유주의화의 산물이었다면, 후자는 김대중 정부 이후 IMF 프로그램의 이행과 지속적인 탈규제 정책을 근간으로 하는 '심층적deep' 신자유주의화의 산물이라고 할 수 있다.

그렇다면 현재의 한국 경제를 신자유주의 경제로, 국가 성격을 신자유주의 국가로 규정할 수 있는가? 사실 외환위기 이후의 경제 변화와 정책 방향이 신자유주의적이라는 점에 대해서는 그 누구도 이의를 제기하지 않지만, 이런 사실을 단언하는 논의는 의외로 많지 않다. 이는 다음과 같은 이유에서 기인한다고 볼 수 있다. 첫째, IMF 프로그램의 이행과 이후의 시장개혁, 구조조정이 국가 주도적 하향식 방식으로 이루어졌다는 점이다(Hundt, 2005; Woo-Cumings, 2001; Park, 2002). 우커밍스(Woo-Cumings, 2001)의 주장대로 "외환위기 이후 한국의 개혁은 국가의 퇴각을 의미하지 않는다. 국가는 투명성과 시장 규율을 증대하는 일에 깊이 관여했고, 이를 위해서 위기 이전보다 더 깊숙이 시장에 개입해야 했다". 둘째, 신자유주의 규범에 부합되는 국가는 시장 기제의 효율적 작동을 방해하지 않는 최소 국가, 또는 시장 기제의 규칙을 감독하는 심판자적 역할의 규제 국가인데, 한국은 여전히 개입주의적인 발전국가적 속성을 지니고 있다는 것이다(이연호, 1999; Weiss, 2003). 셋째, 영미형의 전형적인 신자유주의 경제 또는 주주자본주의 모델과 비교해볼 때 현재의 한국 경제 특성이 여전히 제한적이고 불완전한 형태에 머물러 있다는 점이 제기되기도 한다.

이런 기존 논의는 분명 설득력을 지니며 타당한 분석이다. 그럼에도 대부분 논의들이 신자유주의에 대해 지나치게 이념형적이고 정태적인 개념 규정을 따르기 때문에 신자유주의가 지니는 역동성과 다양성을 포착하는 데는 실패했다고 본다. 즉, 신자유주의 자체는 결코 고정되어 있지 않고, 자본주의 축적체제의 시·공간적 조건과 맥락에 따라 끊임없이 진화해가며, 또한 다양한 하위형태와 다양한 내부화*internalization* 방식으로 전 세계적으로 확장된다는 사실에 주목할 필요가 있다. 이러한 동태적 관점을 따르면, 외환위기 이후 한국 자본주의와 국가의 성격을 신자유주의로 규정하는 것은 충분히 가능하다. 물론 그것은 한국의 정치적·경제적 조건과 대내외적 조건의 특수성이 반영된 '신자유주의 내부화'의 한 형태일 것이다(Cerny, Menz and Soederberg, 2005).

필자는 이러한 문제의식에 기반해 1997년 외환위기 이후 한국의 신자유주의화 과정을 살펴보고자 한다. 보다 구체적으로 김대중 정부에서 시작해 노무현 정부와 이명박 정부의 정책 지향성, 제반 경제정책, 시장 개입의 성격에 대한 분석을 토대로, 신자유주의적 세계화가 한국에서 어떤 방식으로 수용되고 흡수되었는지, 즉 신자유주의적 세계화가 어떤 방식으로 내부화되고 있는지를 검토한다. 이 장에서 제기하는 핵심 주장은 외환위기 이후 한국의 경험이 '발전주의적 신자유주의developmental neoliberalism'라는 개념으로 규정될 수 있다는 것이다.[1] 이는 신자유주의로의 전환이 시장 기제의 자유로운 작동을 보장하는 데 머물지 않고 신자유주의 정책 자체가 경제성장, 수출 증대, 캐치업catching-up 같은 발전주의적 목표를 달성하는 '수단'으로 작동하고 있음을 시사한다. 이러한 논의에 기반해 신자유주의적 세계화 자체가 지닌 불안정성과 모순, 그리고 한국의 발전주의적 신자유주의화 과정에 내재된 취약성이 상호 결합된 결과로 현재와 같은 경제위기가 대두되었으며, 특별한 정책 패러다임의 전환이 없는 한 향후로도 반복될 가능성이 높다는 점을 밝힌다.

먼저 제2절에서는 '신자유주의의 다양성'을 검토해 현실에서 신자유주의로의 이행이 대단히 불균등하고 다양한 형태를 띠고 있음을 살펴본다. 더불어 신자유주의화 과정에서 국가의 재개입이 지극히 정상적인 현상이며 또 필수적이라는 점도 논의한다. 제3절에서는 외환위기 이후 한국의 신자유주의화 과정을 여러 정책 분석을 통해 '발전주의적 신자유주의'의 관점에

---

1   이 개념은 최병두(2007)로부터 빌려온 것이다. 그러나 그는 이 개념을 국가 성격이 발전주의에서 신자유주의로 이행하는 과정을 지칭하는 것으로만 사용하고 있으며, 그것의 정확한 개념 규정과 구체적인 내용을 제시하고 있지는 않다. 또한 주된 분석이 공간 정책에 국한된다는 한계를 지닌다.

서 살펴보고, 그것이 나타나게 된 정치적·경제적 요인을 검토한다. 제4절
에서는 발전주의적 신자유주의화가 지닌 내재적 모순과 불안정성을 살펴
보고 그 맥락에서 최근의 경제위기를 분석한다. 제5절에서는 향후 전망과
대안적 경제모델의 방향을 논의한다.

2 ────────────
'신자유주의의 다양성'에 대한 이론적 검토

 현재의 세계화는 1970년대 자본주의 축적 위기에 대한 대응 방식, 재구
조화의 산물로서 출현했지만, 그 자체가 신자유주의와 동일한 현상이라거
나 반드시 그것을 함축하는 것은 아니다. 그럼에도 신자유주의는 분명 세
계화의 전개·확산 과정에 수반되었고, 강력한 이데올로기적·정치적·경제
적 흡입력을 발휘해 세계화의 담론과 실천을 포섭해내고 그 과정을 선도하
고 있다. 자본주의적 세계화와 마찬가지로 신자유주의의 확산은 각 사회의
특수성과 우연성에 영향을 받는 불균등하고 장기적인 과정이다(콜라스, 2009:
137). 따라서 신자유주의 정책의 전 세계적 확장에서 나타나는 다양한 국면
을 확인하고 이런 정책들이 국제체제의 위계 속에서 상이한 위치를 점하는
다수의 국가에 의해 수행되는 다양한 방식을 구분하는 일이 중요하다.
 애초에 신자유주의는 그 기원에서 프리드리히 하에이크_Friedrich Hayek_에
의해 이데올로기적으로 주장되고 밀턴 프리드먼_Milton Friedman_의 경제적 정
당화, 그리고 대처와 레이건의 정치적 실행에서 찾아볼 수 있는 일단의 시
장지향적 이념이라고 할 수 있다. 이는 다소 순수한 유토피아적 지적 운동
에서 시작해, 1980년대에 레이건과 대처에 의해 공격적이고 다양한 경제

적·정치적 전략을 통해 정치화되었으며, 그 이후 1990년대에는 자기양식화된 '워싱턴 컨센서스'를 통해 기술 관료적인 형태를 획득하게 되었다(최병두, 2007: 85; Peck and Tickell, 2002: 380). 신자유주의는 시장에 대한 무한한 믿음을 전제로 시장이 경제문제뿐만 아니라 거의 모든 사회문제에서도 최선의 대안이라는 시장만능주의 또는 시장근본주의 이데올로기의 현대적 형태다. 보다 구체적으로 신자유주의의 이념과 실천은 다음의 사항을 포괄하는 것으로 요약할 수 있다(Hay, 2004: 507~508; Cerny, Menz and Soederberg, 2005: 12~18).

첫째, 신자유주의의 가장 중요한 특징은 자원 배분 메커니즘으로서 시장의 효율성에 대한 절대적인 믿음이다. 따라서 시장 기반적 또는 시장 주도적 제도와 관행을 구축하는 일이 무엇보다 중요하며, 국내외적인 정책의 주된 방향은 시장이 제대로 작동할 수 있는 환경을 만들어주는 것이다. 이에 따라 국가는 공정한 경쟁의 규칙을 만들고 이를 집행하는 심판관의 역할에 머물러야 한다는 최소 국가론을 주장한다.

둘째, 모든 경제 관계에서 시장 원리의 확대를 강조하는 것이 특징이다. 따라서 대외 경제 관계에서 무역 및 자본 흐름의 장벽을 제거해 자유무역과 자유로운 자본 이동을 가능하게 하는 대외 개방, 자본·금융·무역의 자유화, 탈규제가 요청되며 더불어 국내적인 국가-사회관계에서도 시장 논리의 확대와 경쟁 원리가 강조된다. 여기에는 정부가 국유·국영산업을 직접 매각하는 민영화, 공공서비스(교육, 보건 의료, 인프라)의 민간 하청 및 민자 활용, 복지의 개인 책임 강조와 복지정책 축소, 고용 부문의 보호막을 제거하는 노동시장 유연화 등이 포함된다.

셋째, 경제정책에서는 케인스주의적 수요 관리를 거부하며 통화주의와 공급 측면의 경제학을 채택한다. 특히 인플레이션의 통제에 정책의 우선권을 둔다. 이를 위해 균형재정을 지향하는 긴축 위주의 재정·통화정책, 소득 재분배보다는 자본축적을 위한 감세 위주의 조세정책이 강조된다.

그러나 현실 세계에서 신자유주의로의 이행은 시기, 범위, 본질적 성격에서 대단히 불균등하다(Fourcade-Gourinchas and Babb, 2002: 534). 신자유주의 정책 레짐의 출현과 경로는 국민국가의 제도와 문화를 매개로 삼아 사회적으로 구성되기 때문이다. 하비(2007: 31)는 각국에 따라 신자유주의의 원리와 정책이 부분적이고 편향적으로 적용되는 현상을 '신자유주의의 지리적 불균등 발전'으로 규정한 바 있는데, 이는 신자유주의 해법의 일시성을 보여줌과 동시에 각 사회의 정치적 세력관계, 역사적 특수성, 기존 제도편제의 경로의존성 등이 신자유주의화 과정에 복합적으로 작용함을 보여준다. 이런 맥락에서 '신자유주의의 다양성'을 검토할 필요성이 제기되는데, 여기에는 시간적·공간적 차원이 포함될 수 있다.

먼저, 시간적 다양성의 차원에서 신자유주의는 출현 이래로 단일한 형태로 존재해왔던 것은 아니며 시기별로 정책 레짐의 특성과 내용을 조정하면서 진화해왔다. 펙과 티켈(Peck and Tickell, 2002: 384~389)의 개념화에 따르면, 1970년대 서구 사회에서 하이에크와 프리드먼의 지적 운동에서 출발한 실험적인 '원형적proto' 신자유주의는 1980년대 대처와 레이건으로 상징되는 '얕은' 신자유주의화 또는 '퇴행적roll-back' 신자유주의화의 단계를 거쳐 1990년대의 '심화된' 신자유주의화 또는 '공격적roll-out' 신자유주의화의 단계로 발전했다. 얕은, 퇴행적 단계에서 대처와 레이건 정부는 거시경제의 위기와 케인스주의의 경직성에 대한 비난을 빌미로 케인스주의적·복지국가적 타협을 파괴하고 무력화하기 위해 시장화와 규제 완화 프로젝트를 추진했다. 이는 파괴적이고 반동적인 '반규제antiregulation'를 기치로 이전의 국가 개입을 후퇴시키고 자유시장 메커니즘을 안착시키기 위한 것이다. 그러나 1990년대에 접어들어 얕은 퇴행적 단계가 제도적·정치적 한계(낮은 경제 실적, 협소한 시장 중심적 형태에서 연유하는 사회 영역의 외부화)에 직면하게 되면서 신자유주의는 심층적·공격적 단계로 전환된다. 그 결과는 내파*implosion*가 아니라 재구성*reconstitution*으로서, 더욱 적극적이고 혁신적인 국가 개입과 포괄적인 '초규제*metaregulation*'를 의미하는 것이었다. 단적으로 신자유주의 프로젝트 자체는 클린턴 정부와 블레어 정부가 채용한 '제3의 길' 방식을 통해 사회적으로 더 개입주의적이며 개선적인 형태로 변용된다. 이제는 자유화와 상품화를 통해 시장의 논리를 단순히 확장하는 것만으로는 불충분하며 신자유주의 프로젝트는 복지개혁, 형사 정책, 도시 정비, 이민자 문제 등을 포함하는 사회적 영역으로 확장되어야만 한다(뭉크, 2009: 115).

공간적 다양성의 측면은 신자유주의적 전환의 국가별 차별성에 주목하는 것이다. 사실 신자유주의로의 이행을 경험한 전 세계 수많은 국가를 대상으로 신자유주의화 과정의 특성, 정책 레짐의 성격 등에 대한 포괄적인 유형화를 제시하는 것은 분명 쉬운 일이 아니다. 여기에서는 일단 몇몇 국가에 대한 사례연구를 통해 신자유주의 이행 과정의 성격과 정책 특성을 분석한 기존 연구를 소개하는 선에서 논의를 전개한다.

칠레, 영국, 멕시코, 프랑스를 대상으로 신자유주의화 과정을 비교 분석한 포르케이드구린차스와 밥(Fourcade-Gourinchas and Babb, 2002)은 신자유주의 이행의 정치적·경제적 배경과 동기, 이를 추동한 추진 세력에 대한 분석을 토대로 '이데올로기적 전환'과 '실용적 전환'이라는 두 경로를 제시한 바 있다. 먼저, 이데올로기적 전환 경로는 칠레와 영국의 경우다. 이들 국가의 경우 극심한 분배 갈등으로 인한 인플레이션의 폭등이 통화주의 혁명을 위한 이데올로기적 조건을 창출했는데, 이전 좌파 정부의 정책에 강한 적대감과 정치적 불만을 지닌 경제 엘리트(기업 부문)와 민간 정책집단(학계, 싱크탱크, 언론)이 신자유주의 담론을 이끌면서 나타나게 된 정치적 성격의 신

표 5-1 신자유주의 전환 경로의 비교

	칠레	영국	멕시코	프랑스
경상수지 위기	○	○	○	○
인플레이션	초인플레이션	인접국보다 상대적으로 높음	낮음	인접국에 비해 중간
사회적 갈등(파업)	매우 높음	높음	낮음	중간
신자유주의 이념에 대한 기업의 지지	높음	높음	혼합	낮음
신자유주의 이념의 기원	정치적	정치적	기술 관료적	기술 관료적
국제적 개방	이행 이후 매우 급속	이미 상당히 개방	신자유주의 전환 전후로 진전	신자유주의 전환 전후로 진전(공동시장)
결과	이데올로기적 전환 (1973~1979)	이데올로기적 전환(1976, 1979~1983)	실용적 전환 (1985~)	실용적 전환 (1978, 1983~)

자료: Fourcade-Gourinchas and Babb(2002: 572).

자유주의화라고 할 수 있다. 실용적 전환 경로는 멕시코와 프랑스의 경우
다. 이들 국가는 경상수지의 위기로 야기된 국제적 압력과 글로벌 경제로
의 더 큰 통합과 적응이 불가피하다는 현실적인 필요성에 의해 신자유주의
를 수용하게 된 경우다. 이들 국가에서 신자유주의는 정부 고위층과 기술
관료에 의해 위에서부터의 실용적인 방식으로 추진되었다. 〈표 5-1〉은 네
나라의 신자유주의로의 전환의 특징을 요약한 것이다.

신자유주의의 국가별 다양성은 정책적 측면에서도 확인된다. 통상적으
로 신자유주의 정책 패키지는 재정·통화정책(긴축재정과 통화주의), 조세정
책(감세), 산업정책(규제 완화와 민영화), 노동시장정책(노동시장 유연화), 복
지정책(복지 축소) 등의 영역에 다양하게 걸쳐 있는데, 국가별로 선택하고
적용하는 정책 조합은 상이하며 정책의 상대적인 강조점도 대부분 다르다.

이런 점에서 하비(2007: 113)는 신자유주의적 전환을 이룬 국가들 대부분이 단지 부분적으로만 신자유주의 정책을 도입했음을 강조한다. 즉, 어떤 경우에는 금융의 탈규제와 통화주의가 주로 도입되기도 하고, 또 어떤 곳에서는 노동시장의 유연성이나 민영화에 더 큰 강조점을 둔다는 것이다.[2] 미국, 영국, 독일, 프랑스의 신자유주의화를 연구한 프라사드(Prasad, 2006: 11)는 신자유주의적 산업정책 중에서 영국과 프랑스는 민영화가, 반대로 미국과 독일은 규제 완화가 지배적인 경향으로 나타나며 조세 및 복지정책에서도 일정한 차이가 존재함을 지적한 바 있다.

'신자유주의의 다양성'의 유형화를 거칠게 대입해보면, 1997년 외환위기 이후 한국의 경험은 시기적으로는 심층적·공격적 신자유주의화의 단계, 전환의 성격에서는 실용적 신자유주의화의 경로, 정책 특성에서는 규제 완화와 대외 개방 중심의 신자유주의 정책 레짐으로 특징지을 수 있다.

첫째, 1990년대의 심층적·공격적 신자유주의화 단계는 일종의 수정된 신자유주의로서 국가의 단순한 후퇴가 아닌 새로운 형태의 재개입을 내포한다. 따라서 이전의 대처와 레이건 시기에 정립된 신자유주의적 정책 패키지인 '워싱턴 컨센서스'에 새로운 개입 방식을 포함하는 '확장된 워싱턴 컨센서스Augmented Washington Consensus'가 지배적인 정책 패러다임으로 나타난다(Beeson and Islam, 2005: 202~203). 여기서 특징적인 것은 애초에 신자유주의 이론에서 주장했던 엄격한 정책 조합의 틀에서 벗어나 다소 유연한 정책

---

2 특히 영국과 칠레에서 시행된 통화주의의 정통적 버전(고금리와 긴축정책)은 이후 비실용적인 것으로 비쳐졌고 점차 국제사회에서 신뢰받지 못하면서 보다 온건한 형태로 변하게 된다. 이와 관련하여 포르케이드구린차스와 밥은 "정치적 프로젝트로서 통화주의는 죽었다"라고 평가한다(Fourcade-Gourinchas and Babb, 2002: 571).

표 5-2 신자유주의의 개혁: 확장된 워싱턴 컨센서스

워싱턴 컨센서스(original 10)	확장된 워싱턴 컨센서스(10+)
1. 재정적 규율 2. 기초교육, 보건 의료, 　인프라 관련 공공 지출의 재설정 3. 조세개혁 4. 금리 자유화 5. 경쟁적 환율체계 6. 무역 자유화 7. FDI 흐름의 자유화 8. 민영화 9. 규제 완화 10. 재산권 보호	11. 중앙은행 독립과 물가목표관리*inflation targeting* 12. 공공·민간 거버넌스 개혁 13. 유연적 노동시장 14. 기업 및 금융 부문에 대한 국내 기준을 WTO 협약 및 국제기준에 조화(단 환경 및 노동 기준은 대개 예외) 15. 궁극적인 자본계정 자유화를 촉진하는 국가 금융체계 16. 지속가능한 발전 17. 사회안전망을 통한 취약 계층 보호 18. 빈곤 감소 전략(PRSP, PRSF) 19. 정책 어젠다에 대한 국가별 소유권 20. 민주적 참여

자료: Williamson(1999); Beeson and Islam(2005: 202).

대응을 용인한다는 점과, 빈곤 감소와 좋은 거버넌스*good governance*와 같이 시민사회를 포섭하고 사회적 정당성을 확보하기 위한 개혁정책이 다수 포함된다는 점이다(〈표 5-2〉).[3] 이런 맥락에서 외환위기 이후 한국의 신자유주의화 과정에서 복지 지출이 늘어난 것 같은 이례적인 현상도 결국 확장된 신자유주의 프로젝트의 일환으로 이해할 수 있다.

둘째, 신자유주의적 전환 과정의 성격을 보면 한국의 경험은 이데올로기

---

[3]　확장된 워싱턴 컨센서스의 내용은 유럽에서 나타나는 '사회적 신자유주의(social neoliberalism)'와 유사한 부분이 많다. 사회적 신자유주의의 주요 특징에 대해서는 서니 등(Cerny, Menz and Soederberg, 2005: 20~21)을 참고하라.

적 신자유주의화보다는 실용적 신자유주의화의 유형에 가깝다. 일단 칠레
와 영국같이 신자유주의로의 이행 직전에 좌파 정부에 의한 재분배 정책이
나 노동운동의 고양과 임금 인상으로 인한 인플레이션을 경험하지 않았고,
민간기업과 경제 엘리트를 중심으로 한 '아래에서부터의' 자생적인 신자유
주의 운동도 대체로 미약했다는 점에서 이데올로기적 쟁투를 통한 신자유
주의적 전환이라고 보기는 어렵다.[4] 한국에서 신자유주의적 전환의 추동력
은 외환위기라는 외적 충격과 IMF의 개입과 강요, 그리고 이에 대응해 상
황을 수습하려는 국가기구 내부의 산물이었다. 이런 점에서 한국의 신자유
주의화는 국가 주도의 실용적 전환, 그리고 기술 관료적인 특성을 지닌다.

셋째, 정책적 차원에서 한국의 신자유주의화는 영국 같은 통화주의, 민영
화의 정책 조합보다는 규제 완화와 대외 개방이 중심을 이루는 방식이었
다.[5] 한국에서 외환위기 직후 IMF의 강요에 의해 고금리, 긴축재정 같은 통
화정책이 시행되었지만 이는 상대적으로 짧은 기간에 한정되었다. 또한 민
영화는 항상 신자유주의 개혁 프로그램에 포함되어 있었지만 국유 부문의

---

4   물론 1990년대 이후 전경련이나 재벌 연구소, 보수 언론을 통한 민간 부문의 신자유주
    의 담론은 존재했다. 하지만 그것이 체계적이고 일관된 정책 패키지를 갖춘 대안적인
    정치운동으로 발전했다고 보기는 힘들다. 단적으로 재벌들은 정책 사안에 따라 자유화
    와 규제 완화를 요구하다가도 부실기업 처리나 시장 개방과 관련해서는 정부의 구제와
    보호를 요청하는 이중적인 태도를 보인다.
5   특히 영국에서 민영화는 공공 부문에 막대한 재정 지출을 줄이고 공기업을 매각함으로
    써 상당한 재정수입을 확보하는 수단이었을 뿐만 아니라 노동운동을 무력화할 수 있는
    정치적 수단이기도 했다. 영국의 경우 기존 케인스주의적 복지국가를 재편하는 데 가장
    큰 걸림돌이 노동조합이었는데, 이런 노동조합의 중요한 분파가 공공 부문 노조였다는
    점을 고려하면 민영화는 국가 역할의 축소와 함께 신자유주의적 개혁을 이루는 데 최대
    의 반대파라고 할 수 있는 공공 부문 노조의 힘을 약화할 수 있는 중요한 정책이었다.

비중이 크지 않다는 점에서 상징적 측면의 파괴력은 약한 상태였다. 이에 비해 규제 완화는 발전국가적 개입 방식, 국가의 과잉 규제에서 벗어나는 수단으로 인식되었고 민주화 과정에서 '경제 민주화=경제 자유화'로 인식되어왔기 때문에 핵심적인 신자유주의 정책으로 정착되었다(하연섭, 2006: 14~16).

이렇듯 신자유주의적 전환과 내부화를 '다양성'의 관점에서 살펴보면, 신자유주의 체제는 애초의 그 이론적 기원이 가정했던 것과 실제 현실에 적용되는 양상에는 상당한 격차와 괴리가 존재하며, 우리가 막연하게 인식한 것보다 매우 폭넓은 스펙트럼과 유연성을 지니고 있음을 알 수 있다. 특히 중요한 점은 신자유주의적 전환과 내부화가 철저한 국가 개입의 산물이라는 점이다. 자유시장의 기원에 대한 칼 폴라니*Karl Polanyi*의 경구[6]를 굳이 언급하지 않더라도 최초의 신자유주의 실험이었던 칠레, 그리고 영국의 대처와 미국의 레이건, 이후의 호주와 뉴질랜드, 멕시코, 한국에 이르기까지 선진국과 후진국을 막론하고 신자유주의적 전환 과정에서 국가 개입이 없었던 적은 없었다. 신자유주의는 기본적으로 시장명령과 규율을 부과하기 위해 국가권력을 체계적으로 사용하는 특징이 있는데(사드필류·존스턴, 2009: 14), 이는 국가가 개입주의적이어서는 안 된다고 가정되는 세계에서 엘리트와 전문가에 의한 집약적인 국가 개입이라는 역설을 낳는다.

따라서 신자유주의는 국가 개입을 후퇴시키기보다는 그 형태를 변화시

6 "자유방임이란 전혀 자연적인 것이 아니었다. 인간 만사를 그야말로 제 갈 길 가도록 내버려두기만 한다면 결코 자유시장이란 나타날 수가 없는 것이었다. …… 자유시장으로 가는 길을 뚫고 또 그것을 유지·보수했던 것은 중앙에서 조직하고 통제하는 지속적인 정부 개입이었으며, 그 과정에서 정부 개입은 엄청나게 증대되고 말았다"(폴라니, 2009: 391~393).

컸다고 보는 것이 타당하다(뭉크, 2009: 115). 서니 등(Cerny, Menz and Soederberg, 2005: 17)이 지적했듯이, "탈규제는 실제로는 결코 탈규제가 아니다. 그것은 새로운 친시장적 규제를 수반하는 성과지향적이고 선별적인 개입주의로 점차 대체되고 있다". 이런 맥락에서 신자유주의의 국가 형태로 제숍(Jessop, 1993)의 '슘페터주의적 근로국가*Schumpeterian workfare state*', 서니(Cerny, 2000)의 '경쟁국가*competition state*', 하비(2007)의 '신자유주의 국가*neoliberal state*' 같은 개념들이 제기된 바 있다. 세부적인 개념 규정의 차이에도 불구하고 이들 모두는 경쟁력과 시장화라는 명분으로 실질적인 국가 개입과 국가 조절의 팽창이 이루어지고 있고, 세계화와 개방경제 아래에서 주로 공급 중심의 개입을 통해 구조적 경쟁력을 강화하고자 하며, 궁극적으로는 자본축적 조건을 재건하고 자본권력을 회복하기 위해 자본주의를 재조직화하는 국가 형태라는 점에서 공통점을 지닌다.

상이한 시·공간적 맥락에서 신자유주의화의 다양한 경로와 특정한 정책 조합을 낳는 요인은 무엇인가? 앞서 살펴봤듯이, 일단 국가 행위자(정치인, 관료, 정당)의 역할이 포함될 수 있을 것이다. 그러나 이 외에도 기존 국내 제도와 관행의 경로의존성, 국내적 이익집단(자본과 노동, 시민사회) 및 국제적 이익집단(국제금융자본 등)의 입장과 행위양식, 글로벌 거버넌스 기구(World Bank, IMF, WTO, BIS 등)의 영향력과 상호 침투 방식이 복합적으로 작용한다는 점을 감안할 필요가 있다(Cerny, Menz and Soederberg, 2005: 14~15).

3 —————————————————————————

외환위기 이후 한국의 신자유주의적 전환

한국에서는 이미 1980년대부터 신자유주의로의 전환 움직임이 국가기구에 내재해 있었다. 전두환 정권의 '민간 주도 경제' 천명, 김재익 같은 신자유주의적 기술 관료의 등장, 1985년 선별적 산업정책의 폐기를 상징하는 '공업발전법' 제정 등이 대표적인 징후라고 할 수 있다. 그러나 전두환·노태우 정권 시기의 한국은 민간 주도 경제라는 담론적 수사에도 불구하고 실제 경제정책의 내용에는 발전국가적 특성을 지니고 있었다. 이는 1980년대 초중반 국가에 의한 강압적인 중화학공업 투자 조정, 금융 통제와 정책금융의 지속, 노태우 정권 후반기의 신산업정책과 경기 부양책 등에서 확인할 수 있다.

이후 국가 성격의 '탈발전국가화*post-developmental state*'와 '얇은 신자유주의화'는 김영삼 정권에서 본격화된다(전창환, 2004b; 윤상우, 2005; 조영철, 2007). 관련된 주요 지표로는 경제기획원과 경제개발계획의 폐기, 금융·자본 자유화, 세계화 선언 등을 들 수 있다. 이때부터 국가는 거시경제의 전반과 해외차입에 대한 통제권을 상실하고 재벌의 과잉중복 투자에 대한 조정력 부재를 드러내면서 결국 IMF 위기를 초래하게 된다. 이는 대외적으로 1990년대 이후 단기적인 자본 이동의 급격한 진전, 투기자본의 활성화, 금융시장의 휘발성 증대와 같은 세계화의 경향성이 심화되는 가운데 대내적으로는 발전국가 자체로 인한 위기가 아니라 반대로 발전국가적 기제의 해체에 따른 위기라고 볼 수 있다.

1997년 외환위기는 한국이 본격적인 신자유주의 체제, 심층적 신자유주의화의 단계로 이행하게 된 결정적 기점이었다. 김대중 정부 시기에 신자유주의화의 전반적인 틀은 IMF 구제금융 프로그램에 따른 구조조정에 의해 구축되었는데, 이런 점에서 한국의 경험은 분명 강요된(또는 종속적) 신자유주의화의 성격을 지닌다. 그런데 단기적인 위기 상황이 수습되고 구제금융 자금을 상환한 이후에도 신자유주의로의 정책 전환이 IMF의 요구 이상으로 더욱 확대되고 가속화되었다는 점에서 한국의 신자유주의화를 단순히 외적 압력에 의한 산물로만 보기는 힘들다. 이는 김대중 정부 이후 국가의 적극적 선택의 결과물이었으며(조영철, 2007: 310), 이후 노무현 정부와 이명박 정부에서도 신자유주의적 정책 기조는 특별한 반전 없이 그 범위를 확대하면서 내부화되었다. 또한 많은 제3세계 개도국에서 신자유주의로의 전환이 외환위기에 따른 IMF 프로그램의 이행을 통해 이루어진다는 점에서(하비, 2007: 119), 한국의 경험을 일반적인 신자유주의화의 경로를 벗어나는 특별한 사례로 간주할 수는 없을 것이다.

김대중 정부에서 IMF 프로그램을 통한 신자유주의화는 거시경제 긴축(통화·예산 긴축과 고금리정책), 대외 개방 및 자유화(외환·자본·무역 자유화), 4대 구조조정(금융, 기업, 노동, 공공)을 핵심 축으로 한다(〈표 5-3〉). 거시경제 긴축은 1998년 하반기 이후 저금리정책으로의 전환, 금융기관 공적 자금 투입에 따른 재정적자로 다소 후퇴했으나,[7] 나머지 부분은 IMF의 원래 계획대로 거의 완벽하게 이행되었다. 무엇보다 중요한 것은 자본·외환 자

---

7   거시경제 긴축의 완화는 1998년 2월 IMF와의 4차 양해각서에서 합의된 사항이다. 이것
    이 가능했던 이유는 1998년 하반기 전 지구적 케인스주의의 맥락에서 이해할 필요가 있
    다. 아시아 금융위기가 이후 러시아, 브라질로 확대되고 전 지구적 금융 붕괴가 올지도
    모른다는 인식이 확산되면서 G7 국가들은 금리를 낮추고 화폐 공급을 확대하는 조치를
    취했다(신장섭·장하준, 2004; 전창환, 2004a).

표 5-3 한국 IMF 프로그램의 주요 구성요소

범주	하위정책	주요 내용
거시경제 안정화	통화정책	• 고금리정책(4차 양해각서: 금리의 '신중한' 하락 허용) • 한국은행 독립(1998.4), 물가목표관리
	재정정책	• 재정긴축(4차 양해각서: 소폭 재정적자 허용)
시장 개방 및 자유화	무역 자유화	• 무역 관련 보조금 폐지 • 남아 있는 품목의 수입 자유화 • 수입선 다변화제도 폐지
	자본 자유화	• 외국인 주식투자 한도 폐지 • 국내채권시장 완전 개방 • 외국인의 자산·부동산 소유 제한 철폐 • 기업·금융기관의 해외차입 규제 사항 철폐
	외환 자유화	• 1일 환율 변동폭 제한 폐지(변동환율제 채택) • 외환시장 개입 제한 • 외환 거래 자유화
4대 부문 구조조정	금융 부문	• 금융 감독 강화(금융감독위원회 설립, BIS 비율·FLC 도입) • 부실 금융기관 정리(공적 자금 투입, 부실기관 572개 청산) • 부분 예금보장제 • 금융기관 지배구조 개선(사외이사제, 은행장선임제)
	기업 부문	• 부채 비율 200%로 감축 • 공정거래 강화(상호지급보증, 내부거래 금지) • 빅딜과 워크아웃 • 기업지배구조 개혁(사외이사제, 소액주주권 강화) • M&A 시장 자유화
	노동 부문	• 정리해고제 도입 • 파견근로제 법제화 • 사회안전망 강화(고용보험)
	공공 부문	• 공기업 민영화 • 인력 감축 및 경영혁신

자료: 재정경제부, 「IMF 양해각서」; 신장섭·장하준(2004: 99).

유화로 자본시장을 전면 개방한 것이다. 이로써 한국의 금융시장은 아무런 안전판 없이 글로벌 금융 세력에 그대로 노출되어 투기장화되는 계기가 되었지만, 정부는 외국인 투자 유치를 통한 위기 탈출이라는 순기능론에만 주목했다(이병천, 1999).[8] 또한 영미식 기준을 일방적으로 관철하는 금융 부문 및 기업 부문 구조조정(국제결제은행*BIS* 자기자본비율 및 신자산 건전성 관리제 *FLC* 도입, 기업부채 비율 200%로 감축, 기업지배구조 개혁), 정리해고제와 파견 근로제를 통한 노동시장 유연화도 신자유주의화의 핵심 지주라고 할 수 있다. 그리고 정권 후반기에는 내수 확대과 인위적인 경기 부양을 위해 신용 카드 및 가계 대출에 대한 규제 완화도 동원된 바 있다(전창환, 2004a: 44~45). 물론 김대중 정부가 '민주주의와 시장경제'를 모토로 공정거래를 강화하는 재벌개혁(상호지급보증 금지, 부당 내부거래 금지)을 추진했지만, 집권 후반기에 이르러 사실상 규제 완화로 귀결되었다.

노무현 정부는 집권 초기에 '성장과 분배의 선순환'을 천명했지만 실제 정책 기조는 김대중 정부의 신자유주의 틀을 계승하는 데 맞춰져 있었다. 대외 개방과 자유화, 금융·기업 구조조정의 원칙이 유지되는 가운데 신자유주의화의 내용은 소득세·법인세를 인하하는 감세정책, 물가 안정과 균형 재정을 지향하는 재정정책, '시장개혁 3개년 로드맵'을 중심으로 한 재벌 규제 완화(출자총액제한제도 예외 규정 확대), 서비스 부문 규제 완화, 공공서비스의 민자유치사업*BTL* 도입, 금융화 관련 정책(동북아금융허브, '자본시장통합법', 한국투자공사), 한미 FTA와 경제자유구역 지정 등으로 전방위적으로 확대되었다(재정경제부, 2003, 2006 참조). 한편 노동 부문과 관련해서는 비정규직의 남용을 완화하려는 비정규직 법안이 제정되기도 했지만 노동시장 유

8 이와 관련해 신장섭·장하준(2004: 108)은 위기 이후 외국자본이 국내에 유입된 결과로 한국 경제가 회복된 것이 아니라 반대로 한국 경제가 회복되었기 때문에 외국자본이 돌아왔다는 사실을 강조한다. 실제로 외자 유입은 공적 자금 투입으로 사실상 금융권과 한국 경제의 불확실성이 줄어든 1998년 11월이 되어서야 급증하기 시작한다.

연성을 막기에는 역부족이었던 것으로 보인다.

보수 우파인 이명박 정부는 한층 더 심화된 신자유주의화의 경로를 노골적으로 드러냈다. 대표적인 것이 감세정책, 규제 완화, 민영화 정책이다. 특히 규제 완화의 내용이 중요한데, 출자총액제한 및 지주회사 규제 철폐 등 사실상 재벌에 대한 모든 규제를 해체하는 것을 지향하고, 금산 분리 완화와 '자본시장통합법'을 통해 재벌의 금융 부문 장악을 적극 장려했다(이종태, 2008). 또한 수도권 규제 완화를 중심으로 한 부동산 규제 완화도 포괄적이고 급진적인 성격을 지닌다. 그리고 '공기업 선진화 계획'이라는 이름으로 과거와는 비교할 수 없을 정도로 방대한 민영화 정책을 추진했다(기획재정부, 2010: 176~181).[9]

외환위기 이후 이러한 신자유주의의 경향성이 지배적임에도 불구하고, 국가의 여러 경제정책을 세부적으로 들여다보면 신자유주의로 단언하기 어려운 상당히 복합적이고 혼종적인 성격이 나타나는 것 또한 사실이다. 몇 가지 측면을 제시하면 다음과 같다.

첫째, 케인스주의적인 개입주의적 정책도 다수 발견된다. 김대중 정부의 경우 1998년 하반기 저금리정책으로의 전환, 재정적자를 통한 정부 지출 확대, 금융기관 공적 자금 투입이 해당되며, 노무현 정부에서도 저금리 기조를 유지한 것, 2003년 신용카드사 부실을 막기 위해 공적 자금을 투입한 것도 같은 맥락이라고 할 수 있다(신장섭·장하준, 2004: 109~112; 전창환, 2004a: 50). 또한 이명박 정부에서도 미국발 금융위기로 경제위기가 고조되던 2008년

---

9 기획재정부의 '공공기관 선진화' 계획에 따르면, 2009년 기준 민영화 24개, 통합 36개 (→16개), 폐지 5개, 정원 감축 129개, 기능 조정 20개, 출자회사 정리 131개 등을 추진했다.

후반기 은행에 대한 각종 자금 지원, 건설업계 자금 지원, 중소기업 자금 지원이 대표적인 예이고, 경기 부양을 위한 재정 지출 확대와 저금리 기조의 유지, 수출기업을 지원하기 위한 인위적인 고환율정책도 이 범주에 포함될 수 있다.

둘째, 발전국가적인 산업정책도 나타난다. 김대중 정부의 벤처자본 육성 정책, 노무현 정부의 국가 균형 발전,[10] 혁신 클러스터, 신성장 동력 육성정책이 이에 해당한다고 할 수 있다(이연호·임유진·정석규, 2002; 유종일, 2007; Weiss, 2003). 이명박 정부의 경우에도 '토건형 발전주의'를 상징하는 대운하 사업과 그것의 후속 버전인 '4대강 살리기' 정책도 여기에 포함될 수 있다. 그리고 부정적인 개입 방식으로 볼 수 있는 개발독재형 정책도 종종 발견되는데, 김대중 정부의 기업구조조정에서 빅딜을 강요한 것이나 노무현 정부의 카드사 부실 처리에서 나타난 관치금융 행태, 이명박 정부의 금융시장 협박, 노골적인 외환시장 개입, MB 물가지수 등이 대표적인 사례다(김기원, 2007; 유종일, 2008).

셋째, 미약하나마 사회민주주의적인 정책도 발견된다. 김대중 정부에서 4대 사회보험과 '국민기초생활보장법'을 통해 복지정책을 확충하고 복지예산을 증액한 것, 노사정위를 법제화한 것을 들 수 있다. 또한 노무현 정부에서 복지정책 예산 비중을 늘리고(20%→28%), 재분배 성격의 양도세 중과 및 종합부동산세를 신설한 것도 이에 해당된다.

---

10 한편 최병두(2007: 96)는 국가 균형 발전이 그 본래적 취지에도 불구하고 신자유주의적 성향이 내재되어 있다는 점을 지적한 바 있다. 단적으로 기업도시 건설 계획의 경우, 낙후 지역을 개발한다는 의의가 있지만 기본적으로 조세 감면과 탈규제적 행정 지원(환경 규제 완화 등)을 통한 정책이기 때문이다.

표 5-4 외환위기 이후 경제정책의 성격

	김대중 정부	노무현 정부	이명박 정부
정책 담론	민주주의와 시장경제의 병행 발전	성장과 분배의 선순환→2만 달러 사회론→동반 성장	'747'공약→녹색성장론
신자유주의 정책	• 대외 개방·자유화(무역·자본·외환 자유화) • 4대 구조조정(금융, 기업, 노동, 공공) • 거시경제 긴축(고금리정책과 통화예산 긴축) • 부실 금융기관·기업의 해외 매각 • 민영화 정책 • 후반기 신용카드·가계 대출 규제 완화	• 감세정책(소득세, 법인세) • 건전재정정책(물가 안정, 균형재정 지향) • 재벌 관련 규제 완화 • 서비스 부문 규제 완화 • 금융화 관련 정책들(동북아 금융허브, 자통법) • 한미 FTA와 경제자유구역 • 은행 해외 매각(외환)	• 감세 정책 • 재벌규제 완화(출자총액제 한 및 지주회사 규제 철폐) • 부동산 규제 완화(수도권 규제 완화) • 금융화정책(자통법) • 민영화 정책 • 비정규직 법안 유예
케인스주의적 정책	• 저금리정책으로 전환 (1998년 하반기 이후) • 재정적자를 통한 정부 지출 확대 • 금융기관 공적 자금 투입	• 저금리 기조 • 인위적인 고환율정책 • 2003년 카드채 부실 정리	• 저금리 기조 • 재정 지출 확대 • 인위적 고환율정책 • 2008년 은행권 자금 지원 • 건설업체 자금 지원 및 미분양 아파트 인수 • 중소기업 자금 지원
발전주의적 개입 정책	• 벤처자본 육성책 • 빅딜 강요	• 국가 균형 발전 및 혁신 클러스터 • 신성장 동력 육성정책	• 대운하와 '4대강 살리기' • 노골적 외환시장 개입 • MB 물가지수
사민주의적 정책	• 복지정책 및 복지예산 확대 • 노사정위 법제화	• 복지예산 비중 증대 • 종합부동산세 신설	-

그렇다면 이러한 경제정책의 복합적인 성격에도 불구하고 한국을 신자유주의 경제 또는 국가로 규정할 수 있는가? 기본적인 틀은 신자유주의 경제, 신자유주의 국가가 맞다고 본다. 경제정책의 기조는 분명 대외 개방과 자유화, 금융·기업·노동에 대한 규제 완화에 맞추어져 있다. 이는 경제의

특정 부분만이 아닌 경제 전반의 운영 원리와 규칙을 영미식 글로벌 스탠더드에 맞추는 것으로, 이제 한국 자본주의의 축적구조와 재생산은 글로벌 경제로의 더 깊숙한 통합을 통해서만 가능하도록 강제한다. 또한 신자유주의 원리가 경제의 핵심 규칙을 지배한다는 점에서 이는 한시적인 성격의 것이 결코 아니며, 금융, 기업, 가계 등 모든 경제행위자의 태도와 관행에 내면화되어 되돌릴 수 없는 경향이 될 가능성이 크다. 이런 점에서 파이리(Pirie, 2008: 10~14)는 한국의 국가 성격을 둘러싼 여러 논란에도 불구하고 그것이 '신자유주의적 국가'라는 점을 분명히 한다. 즉, 현재의 한국에서 금융기관 및 외국인 투자에 대한 규제는 전무하며, 금융기관과 기업은 자신들의 목표와 판단에 따라 투자와 생산을 집행할 수 있는 자율적 능력을 확보했다는 것이다. 또한 구조조정 과정에서 국내 은행과 핵심 제조업 기업(자동차 부문 등)을 해외에 매각한 것을 중요한 지표로 간주한다.

한편, 표준적인 신자유주의의 틀에서 벗어난 것처럼 보이는 개입 정책들(예컨대 복지정책 확대, 벤처자본 육성 및 혁신 클러스터 정책 등)도 1990년대 이후 세계적으로 채택되고 있는 '확장된 워싱턴 컨센서스'와 WTO 기준에 부합하는 국가 개입 허용이라는 관점에서 보면 신자유주의의 기본 맥락에서 벗어나지 않는다고 판단된다. 일단 확장된 워싱턴 컨센서스에서는 신자유주의 전환에 따른 급격한 불평등 및 빈곤에 대처하기 위해 사회안전망 강화를 포함하고, 한국에서도 그 내용은 〈표 5-3〉에서 보듯이 IMF 양해각서에 포함된 사항이다. 또한 WTO 보조금 협정에서 미국과 유럽연합의 주장으로 연구개발보조금과 지역개발보조금이 허용되고 있다는 점에서 한국의 사례를 특별한 것으로 간주하기 어렵다(O'Sullivan, 2000: 228). 부실 금융기관 공적 자금 투입, 인위적인 경기 부양책 등 각 정권별로 다양하게 나타나는 케인스주의적 개입 정책의 경우, 그 자체를 핵심적인 정책 기조로 보기는 어려우며 신자유주의화의 진행 과정에서 나타나는 일시적인 불안정과 경기 위축에 대응하려는 상황적 산물로 파악해야 한다.

오히려 이런 측면들은 외환위기 이후 한국의 신자유주의화 과정이 지니는 독특성과 특수성을 보여주는 것이라고 할 수 있다. 그러면 외환위기 이후 한국의 신자유주의화 과정은 어떻게 규정될 수 있으며, 어떤 특성을 지니는가?

그 핵심은 '발전주의적 신자유주의'로 요약할 수 있다. 이는 신자유주의로의 전환이 시장 기제의 자유로운 작동을 보장하는 데 머물지 않고 신자유주의 정책 자체가 국가경쟁력과 발전주의적 목표(높은 성장률, 수출 증대, 캐치업 등)를 성취하는 동원 전략으로 활용되고 있음을 지칭하는 것이다. 외환위기 이후 한국이 심층적 신자유주의화의 단계로 전환한 이후로도 국가엘리트와 기술 관료들의 정책 목표는 여전히 '자유시장' 자체가 아닌 발전주의적인 '경제성장'에 맞추어져 있다. 이는 노무현 정부의 '국민소득 2만 달러 사회론', 동북아금융허브, 선진통상국가, 그리고 이명박 정부의 '747 공약' 등에서 전형적으로 나타난다. 신자유주의 정책은 이를 달성하는 핵심 정책 수단으로 인식되면서 전방위적인 재벌 및 금융 부문 규제 완화, 한미 FTA, 감세정책 등이 이어졌다. 따라서 한국에서 신자유주의 정책은 성장 우선주의적이고 발전주의적인 국가 목표와 기묘하게 결합되어 그 스스로를 정당화하고 사회 전 영역에 내면화되고 있다. 또한 경제성장을 위해서 필요하다면 시장 원리에 반하는 자의적인 정책 개입도 흔하게 나타난다는 점도 발전주의적 신자유주의화의 한 특징이라고 할 수 있다.[11] 이는 서

---

11 "비정규직 문제, 한미 FTA 문제, 노동자·농민 생존권 문제에서는 자유시장 원리를 외치

니(Cerny, 2000)가 신자유주의 국가 형태로 언급했던 경쟁국가의 속성과도 차이를 보이는 부분이다.[12]

그러면 형용모순일 수도 있고 극과 극에 위치한 국가 주도와 시장 주도라는 경제 원리가 어떻게 상호 결합될 수 있는가? 그 성격상의 이율배반에도 불구하고 발전주의와 신자유주의는 선택적 친화성을 지니고 있기도 하다. 그것은 첫째, 양자 모두는 분배보다는 성장을 우선시한다는 점이다. 불평등과 빈곤 문제 등은 별도의 재분배 정책이 없더라도 기업과 시장이 활성화되고 경제가 성장하면 자동적으로 해결된다는 적하 효과*trickling-down effect*를 신봉한다(유종일, 2008: 90). 따라서 친기업적인 자본축적에 정책의 최우선권을 부여한다.

둘째, 노동의 배제와 복지의 빈곤이라는 점에서 공통점을 지닌다. 발전주의는 경제성장, 수출 증대, 경쟁력 강화라는 명목으로 노동 부문을 일방적으로 억압하고 통제해왔는데, 이런 사정은 민주 정부가 들어선 이후에도 별반 달라지지 않았다. 신자유주의 역시 노동운동을 사회적 권리가 아닌 시장효율성을 잠식하는 지대 추구 세력으로 폄하해왔으며, 이들의 개입을 억제하는 데 정책의 초점을 두고 있다. 또한 발전국가는 복지국가를 경험하지 않았고 신자유주의는 복지국가를 철회하기 위한 정치적 기획이라는 점에서 복지 문제를 회피한다.

면서도 부도 위기에 처한 LG 카드 살리기나 외환은행 직권매각 때는 경쟁과 시장 원리를 포기하는 것에서 경제 관료들이 어떤 경제 원리(?)에 따라 정책을 집행하는지 알 수 있다"(월간 말, 2007: 59).

12 그에 따르면, 경쟁국가 모델은 더 이상 국민경제의 발전을 목표하지 않으며, 오히려 전 지구적 수준의 신자유주의를 육성하는 데 목표를 둔다.

셋째, 발전주의와 신자유주의 모두 민주주의에 대해 회의적이고 엘리트·기술 관료 주도적인 경제 운용이라는 특성을 지닌다(최장집, 2002; 하비, 2007: 90). 따라서 국가 주도와 시장 주도 경제 원리는 민주성의 원리보다는 효율성을 강조하기 때문에 민주적이고 의회에 의한 의사결정보다도 행정적 지시체계나 사법적 결정에 의한 정부를 강력히 선호한다.

이러한 발전주의적 신자유주의의 결과, 외환위기 이후 한국에서는 한층 더 강화된 '재벌중심적·외자중심적·수출편향적 축적구조'가 심화되고 있다. 한국이 외환위기에서 신속히 벗어날 수 있었던 이유는 구조조정을 통해 경쟁력(특히 IT 부문)을 회복한 수출 대기업의 역할이 컸지만, 이는 양극화와 불평등 같은 구조조정의 파괴적인 결과와 국내 수요의 부족을 오로지 수출을 통해 상쇄하는 파행적인 축적구조를 대가로 한 것이었다(이병천, 2005: 37). 물론 과거의 발전국가 시기에도 외형상으로는 유사한 '재벌·외자 수출 주도 경제'가 존재해왔다. 그러나 과거의 방식이 국가가 주로 차관을 도입해 수출·전략산업에 배분하고 이를 통해 기업의 생산 활동을 유도하고 조정하는 방식이었다고 한다면, 현재의 방식은 외국인 투자, 자본 자유화, 재벌 규제 완화로 인해 국가가 축적구조를 조정하고 통제할 수 있는 대내외적 자율성을 상실했다는 점에서 결정적인 차이점이 있다. 그리고 발전주의적 신자유주의에 기반한 한국의 축적체제에서는 다음과 같은 독특한 정책 특성과 현상이 나타나기도 한다.

첫째, 모든 경제정책의 방향이 철저하게 수출 대기업의 이해관계를 반영하는 쪽으로 맞춰져 있다. 이들 부문의 국제경쟁력을 강화할 수 있도록 규제 완화, 감세, FTA 같은 신자유주의 정책을 기본으로 하면서, 필요할 경우에는 신자유주의에서 벗어나는 정책, 예컨대 외환시장 개입을 통한 인위적인 고환율정책이 더해지기도 한다. 이는 내수 부문, 중소기업 부문, 그리고 노동 부문이 정책의 우선순위에서 철저하게 배제되고 있음을 의미하는 것이기도 하다.

둘째, 전근대적인 총수 지배의 재벌체제와 영미식 규범의 외국인 투자자 사이의 기묘한 동거가 이루어지고 있다(조영철, 2007). 이들은 투자자본과 주가차익·배당금을 주고받는 사이라는 점에서는 협력적 관계이지만 주주-경영권, 적대적 M&A 가능성에서는 긴장 관계이기도 하다. 따라서 재벌들은 자본시장의 규율 아래 단기수익성과 안정성, 주주가치를 중시하는 경영으로 전환하고 있다.[13] 그리고 재벌들이 M&A 시장 자유화로 해외자본의 '국적' 기업 탈취 가능성을 제기하면서 공정거래 관련 규제 완화를 추가로 얻어냈다는 점도 지적할 필요가 있다.

셋째, 금융화 관련 정책들도 영미식의 신자유주의와는 차별적인 결과를 만들어낼 가능성이 높다. 금산 분리 완화를 수단으로 해서 금융산업을 육성하려는 정부정책의 성격 때문에 한국의 금융화는 금융자본에 의해 산업자본이 지배받는 형태가 아니라, 오히려 산업자본의 금융 활동 확대를 기반으로 해서 산업자본과 금융자본이 동일한 주체가 되는 특별한 형태의 융합이 일어날 수도 있다(유철규, 2008: 161; 이종태, 2008).

그러면 외환위기 이후 한국에서 발전주의적 신자유주의화가 구축될 수 있었던 정치적·경제적 요인은 무엇인가? 또한 그 시스템 재생산의 힘들은

---

13 조영철(2007: 322)은 현재 재벌들이 보유한 내부지분율 등을 감안할 때 외국인 투자자에 의한 적대적 M&A 가능성은 매우 낮다고 본다. 재벌들이 과거보다 주주가치 경영을 중시하게 된 것은 M&A 위협 효과라기보다는 외국인 투자자에 의해 주가 향방이 좌우되면서 자본시장의 '평판 효과'를 의식했기 때문이라는 것이다. 그럼에도 이런 평판 효과는 제한적이어서 재벌들이 추구하는 주주가치 경영은 완전한 영미식 형태가 아니라 투자자의 요구를 소극적으로 수용하는 '약한 주주가치 경영'이라고 평가한다.

무엇인가?

먼저, 과거의 성장 우선주의, 수출 주도형 경제, 재벌중심적 경제구조의 경로의존성을 들 수 있다. 그것은 제도적 차원보다는 관료엘리트와 국민 대중의 의식 속에 자리 잡은 '대안은 없다TINA'식의 사고와 관련된다. 재벌 중심의 수출 주도형 경제를 통해 수십 년 동안의 고도성장을 경험한 상황 에서 위기 이후에 그 경로를 부정하는 급진적인 정책 전환(예컨대 복지국가 적 경로나 재분배 위주 정책)은 가능하지 않았으며, 여기에 현재의 세계화와 글로벌 경제에서 고립된 국민국가적 해법은 더 이상 유효하지 않다는 신자 유주의 담론의 지배성이 더해졌다(Cerny, Menz and Soederberg, 2005: 20).

다음으로 외환위기 이후 IMF 프로그램의 이행과 수출 부문의 성장을 통 해 상대적으로 단기간에 위기가 극복되었다는 점도 신자유주의화에 대한 정당성과 사회적 동의를 창출하는 데 기여했다. 신장섭과 장하준(2004: 105~ 112)은 한국의 급속한 회복이 IMF 프로그램의 충실한 이행 때문이 아니라 케인스주의적 정책 패키지(저금리, 공적 자금 투입 등)에 의한 것이라는 점을 정확히 지적했지만, 구조조정의 효과에 대한 국가적 신뢰는 확고했다고 할 수 있다(재정경제부, 1999: 24~28 참조). 또한 2000년대 이후 한국의 경제성장에 서 수출 부문의 기여가 압도적인 점도 발전주의적 신자유주의화가 더욱 강 화될 수 있는 토대로 작용했다.[14]

그럼에도 발전주의적 신자유주의화를 추동한 가장 중요한 요인은 '신자 유주의 국가-재벌-국제금융자본'이라는 정치적 동맹구조일 것이다(이병천,

---

14 경제성장에서 수출의 기여도는 2000년 28.2%였으나 2004년 93.3%, 2005년 69.2%로 크게 증가했다(조영철, 2007: 343).

2005: 27~28). 자본시장의 대외 개방으로 이제 국내 금융시장은 국제금융자본의 요구가 국민경제에 내재화되는 통로가 되었다. 이를 통해 국제금융자본은 개방적 시장만능주의 규범, 글로벌 경쟁 논리를 등에 업고 한국 경제의 축적과 재생산에 직접적인 영향력을 행사하게 되고, 재벌은 자본시장의 규율과 영미형 규범을 수용하면서 국제금융자본과 파트너십을 형성하게 된다. 여기서 한국의 신자유주의 국가는 자본 자유화와 규제 완화를 한국의 표준으로 받아들임으로써 글로벌 금융 세력이 한국 경제에 내재화되는 매개자, 안내자 역할을 수행하며, 또한 그것은 경제성장과 국가경쟁력 중대를 위해 재벌의 힘에 의존한다. 따라서 신자유주의 국가는 대내외적인 자율적 국가 능력을 포기하고 국경을 넘은 자본 연합에 의존하면서 노동을 관리하는 역할을 수행한다.

4 ─────────────────
발전주의적 신자유주의의 불안정성과 모순

일찍이 하비(2007: 104~106)는 신자유주의 국가에 내재된 근원적 모순으로 다음의 사항을 지적한 바 있다. 이는 신자유주의의 추상적 이념과 실제 현실에서의 모습이 얼마나 괴리되어 있고 왜곡되어 있는지를 잘 보여주는 지적이다.

① 시장 작동의 환경을 만들고 단순히 감독하는 '심판'으로서의 역할과 세계 무대에서 경쟁력을 강화하기 위한 '선수'로서의 역할
② 시장 강화를 위한 권위주의적 개입과 개인적 자유의 이상을 추구하는 것

사이의 충돌

③ 금융 시스템의 통합성·투명성 유지와 금융종사자들의 무책임·투기·스
캔들의 공존

④ 경쟁이라는 규범과 현실에서 다국적기업의 권력 공고화

⑤ 만물의 시장화·상품화와 사회적 안정성의 해체

그런데 굳이 이와 같은 신자유주의의 이념과 실제 사이의 모순이 아니더
라도 신자유주의는 경제적·사회적 지속 가능성의 측면에서 심대한 불안정
성을 지니고 있다. 첫째, 신자유주의는 급진적인 대외 개방과 금융·자본 자
유화, 세계화 전략을 추구하기 때문에 외적인 경제 충격이나 금융위기, 세
계경제의 변동에 취약성을 노출할 수밖에 없다. 물론 주류 경제학에서는 자
유로운 자본 이동이 국가 간 위험 분산을 가져오기 때문에 거시경제적 변동
성은 오히려 줄어든다고 주장한다. 그러나 기존 연구들을 종합해보면, 금융
하부구조가 잘 갖추어진 선진국의 경우에는 자유화·세계화가 경제의 변동
성을 감소시켰지만, 금융 하부구조가 취약한 신흥 시장이나 개발도상국의
경우에는 반대의 결과가 나타나는 것이 일반적이다(조영철, 2007: 331~335).

둘째, 금융·기업에 대한 각종 규제 완화와 자유화로 금융기관이나 기업
의 시스템 리스크에 대한 선제적 예방은 불가능하며, 오직 위기가 출현한
이후에 이에 대한 사후적 대응(구제금융 등)만이 가능하다는 것이다. 이는
신자유주의의 본산지인 미국도 예외가 아니다. 1987~1988년 미국에서 발
생한 저축대부조합의 금융위기와 1500억 달러의 구제금융 투입, 1998년 미
국 헤지펀드인 롱텀캐피탈 매니지먼트*Long Term Capital Management*에 대한 35억
달러 구제금융이 대표적인 사례다. 그리고 2007~2009년 서브프라임 모기
지 부실대출에서 야기된 미국의 금융위기도 파생금융상품에 대한 규제 완

화가 주된 원인으로 작용했는데, 이는 결국 7천억 달러의 공적 자금 투입으로 수습될 수 있었다(전창환, 2009).

셋째, 신자유주의는 시장의 논리로 사회적 약자에 대한 보호 장치와 안전망을 제거함으로써 불평등과 빈곤을 확대하고 사회적 불안정성과 모순을 심화하는 경향이 있다. 단적으로 신자유주의로 전환한 많은 국가에서 부유층의 소득은 증가한 반면 저소득층의 소득은 계속해서 감소해왔다. 또한 소득 가운데 노동소득의 몫은 지속적으로 감소한 데 비해 자본소득의 몫은 계속해서 증가해왔고, 더욱이 금리소득자의 몫은 대부분 국가에서 증가했으나 비금융법인의 몫은 정체되거나 줄어들었다(조원희·조복현, 2007: 75).

한국의 경우에는 신자유주의 자체의 불안정성에 신자유주의의 '발전주의적' 특성이 지니는 불안정성이 추가로 결합될 가능성이 높다. 그것은 앞서 살펴본 대로, 신자유주의로의 전환에도 불구하고 경제 운용에서 자의적인 정책 개입이나 정책의 불투명성이 잔존해 있다는 것이고, 또한 모든 정책의 방향이 자본의 경쟁력 강화, 성장 우선주의, 수출 주도형 축적에만 맞춰져 있어 양극화나 불평등 같은 사회적 모순을 관리하는 역할이 방기되고 있다는 점이다.

2007~2009년 미국발 금융위기에 따른 경제위기는 금융기관의 외채 문제, 환율 급등, 주가 하락 등 금융시장의 불안정성에서 직접적으로 출발하지만 곧이어 수출 감소, 제조업 기업의 자금난과 도산 등 실물 부문으로 급속히 파급되고 확산되었다(장상환, 2008). 문제는 금융·경제위기가 한 번의 에피소드로 끝나지 않고 앞으로도 무한 반복될 가능성이 대단히 높다는 점이다. 이는 분명 외환위기 이후 10년 이상 진행된 한국의 신자유주의가 만들어낸 구조적 취약성의 산물이다.

지금부터는 발전주의적 신자유주의가 지닌 불안정성과 문제점을 경제 전체의 대외의존성, 금융 부문, 기업 부문, 양극화의 측면에서 간략히 검토한다. 첫째, 한국의 발전주의적 신자유주의와 그에 따른 '재벌중심적·외자의존적·수출편향적' 축적구조는 한국 경제의 대외의존도를 지나치게 높여서 외부 충격에 대한 내성을 매우 약하게 만들었다. 대외의존도 중에서 가장 중요하게 부각되는 것은 무역의존도와 금융의 대외의존일 것이다. 무역의존도(수출입의 GNI 비율)는 1997년 외환위기 직전에 60%대 수준이던 것이 이후 가파르게 상승해 2003년 75.8%, 2007년 94.2%로 상승했고 국민총소득이 감소한 2008년에는 무려 117.7%로 상승했다(유종일, 2008: 48~49). 또한 외환위기 직후의 자본 자유화로 은행권 및 주식시장에 대한 외국자본의 침투가 급격히 이루어져 외국인의 상장주식 보유 비중은 1997년 14.6%에서 2006년 40.3%로 급증했다. 따라서 수출과 외자 유입이 후퇴할 경우 경제 전체가 흔들릴 수 있는 취약한 상황이 만들어진 것이다. 실제로 글로벌 금융위기가 격화되기 시작한 2008년 1월부터 10월까지 한국 주식시장에서 외국인이 주식을 팔아 회수해간 자금은 총 41조 8천억 원에 달한다(새로운사회를여는연구원, 2009: 40).[15] 이는 외환위기 이후 정책 운용이나 시스템 리스크 관리역량에 비해 자본시장을 과도하게 개방하고 자유화한 탓에 외부의 충격을 완화하고 흡수할 수 있는 장치가 사라진 데서 기인한다.

둘째, 외환위기 직후 금융 구조조정으로 상당수 부실 금융기관들은 폐쇄되거나 해외자본에 매각되었고, 살아남은 은행들은 모두 영미식 규범의 지

---

15 한국 주식시장의 주식매매회전율은 세계적으로 가장 높은 편으로, 투기적 단기투자의 문제가 심각하다. 2001년 국내 주식거래소의 주식매매회전율(거래대금/시가총액)은 218%로, 전 세계 51개 거래소 가운데 미국 나스닥(359%)에 이어 2위였다(홍영기, 2004: 329).

배를 받는 수익 추구형 금융회사로 탈바꿈했다. 이후 은행들은 BIS 비율을 맞추기 위해 위험성이 높은 기업금융, 시설자금 대출은 기피하고 주택담보대출과 같이 위험성이 낮은 가계 대출에 주력했다(조영철, 2007: 340). 또한 은행들의 수익성 위주 경영과 이에 따른 규모화 경쟁은 2003년 신용카드 대란을 낳은 데 이어 2005년 이후에는 무리한 주택담보대출 영업으로 부동산 거품을 키우고, 2006년 이후에는 보험과 펀드의 판매 수수료에 집착하게 만드는 등 경제 전반에 심각한 부작용을 낳았다(새로운사회를여는연구원, 2009: 35). 이후 발생한 경제위기에서는 은행권이 사실상 위기의 진원지 역할을 했다. 위기의 직접적인 요인으로는 급격하게 늘어난 단기외채를 들 수 있는데, 그 대부분이 은행권의 외화차입에서 기인한 것이기 때문이다.[16] 이는 과거의 외환위기와 금융 구조조정에도 불구하고 은행권이 여전히 리스크 관리에 실패하고 있음을 보여주는 것이다. 또한 한편으로 인위적인 경기부양을 위한 신용카드 및 가계 대출 규제 완화, 금융 부문의 대형화를 위해 부문 간 벽을 허무는 '자본시장통합법' 제정 등 신자유주의 국가가 추진한 금융 부문 규제 완화의 직접적인 결과물이기도 하다.

셋째, 외환위기의 핵심 원인 제공자인 재벌 등 기업 부문은 위기 직후 구조조정으로 부채 비율과 재무구조가 크게 개선되고 경쟁력을 회복하면서 현재 한국 경제의 유일한 버팀목인 수출 부문을 선도하고 있다.[17] 위기 이

16 한국의 총외채는 2005년 말 1880억 달러에서 2008년 2/4분기에 4200억 달러까지 늘어났는데, 특히 단기외채가 660억 달러에서 1760억 달러로 무려 3배 가까이 폭증했다. 단기외채 증가는 대부분 은행의 외화차입에서 기인한 것으로 대개가 해외펀드 투자와 선박 수주 관련 환헤지 거래에서 발생한 것이다(유종일, 2008: 51).

17 외환위기 직전인 1997년 396%에 달하던 한국 제조업 기업의 부채 비율은 이후 급격히

전의 차입 중심, 외형 성장 위주의 기업 경영도 영미식 규범과 자본시장의 규율 아래 수익성과 안정성을 중시하는 경영 방식으로 전환되었다. 그런데 이는 2000년대 이후 설비투자의 부진, 대기업과 중소기업의 투자 양극화, 수출·내수 부문의 산업 연관 관계의 파괴라는 부정적인 결과를 낳았다(유철규, 2004; 이병천, 2005). 설비투자의 연평균 증가율은 1985~1996년 11.5%이던 것이 1999~2004년 3.5%로 감소했고, 기업의 현금흐름 대비 투자 비율도 1996년 224.9%에서 2004년 63.4%로 급감했다(조영철, 2007: 356~357). 이는 장기투자보다 단기 경영실적의 중요성이 커지고 내부유보금에서 재투자보다는 배당, 자사주 매입 등 영미식 규범이 확산되어 나타난 산물이기도 하다. 또한 2000년대 이후 내수 위축과 거시경제 전반의 불확실성 증대로 인한 투자 기피에 따른 것이기도 하다.

수출 대기업의 해외투자 및 해외 하청망 확대와 이에 따른 중소기업 간 연계 구조 약화, 고용창출력이 낮은 IT 부문으로의 집중 등은 '수출 증가→투자 증가→고용 확대→소비 촉진'이라는 과거의 경제 선순환 고리를 해체했다. 이런 가운데 외환위기 이후의 신자유주의 국가는 모든 정책의 중심을 수출 대기업의 이해에 복속시키고 기업투자와 경기 부양을 위한 수단으로 '규제 완화'만을 일방적으로 추진함으로써, 수출 대기업의 투자·생산 활동을 국민경제와 연관성을 갖는 쪽으로 유도할 수 있는 정책 능력을 스스로 박탈하는 역설적 결과를 초래했다.[18]

낮아져서 2005년에는 100.9%로 하락했다. 이는 일본 제조업 기업의 부채 비율 136.2%(2004년), 미국의 136.5%(2005년)보다도 상당히 낮은 수준이다(조영철, 2007: 353).

18 특히 이명박 정권 출범 이후 대규모 감세정책, 출자총액제한제도 폐지, 금산 분리 완화 등 각종 '친기업적'인 규제 완화 정책을 쏟아냈는데도 기업의 설비투자 증가율은 2009

넷째, 현재 한국 경제의 양극화는 산업생산과 투자, 수출, 고용, 소득 및 소비 등 거의 모든 경제 영역에서 다양한 모습으로 동시다발적으로 진행되고 있지만, 저소득 계층의 확대로 표현되는 불평등과 빈곤화 현상은 이들 다양한 양극화 현상이 가져온 모순들이 최종적으로 모여드는 집결지다(유철규, 2004: 32). 외환위기 이후 지니계수, 소득 5분위 배율, 절대·상대빈곤율이 급증한 것은 굳이 상론이 필요 없을 정도로 뚜렷이 확인된다(윤상우, 2008 참조). 그 핵심에는 신자유주의의 주요 지주라고 할 수 있는 노동시장 유연성과 고용의 불안정화가 있다. 노동시장 유연화로 인한 비정규직의 증대와 고착화는 불평등과 빈곤이라는 사회적 불안정성을 심화할 뿐만 아니라 가계소비의 위축과 내수 침체라는 경제적 불안정성을 야기하는 요인이기도 하다. 그럼에도 한국의 신자유주의 정부는 이 문제에 적극적으로 대처하고 있지 못하다. 비록 노무현 정부가 '동반 성장'을 내걸고 관련 정책을 발표했지만, 지극히 단편적이고 부분적인 대응에 그쳤다(재정경제부, 2006: 341~400 참조). 이는 재벌 기업 및 부유층에 대한 재분배적인 조세정책, 사회서비스 확충 같은 적극적인 복지정책과 결합되어 있지 못하기 때문에 양극화를 막기에는 역부족인 것이다. 이명박 정부의 경우 성장만 이루어지면 자동적으로 분배 문제가 해결된다는 인식 때문에 이에 대한 정책적 고려가 사실상 부재했다(김기원, 2008). 유가환급금 지급, 이동통신사 대상 요금 인하 요구, 은

년 4월 -25.3%로 7개월째 마이너스를 기록했다. 반면 10대 그룹 상장 계열사의 현금유보율은 1000%에 육박하는 것으로 알려졌다. 이와 관련해 당시 한승수 총리는 "정부는 경제위기 극복을 위해 거의 모든 수단을 동원했지만, 정부투자에 비해 민간 부문 투자는 거의 이루어지지 않은 상황"이라며 기업에 대한 불만을 표출한 바 있다(경향신문, 2006).

행 대상 수수료 인하 요구 등의 조치는 서민 생활에 관심을 갖는다는 인상
을 주기 위한 전시 행정일 따름이었다.

5 ────────
대안은 있는가?

지금까지 살펴본 것처럼, 1997년 외환위기 이후 한국의 경제 변화와 국
가 성격의 변화는 분명 '신자유주의'로 규정할 수 있다. 그럼에도 한국의 신
자유주의 정책 레짐은 단순히 건전한 자유시장을 구축하기 위한 수단으로
서가 아니라, 과거의 개발독재와 마찬가지로 경제성장, 국제경쟁력, 캐치
업을 달성하기 위한 수단으로 인식되고 실행되었다는 점에서 '발전주의적'
특성을 지니는 것으로 파악된다. 그것은 대외 개방과 자유화, 규제 완화를
경제정책의 중심축으로 하면서 필요할 경우 케인스주의적이거나 발전국가
적인 개입 정책, 사회민주주의적인 정책이 이를 보완하는 형태로 나타난
다. 그러나 1990년대 이후 전 세계적으로 나타난 '확장된 워싱턴 컨센서스',
'신자유주의의 다양성', '혁신되고 유연한 신자유주의'라는 관점에서 보면,
한국은 분명 신자유주의의 넓은 범주에 포함되며 신자유주의의 변형된 하
위 버전이라고 할 수 있다.

한국의 발전주의적 신자유주의는 급진적인 대외 개방과 자본·금융 자유
화, 광범위한 규제 철폐, 노동시장 유연화, 감세와 민영화 등을 핵심 정책
수단으로 한다는 점에서 영미형의 고전적 신자유주의 체제와 공통점을 지
니기도 한다. 하지만 보다 근본적으로 이 체제가 지향하는 방향에서 결정
적인 공통점을 지닌다. 뒤메닐과 레비(2009), 하비(2007) 등이 지적했듯이,

"신자유주의는 궁극적으로 자본주의를 재조직화하려는 이론적 설계의 실행일 뿐만 아니라 자본축적의 조건들을 재건하고 경제 엘리트와 상류층의 부, 권력을 회복하기 위한 정치적 프로젝트"라는 것이다. 물론 한국은 서구와 같이 케인스주의와 복지국가에 따른 자본계급·금융 세력의 이익 침해, 그리고 그에 대한 반혁명으로서 신자유주의가 등장한 역사적 배경을 가지고 있지는 않다. 그럼에도 개발 독재의 기득권 세력으로서 외환위기에 직접적 책임이 있는 재벌 집단과 국가 기술 관료들이 오히려 위기를 기회로 삼아 더 유리하고 더 확장된 자본축적 조건을 창출하려는 헤게모니 재건 프로젝트인 것만은 분명하다. 그 결과는 현재의 세계화에 조응하는 보다 강화된 형태의 '재벌중심적·외자의존적·수출편향적 축적구조'의 심화다. 한국은 이를 통해 상대적으로 단기간에 외환위기에서 벗어날 수 있었지만 다른 한편으로는 사회적 양극화와 빈곤의 증가, 거시경제적 불안정성과 위기의 항상적 가능성이라는 대가를 치르고 있다.

그렇다면 이에 대한 대안은 무엇인가? 많은 학자가 재벌 및 금융개혁, 대외 금융 부문에 대한 통제, 수출-내수 부문 간 균형 회복, 중소기업 지원, 적극적 산업정책, 노동자 참가, 사회정책과 복지국가 구축 등의 정책 패키지로 구성되는 '민주적 시장경제의 길' 또는 '동반 성장과 사회통합적 시민경제'를 제안한다(이병천, 2005; 조영철, 2007). 필자 역시 이에 전적으로 동의하지만 현 시기 문제의 본질은 어떤 특정한 정책의 문제가 아니라 결국에는 민주주의의 문제다. 한국의 발전주의적 신자유주의를 극복하는 길은 시민사회의 조직된 힘으로 보다 강한 민주주의를 구축하는 데서 출발할 것이다.

제6장

신자유주의 시대의 대만 발전국가:
변화와 연속성

1 ──────────
기로에 선 대만 발전모델

한국과 대만은 지난 수십 년 동안 발전국가와 국가 주도적 산업화에 기반해 고도성장을 달성한 동아시아 발전모델의 성공 사례로 꼽힌다. 한국과 대만의 발전국가는 경제성장에 국가의 존립 근거와 국가 행위의 최우선권을 부여하는 국가 형태로서, 고도의 자율성과 능력성을 확보한 국가 관료기구가 전략적인 시장 개입과 다양한 산업정책을 통해 민간기업을 지도하고 규율하며 조정함으로써 후발 산업화와 고도성장을 견인하는 발전모델을 의미한다(Johnson, 1982; Amsden, 1989; Wade, 1990; Evans, 1995). 그러나 1990년대 이후 한국과 대만의 발전국가는 세계체제적 조건의 변화, 민주화 이행과 시민사회의 성장, 국가-기업 관계의 변화 등으로 발전국가 운용의 전제조건이었던 국가자율성과 국가능력성이 현저히 약화되면서 점차 쇠퇴와 전환의 국면에 접어들게 된다.

한국과 대만에서 발전국가의 재편·전환 과정은 그것의 범위, 강도, 성격면에서 동일하지 않았으며, 보다 결정적으로 전환의 결과에서 뚜렷하게 대비되는 양상을 보인다. 단적으로 1997년 동아시아 외환위기는 한국과 대만의 명암이 분명하게 갈리는 계기였다. 신자유주의적 세계화의 경향성이 심화되는 가운데 한국은 김영삼 정부 이후 무분별한 금융·자본 자유화와 발전국가적 기제의 해체를 골자로 하는 '탈발전국가*post-developmental state*'의 경로로 나아갔는데, 이는 거시경제 전반에 대한 국가의 통제력 상실로 이어지면서 결국 외환위기를 초래하게 된다. 반면, 대만은 선별적·제한적 자유화 정책으로 발전국가의 전환을 최대한 억제하는 '연성발전국가*soft-developmental state*'의 경로를 걸음으로써, 경제·금융 부문에 대한 국가의 통제력을 유지할 수 있었고 외부의 금융적 충격으로부터 대만 경제를 방어할 수 있었다(윤상우, 2005: 128~137). 이러한 상반된 전환의 결과 속에서 외환위기 이후의 한국은 IMF 구제금융 프로그램과 김대중 정부의 구조조정 정책을 통해 본격적인 신자유주의 체제, 심층적인 신자유주의 단계로 이행하게 된다(지주형, 2011).

1997년 동아시아 외환위기 이후 대만의 발전모델은 어떠한가? 여전히 발전국가적인 성장 방식을 지속하고 있는가 아니면 신자유주의의 대세적 흐름과 대내외적인 변동 속에서 또 다른 변화가 나타나고 있는가? 비록 동아시아 외환위기의 파고를 비켜 가기는 했지만 대만도 2000년대 이후로는 다양한 정치적·경제적 도전에 직면하고 있어 발전모델과 국가 성격에 상당한 변화가 불가피할 것으로 생각된다. 이와 관련해 우선 2000년 총통 선거에서 대만 발전국가의 정치적 토대였던 국민당 일당 지배가 막을 내리고 야당인 민주진보당으로의 정권 교체가 이루어진 점을 들 수 있다. 과거 국민당과는 완전히 다른 정치 노선과 정책 지향성을 지닌 천수이볜陳水扁 정부는 이후 연임에 성공해 2008년까지 집권했다. 또한 동아시아 위기에도 건실한 성장을 보였던 대만 경제는 2001년 사상 최초로 마이너스 성장을 경험했고, 이후에도 저성장과 저투자가 지속되어 경제 전반의 활력이 점차 쇠퇴하고 있는 점을 지적할 수 있다. 1990년대부터 지속되어온 대만 기업

의 대중국 진출이 지속적으로 확대되어 대만 경제가 공동화空洞化되는 현상
이나, 2002년 WTO 정식 가입 이후 신자유주의적 세계화와 지역경제통합
에 적극적으로 참여하려고 시도하지만 중국의 방해로 번번이 좌절된 경험
등도 현재의 대만이 안고 있는 숙제라고 할 수 있다(윤상우, 2010).

필자는 이상의 문제의식을 토대로 2000년대 이후 대만 발전모델이 경험
하고 있는 변화의 방향과 특징을 고찰하고 현재 대만 발전모델의 성격과
좌표를 검토하고자 한다. 사실 발전론 영역에서는 2000년대 이후 대만 발
전모델을 둘러싼 다양한 해석이 제기된 바 있다. 초기의 논의는 몇몇 개방
과 자유화, 신자유주의적 정책에도 불구하고 대만이 여전히 국가의 경제
개입 능력과 통제력에 기반한 발전국가 모델을 유지하고 있다는 주장이나
(Tsai, 2001; Chu, 2002), 또는 생명공학 등 첨단산업과 R&D 부문으로 산업정책
을 전환함으로써 유연한 발전국가로 재편되고 있다는 주장이 지배적이었
다(Amsden and Chu, 2003; Wong, 2004, 2005). 그러나 최근에는 대만이 발전국가
모델의 성공적인 재편에 실패했다거나 신자유주의적 경쟁국가competition state
로 이행하고 있다는 보다 과감한 주장들이 제기되기도 한다(瞿宛文, 2011; Lin,
2010). 필자는 이러한 모든 가능성을 염두에 두면서 대만의 정책 기조와 정
책 지향성, 경제·산업·사회정책의 구체적 내용, 정책 결과 및 사회적·경제
적 파급효과를 체계적으로 분석함으로써 오늘날 대만 발전모델의 모습과
성격을 진단하고 규정한다.

먼저 제2절에서는 대만 발전모델의 변동을 가늠하기 위한 논의의 전제
로, 초기 산업화 단계에서 성립된 대만 발전국가 체제의 성격과 특성을 고
찰하고 1980년대 이후 국가-사회-세계체제 관계의 변화로 야기된 발전국가
체제의 연성화 과정을 살펴본다. 제3절에서는 2000년대 이후 대만 발전모
델의 변동을 다양한 정책 실험과 시행착오, 변화와 연속성이 공존하는 '혼

종적 진화'의 관점에서 검토한다. 여기에서는 복지국가적 전환과 제한적 신자유주의화라는 변화의 측면과, 발전국가의 조직적·정책적 관성이 유지되는 연속성의 측면을 세부적으로 논의한다. 제4절에서는 신자유주의적 세계화 시기에 대만 발전국가의 재편과 대응이 가져온 사회적·경제적 성과를 평가하고 이를 토대로 오늘날 대만 발전모델의 성격을 진단한다. 마지막 결론에서는 대만 발전모델의 향후 전망을 토의한다.

2 ————————————————————
대만 발전국가의 역사적 변천 과정

1 · 고도성장기 대만 발전국가의 성립과 특징

1949년 국공내전國共內戰에서의 패배로 대만에 진주한 장제스蔣介石의 국민당 정권은 독특한 역사적 조건으로 인해 이미 초기부터 발전국가의 성립 조건 중 하나인 국가자율성을 상당 부분 확보할 수 있었다. 일종의 '외삽 국가'였던 대만의 국민당 정권은 중국 대륙 전체를 관할할 수 있는 수준으로 성장한 거대한 당·관료 조직과 막강한 물리력(60만 군대)을 이끌고 대만에 진주함으로써, 그 자체로 압도적인 국가 우위의 '과대성장 국가overdeveloped state'(Alavi, 1972)의 특성을 보인다. 여기에 토지개혁을 실시해 지주계급의 영향력을 제거했고, 일제의 적산敵産을 철저히 국유화해 관영 부문으로 편성했으며, 민간기업의 활동 영역을 선별적으로 통제하고 허용함으로써 강력한 국가자율성을 구축하게 된다. 그리고 본토에서의 실패를 거울삼아 1950년대에는 당내 개혁에 착수하고 실용적인 기술 관료를 중용했으며 경제정책을 관장하기 위한 일련의 국가기구 개혁을 단행함으로써 상당 수준의 국가능력성도 확보할 수 있었다(윤상우, 2005: 91~92). 그러나 이런 조건에도 불구하고 1950년대의 국민당 정권이 곧 발전국가였던 것은 아니었다. 무엇보다 당시의 국민당 정권이 '본토 수복'에 국가지향성과 정당성 근거를 두는 '전쟁 동원 체제'로서의 성격을 지녔기 때문이다.

이후 1960년대 초반에 이르러 경제 발전을 국가정당성의 근거로 삼는 발전국가의 이념적 토대가 구축됨에 따라 대만의 국민당 정권은 발전국가로 전환된다. 이는 현실적으로 무력에 의한 즉각적인 본토 수복이 불가능하고 대만에서의 정치적·사회적 기반과 정당성이 대단히 취약한 상황에서 대만 주민을 체제 내로 통합하고 정치적 목표에 동원하기 위해서는 대만에서의 경제적 번영을 보증할 필요가 있었던 것이다(Castells, 1992: 59). 따라서 대만의 발전국가는 체제 생존 및 정권 유지라는 전략적 고려 아래 '경제 발전을 통한 국가 형성'이라는 정치적 프로젝트의 일환으로 출현하게 된다.

이와 같은 역사적·정치적·경제적 상황에서 등장한 대만의 발전국가는 1960년대부터 본격적으로 국가 주도적 성장체제를 가동하기 시작한다. 대만 발전국가가 추진한 산업화 전략에서는 특히 특징 2가지에 주목할 필요가 있다. 첫째, 경제 발전에 정책의 최우선권을 두었지만 한국 같은 '성장 일변도'가 아니라 '안정 기조 아래의 경제성장'을 핵심 정책 기조로 설정했다는 것이다(Cheng, 1993: 122~123).[1] 이는 물가 안정이 지속적인 경제성장의 전

---

1 대만의 국민당 정권이 '안정 기조 아래의 경제성장'을 추구하게 된 이유는 다음과 같다. 첫째, 국민당의 창당 이념인 쑨원(孫文)의 삼민주의(三民主義)에서 그 기틀이 마련되었다. 쑨원은 중국의 경제 발전모형으로 토지의 균등 분배를 통한 국민 생활의 안정과 평등(安定, 均富, 富民)을 강조하는 민생주의를 천명한 바 있다. 둘째, 본토에서의 패배 원

제조건으로 간주되는 것을 의미하는데, 대만이 신용할당 정책과 같은 팽창적인 산업정책보다는 조세 감면, 재정정책 등의 물가중립적인 온건한 정책 수단을 주로 활용해 산업화를 추진하게 된 배경이 된다. 둘째, 수출 지향적 산업화로의 경로 수정이다. 이는 한편으로는 1950년대 수입 대체 산업화의 경제적 한계(시장 포화와 저성장) 및 미국 원조의 감소로 인한 외환 부족과 무역수지 악화 같은 경제적 요인과 다른 한편으로는 미국 측의 집요한 설득과 압력, 대만 내 실용적인 기술 관료의 정책 주도권 확립 같은 정치적 요인이 결합되어 나타난 결과였다(Cheng, 1990: 155; 해거드, 1994: 141~144).

이러한 경제정책 기조의 구축과 더불어 대만의 발전국가는 경제개발계획을 통해 중·장기적인 산업화 전략을 설정했고 경제성장과 수출 목표를 달성하기 위해 조세 감면, 정책 금융, 각종 수출지원책 같은 다양한 산업정책, 금융정책, 재정정책의 수단을 체계적으로 동원했다. 대만 발전국가의 대표적인 정책 수단들을 간략히 제시하면 다음과 같다.

첫째, 수출 지향적 산업화로의 전환 초기에 대만 산업정책의 초석을 놓은 것은 1960년 발표되고 시행된 「19항 재정경제개혁안19項 財政經濟改革案」과 「투자장려조례獎勵投資條例」였다(해거드, 1994). 「19항 재정경제개혁안」은 수출 촉진을 위해 대만 원元화의 평가절하와 단일변동환율제로의 이행, 수입 규제의 완화 등 대외 지향적 산업화를 위한 제도적 기반을 정비하고 개혁한 것이었다. 특히 재정정책의 일환인 「투자장려조례」는 투자 촉진과 수출 확대를 위해 기업 활동 전반에 걸쳐 조세 감면과 금융적 우대 조치를 설

인이 인플레이션 재앙(국공내전에서의 통화 남발)에 따른 민심 이반에 있었다는 스스로의 성찰과 관련이 있다(Wade, 1990: 260). 이후 국민당 정권은 과도하게 반(反)인플레이션 정책에 집착하게 된다.

정함으로써 향후 대만 산업정책의 중추적인 수단으로 자리매김하게 되며, 나아가 선별적인 전략산업 육성을 위한 정책 수단으로도 기능했다. 예컨 대, 1960년대에는 제조업을 중심으로 한 '생산사업生産事業'에서 광범위한 조 세 감면이 이루어졌고, 1970년대에는 중화학공업(철강, 석유화학, 기계산업) 을 주요 대상으로 하는 '중요산업重要産業'에 집중적인 조세 감면이 적용되었 으며, 1980년대에는 기술집약적·에너지절약적 산업을 '전략산업策略性産業' 으로 지정해 집중 지원했다.

둘째, 금융정책과 관련해 대만 발전국가는 전략산업을 육성하기 위해 국 가 통제 아래에 있던 금융자산을 직접적으로 동원했으며, 수출 확대를 위 해 정책 금융과 금융적 유인정책도 활용했다. 특히 1970년대에 들어서 중 화학공업의 육성에 따라 대만 정부는 특정 업무를 전담하는 특수 은행(중소 기업은행, 수출입은행, 개발은행 등)을 설립하고 전략산업에 중·장기 자금을 공급하는 각종 개발기금을 구축했으며, 주요 개발 사업에 대한 정부출자도 크게 강화했다(한국경제연구원, 1984: 67~68). 그러나 대만은 '안정 기조 아래의 성장'을 지향했기 때문에 팽창적 금융정책이나 정책 금융에 대한 의존도가 한국만큼 심하지는 않았다.[2]

셋째, 수출 촉진과 국내시장 보호를 위한 무역정책도 적극 시행되었다. 대만은 세계에서 처음으로 1960년대 중반 '수출가공구輸出加工區, export process- ing zones'를 설치해 해외투자를 유도하고 수출산업 부문을 지원하는 조치를

---

2 단적으로 대만에서 단기수출금융, 중소기업금융 등 정책 금융의 대출 총액이 금융기관 대출 총액에서 차지하는 비중은 1971~1981년 평균 7~9% 수준에 불과했다(Chou, 1995: 71). 반면 한국의 경우 전체 은행대출에서 정책 금융의 비중은 1977년 70.1%, 1978년 82.5%라는 기록적인 수치를 보인다(김종웅, 1986: 54).

취했다. 수출가공구는 1965년 「수출가공지역설치관리조례輸出加工地域設置管理條例」가 제정되고 공포됨에 따라 1966년 2월 최초로 가오슝高雄에 설치되었고, 1971년과 1972년에는 타이중臺中과 난쯔楠梓에 추가로 설치되었다(한국경제연구원, 1984: 85~86). 더불어, 국내 산업을 보호하기 위해 강력하면서도 유연한 수입정책이 실시되었다. 수입정책은 수입 규제, 관세장벽, 복수환율제도 등을 배합해 실시되었으며, 1960년대 이후 표면적으로는 수입 자유화가 점차적으로 시도되었으나 다양한 비관세장벽으로 국내 산업을 보호했다. 특히 1970년대에는 관세정책이 국내 산업 보호의 중추적 역할을 담당했는데, 대만의 관세율은 1980년대 초반까지도 일본이나 한국과 비교해 월등하게 높은 수준이다.

대만의 발전국가가 주도한 수출 지향적 산업화는 이미 잘 알려져 있듯이 대단히 성공적인 결과를 낳았고, 이후 고도성장의 초석을 놓는 출발점이 되었다. 대만은 1960년대에 연평균 9.4%의 경제성장률을 기록했고, 수출은 같은 기간에 12.6배의 성장을 거두었다. 또한 1970년대의 중화학공업화 전략도 괄목할 만한 성과를 거두었다. 1970년대 대만의 연평균 경제성장률은 10.2%에 달하는데, 이는 개도국 평균(5.4%)의 2배, 세계 평균(3.8%)의 3배에 달하는 고속성장이었다(한국은행, 1993: 52). 또한 1970년대 연평균 수출 성장률은 31.4%에 이르렀고, 1971년 최초로 2억 달러 흑자를 기록한 이후 완전한 무역수지 흑자 기조를 정착시키게 된다.

2 · 1980년대 이후 대만 발전국가의 재편과 연성화

한국이 그러했듯이 대만에서도 1980년대는 다양한 정치적·경제적·사회적 변화가 급격하게 분출되던 '전환의 시기'였다. 특히 1960년대부터 고속

성장을 견인해왔던 발전국가 체제는 대내외적 조건의 변화로 국가자율성과 국가능력성이 하락하면서 점차 쇠퇴와 위기의 국면에 접어들게 된다. 여기에서는 1980년대부터 가시화된 대만 발전국가의 위기를 '국가-세계체제의 변화', '국가-시민사회의 변화', '국가-자본 관계의 변화' 등 세 측면에서 살펴본다.

첫째, 과거 대만 발전국가의 고도성장을 지원했던 세계체제적 조건은 1980년대 이후 점차 압박구조로 전환된다. 여기에는 수십 년 동안의 수출지향적 산업화로 인해 국제무역과 세계시장 의존도가 급격하게 상승함으로써 세계경제의 변동에 대한 취약성 증대, 급성장한 대만에 대한 선진국의 견제와 보호무역주의의 대두, 동남아시아 후발개도국의 유사한 산업화 전략 모방 등이 포함된다(윤상우, 2005: 114~117). 특히 1979년 미국의 대만 승인 취소로 상징되는 국제정치적 고립의 충격과 더불어 1980년대 내내 미국의 시장 개방 및 경제 자유화 압력이 전방위적으로 가해졌다. 이는 미국 시장에 대한 높은 수출의존도, 미국에서 연유하는 지속적인 무역흑자 등에서 연유하는 것이다. 결국 대만 정부는 1980년대 중반부터 무역 자유화, 평가절상 및 환율정책 개혁, 자본시장 개방 등 순차적인 경제 자유화 조치를 취함으로써 미국 측의 요구를 수용하게 된다(行政院經濟建設委員會, 1989: 188~189).

둘째, 국가-시민사회의 지형과 관련해 대만에서도 1987년에 민주화 이행이 이루어졌다. 대만 최초의 야당인 '민주진보당' 창당이 일정한 계기가 되기는 했지만 대만의 민주화 이행은 국민당 정권의 선제적인 민주화 조치를 통해 이루어진 '위에서부터의 개혁' 또는 '수동혁명적 민주화'의 성격을 지닌다(김준, 1993: 38). 결국 이를 통해 2000년까지 국민당의 정치적 헤게모니가 유지될 수 있었지만 민주화 이행은 발전국가의 정책자율성에 상당한 영향을 미치게 된다. 이는 경제성장에 대한 맹목적인 추구보다는 환경 문제, 불평등 문제, 부동산 문제, 공기업 민영화 등 경제 민주화 관련 과제들이 주요 정책 이슈로 부상하는 계기가 되었으며, 또한 정책 수립과 결정 과정에서 자본가와 이익집단의 영향력이 강화되는 경향으로 나타났다(Cheng and Haggard, 1992: 22; Chu, 1994: 125~126).

셋째, 국가-자본 관계에서도 변화의 조짐이 나타났다. 이는 수십 년 동안 이루어진 경제성장의 결과 민간기업의 경제력과 영향력이 증대함으로써 상대적으로 발전국가의 정책자율성이 약화되는 점과 관련이 있다. 산업화 초기에 대기업들은 모두 국영·준국영기업 등 공영기업이었고 민간기업은 대개가 대만 출신인이 운영하는 중소기업이었다. 그러나 1970년대 중반 이후 기업집단 내지 계열사 형태의 민간 대기업이 출현해 이들 중 일부는 국영 대기업과 대등한 위치로 성장한다(隅谷三喜男·劉進慶·涂照彦, 1992: 143). 특히 대만 경제의 활력과 역동성의 원천인 중소기업은 민주화 이후 국민당 정권에 대항하는 도전연합의 중심인 민진당의 가장 중요한 정치적 기반이었다. 대만 중소기업들은 확장된 경제력을 바탕으로 본토인外省人의 정치 및 대기업 독점에 불만을 갖고 야당 성립에 자금을 대며 지원을 계속했다(Cheng, 1990: 7). 또한 1990년대 이후 민간기업은 대중국 투자와 해외 진출을 확대함으로써 국민당의 경제정책을 친기업적 방향으로 전환하는 정책 압력을 행사하기도 했다(蕭素菁, 1997).

1980년대부터 가시화된 이러한 발전국가의 위기요인들은 발전국가의 자율성과 능력성을 점차 약화시켰으며, 이는 곧바로 국가의 경제정책 전반에 반영되었다. 그 결과 첫째, 경제정책의 핵심 기조의 하나로 '경제 자유화'가 공식적으로 천명되었고, 구체적 내용으로 무역 자유화 정책(수입 규제 해제, 관세율 감축), 산업 자유화 정책(공기업 민영화), 금융 자유화 정책(금리·환율 자유화, 외환 통제 해제, 외국인 투자 자유화) 등이 본격적으로 추진되었다(行政院經濟建設委員會, 1989: 184). 이는 과거에 경제성장을 견인했던 발전국가의 정책 수단이 점차 약화되고 신자유주의적 정책으로 전환됨을 의미한다. 둘째, 민주화 이후 대만의 경제정책 수립·집행 과정이 정치 논리와 선거 지형에 영향을 받게 됨에 따라 경제계획의 수정이나 교체 등 경제개발계획의 위상과 중요성이 약화되는 징후가 발견된다. 이는 1953년부터 대만이 꾸준하게 추진해왔던 '경제건설 4개년 계획'과 관련해 1990년 제10차 계획이 시행 1년 만에 중단되고 '국가건설 6개년 계획'으로 대체된 사례를 통해 확인할 수 있다(윤상우, 2002: 252).

그러나 대만에서 발전국가의 위기가 곧바로 발전국가의 후퇴나 해체로 이어진 것은 아니었다. 이는 주윈한朱雲漢(Chu, 1994: 114)의 지적대로, "1980년대 후반 이후 대만에서 상당히 중요한 정치적·경제적 변화가 있었던 것은 사실이지만 연속성의 요인이 불연속성의 요인을 압도하고 있다"는 말로 요약할 수 있다. 1980년대 내내 발전국가의 위기 경향으로 국가 개입의 범위와 강도가 이전보다 약화되기는 했지만, 대만의 국가는 적어도 1990년대 후반까지는 여전히 발전국가의 성격과 특성을 유지하고 있었다. 다만 고도의 위기 관리 전략의 일환으로 보이는 선제적인 정책 대응으로 일부의 개입주의적 정책 수단이 철회되거나 약화되고 국가의 경제 개입이 간접적인 방식으로 전환되었다는 점에서 대만 발전국가의 전환 경로는 산업화 초기의 '고전적 발전국가'에서 보다 완화된 형태로 선택적으로 재편된 '연성발전국가'로 규정할 수 있을 것이다. 그 이유는 다음의 요인들에서 기인한다.

첫째, 대만은 경제 자유화로 인한 발전국가의 쇠퇴를 최대한 억제하고 지연하려는 전략을 구사해왔다. 구체적으로 산업정책 수단의 축소는 대외무역정책에만 국한되도록 시도했고, 공기업 민영화와 은행 민영화는 공식적인 정책 천명에도 불구하고 정책 추진에 별다른 열의를 보이지 않음으로써 실제 민영화 실적은 1990년대 내내 지지부진한 상황이었다(McBeath, 1997: 1150~1152). 따라서 보다 엄밀하게 말해 대외적인 개방·자유화 압력이 직접 적으로 가해졌던 무역 자유화를 제외하면 사실상 애초의 목표를 완전하게 달성한 경제 자유화 정책은 거의 없었다.

둘째, 대만의 국가는 비록 경제 자유화로 몇몇 정책 수단들을 상실하기 는 했지만 1990년대 이후에도 민간기업을 국가정책 방향으로 유도하고 견 인할 산업정책 수단들을 여전히 활용했다. 1991년에 「투자장려조례」를 대 체하는 「산업고도화촉진조례促進産業升級條例」를 제정해 전략산업 육성을 위 한 국가 개입을 지속한 것, 기술집약적 산업이나 연구개발 분야를 대상으 로 한 선별적 정책 금융의 강화 등이 전형적인 예다(윤상우, 2005: 257~259). 게 다가 대만 경제의 선도 기구라고 할 수 있는 경제건설위원회經濟建設委員會와 경제부 공업국經濟部 工業局 같은 발전국가의 조직적 자원도 큰 변화 없이 유 지되었다.

셋째, 대만의 국가는 경제성장을 지도하는 '경제 조타수'일 뿐만 아니라 1990년대 이후에도 대만 경제에서 가장 방대하고 중요한 비중을 점하는 핵 심적인 '경제행위자'이기도 하다. 1958년 대만 전체 산업생산의 절반에 달 하던 국가 부문(정부+공영기업)의 비중은 이후 점차 하락했지만 1990년에도 19.0%를 차지했으며 총투자에서의 국가 비중도 49.5%라는, 자본주의 국가 에서는 상상하기 힘든 막대한 비중을 차지했다(윤상우, 2002: 285~286).[3] 따라 서 대만 경제에서 국가가 차지하는 막대한 경제적 비중은 대만이 결코 '경

---

3 이와는 대조적으로, 한국의 경우 1990년 전체 산업생산에서 국가 부문의 비중은 7.4%, 국내총투자에서 국가 부문의 비중은 4.5%에 불과하다(통계청, 1999: 237, 249).

제 개입'과 '발전국가'를 포기할 수 없게 만드는 결정적인 근거로 작용한다.

그렇다면 발전국가의 위기에도 불구하고 대만은 어떻게 '연성발전국가'라는 완만한 전환 경로로 갈 수 있었는가? 그 답은 대만 발전국가의 정치적 실체라고 할 수 있는 국민당 정권의 정치적·경제적 위상과 특성에 있다. 국민당 체제는 '의사전체주의'(鄭陸霖, 1988)라고 불릴 만큼 워낙 압도적인 물리력과 통제력을 보유하고 있었기 때문에 1980년대의 대외적 정당성 위기(외교적 고립), 민주화 이행, 민간자본의 성장, 국민당의 내부 분열에도 불구하고 여전히 정치적·경제적으로 막강한 존재였으며, 사회구조적 변화에 대처할 수 있는 고도의 능력을 보유하고 있었다. 정치적으로는 선거 지형의 개방에도 불구하고 2000년 총통 선거 전까지 집권 정당으로서의 헤게모니적 지위를 잃지 않았으며, 경제적으로는 다른 어떤 자본주의 국가에서도 볼 수 없는 막대한 국영기업과 당영黨營기업을 소유함으로써 민간기업으로부터의 재정적 자율성까지 확보하고 있었다(박윤철, 2009: 345~349; 許甘霖, 1998). 이러한 국민당 정권의 정치적·경제적 헤게모니는 대만 발전국가의 변화를 최소화하는 결정적인 동인이 되었다.

3 ━━━━━━━━━━━━━━━━━━━
신자유주의 시대의 발전국가: 혼종적 진화?

앞서 언급했듯이, 대만은 1997년 동아시아 외환위기의 파고를 무사히 비켜 갔지만 오히려 그 이후인 2000년대에 다양한 대내외적 도전과 정치적·경제적 변화의 흐름에 직면하게 된다. 대외적으로는 점점 더 강력해지는 신자유주의적 세계화와 지역경제통합의 흐름에 대만 경제 역시 적응할 수밖에 없었으며, 양안 관계의 정치적 줄다리기와 2008년 세계 금융위기 같은 세계경제의 불확실성도 대만에 상당한 부담으로 작용했다. 대내적으로는 민진당으로의 사상 최초의 정권 교체와 2008년 국민당의 재집권, 대만 독립 및 양안 관계를 둘러싼 정치적 혼란, 장기간의 저성장·저투자 국면, 시민사회의 복지 욕구 증대 등도 대만 사회의 정치적·경제적 변화와 대응을 강제하는 요인이었다.

이런 상황에서 2000년대 이후 대만의 발전모델은 일정 정도 '변화와 연속성continuity and change'을 동시에 내포하는 '혼종적 진화hybrid evolution'의 과정으로 규정할 수 있다. 변화의 내용은 민주화 이후 변화된 정치 지형에 따라 복지국가적 시도가 확장되고, 신자유주의적 세계화의 대세적 흐름 및 국내 민간기업의 투자 유인을 위해 신자유주의적 전환의 시도가 나타나고 있다는 점이다. 반면에 연속성의 측면은 민주화와 세계화 등 다양한 압력에도 불구하고 대만 발전국가의 제도적·정책적 특성과 관성도 일정 부분 유지되고 있다는 점이다. 지금부터는 대만 발전모델의 혼종적 진화 과정을 ① 복지국가적 시도, ② 제한적 신자유주의화, ③ 발전국가의 관성 유지라는 세 측면에서 살펴본다.

1 · 복지국가적 시도

1945년부터 1980년대 후반까지 국민당 정권은 성장 우선주의 정책과 후분배 전략에 근거해 최소한의 복지정책과 낮은 수준의 복지 지출을 특징으로 하는 잔여적residual 복지 전략을 취한 것으로 평가된다(Chen and Chen, 2003). 국가의 복지 공급보다는 가족이나 지역사회를 통한 비공식적 공급이 강조되었고 노동시장을 통한 자립의 원칙이 선호되었다. 사실 사회정책의 이러한 특성은 대만에서만 발생하는 현상은 아니었으며 한국과 일본 등 동아시아 국가 전반에서 유사하게 발견할 수 있는 현상이기도 했다. 몇몇 학자들은 이를 '생산주의적productivist 복지자본주의'(Holliday, 2000: 709) 또는 '발전주의적developmental 복지국가'(Kwon, 2009)로 규정하기도 하는데, 그 핵심적인 특성을 요약하면 다음과 같다(Huang and Ku, 2011: 737). ① 동아시아 국가들은 경제성장이 소득 증대를 가져오고 그 혜택이 전 국민에게 확산될 것이라는 절대적 신념을 갖고 있다. ② 따라서 정부는 본질적으로 발전을 추구하는 성장지향적 국가이며 낮은 사회 지출, 낮은 재정적자, 노동시장 유연성의 특징을 포함한다. ③ 사회보장은 정치적으로 중요한 사회이익집단(군인, 공무원 등)을 우선 대상으로 하며, 이는 복지 분배의 불평등을 결과한다. ④ 동아시아 국가들은 일반적으로 위기가 발생해야만 사회복지 프로그램을 확장하는 경향이 있다.

그런데 대만에서 민주화 이행 이후 야당인 민진당의 부상은 국민당의 잔여적 복지 전략을 수정하는 데 크게 공헌한다. 민진당은 국민당의 복지정책 부재에 대한 강한 비판과 함께 복지 공약을 들고 선거에 임했는데, 특히 1993년에 사회복지백서를 발간하고 지방자치단체 선거에서 65세 이상 노인에게 수당 성격의 급여를 공약으로 제시하기도 했다(이수행 외, 2007: 67~68). 국민당은 이를 선심성 공약이라고 비판했지만 대응적 복지정책을 강구하지 않을 수 없게 된다. 그 결과, 1995년 리덩후이李登輝 총통의 적극적인 주도로 전 국민 대상의 국가건강보험national health insurance이 실시되었고, 또 같은 해에 국민당과 민진당의 합의로 노령 농민에 대한 복지수당제도가 도입되었다(Ku and Chen, 2001; Aspalter, 2006: 294). 동아시아 외환위기 직후인 1999년에는 실업보험이 고용촉진계획과 더불어 도입되었다.

대만 학자들은 1990년대의 이러한 추세를 '복지정책의 주류화main stream-

ing welfare policy'로 평가하기도 한다(Chen, 2004). 그러나 대만에서 사회정책의 점차적인 확장은 민주화 이후 국민의 민주의식 고취와 복지 욕구 확대와 같은 자발적인 요구의 산물이라기보다는 양분된 정치권의 권력 획득 과정에서 표를 의식한 정책 경쟁의 일환으로 대두된 경향이 강하다(지은주, 2012: 463). 또한 다른 관점에서 보면, 수십 년 동안 정치권력을 독점해왔던 국민당 정권이 민주화 국면에서 정당성 쇠퇴를 상쇄하기 위해 행한 일의 부산물로 파악할 수도 있다(Tang, 2000). 이는 곧 대만에서 사회정책의 확장이 그 자체로 복지국가적 전환의 경로로 확대되고 발전하는 데는 일정한 한계가 있을 수도 있음을 시사한다.

실제로 2000년 민진당의 집권 이후 그러한 우려는 어느 정도 현실이 되었다. 민진당은 1986년 창당 이래 양안 관계에서는 대만의 독립을, 사회정책에서는 복지국가를 이념으로 내세우며 국민당과의 차별화를 추구했다. 당 강령에서 공정하고 안정적인 사회보험제도 수립, 보편적인 사회보장제도의 확립, 노동자 보호기준의 향상, 완전고용 실시를 표방한 민진당은 2000년 총통 선거에서 집권에 성공한다(권순미, 2008: 110~111). 그러나 친복지 정당을 자임했던 민진당은 집권 초기부터 경제위기라는 난관에 봉착했고, 국가경쟁력 강화와 사회개혁 사이에서 딜레마에 처하게 된다. 결국 천수이벤 총통은 취임 100일을 맞은 2000년 9월 16일, 경제개발이 현 정부의 새로운 최우선 과제가 될 것이며 사회복지 프로그램은 유보하겠다고 선언했다(Ku, 2012: 16). 이후로도 천 총통은 사회정책보다는 양안 관계를 통해 자신의 정치적 기반을 강화하고자 했는데, 단적으로 대만 독립을 주장하면서 무력 충돌을 포함한 중국과의 극단적 대립과 긴장 관계를 조성했다. 민주화 이후, 특히 민진당의 집권 이후 양안 관계가 정당정치의 핵심 의제로 부상하고 국정 선거 때마다 이를 중심으로 정당 간 유권자 경쟁이 가열되면서 사회정책에 대한 유권자의 이해가 정치적으로 표출될 수 있는 기회는 자연히 감소하게 되었다(권순미, 2008: 123).

물론 2000년대에 대만의 사회복지정책이 전혀 발전하지 않은 것은 아니다. 점진적이기는 하지만 분명 의미 있는 진전도 발견되는데, 대표적인 예를 들면 다음과 같다. 첫째, 노동보험과 실업보험(1999년) 등으로 파편화된 실업급여 체계를 재구성해 실업급여, 직업훈련, 고용서비스를 통합한 '고용보험법就業保險法'이 2003년부터 시행되었다(권순미, 2008: 120; Kwon, 2009: S17). 둘째, 전 국민을 대상으로 하는 공적 연금을 확충하기 위해 2009년부터 국민연금제도를 시행했다(김성숙 외, 2009: 132). 대만의 공적 연금에는 특수직역(군인, 공무원)연금과 1960년부터 시행된 노동보험이 있었지만 이는 해당직역과 기업 취업자만을 대상으로 한 것이어서 농어민이나 자영업자 등 상당수 국민이 공적 연금에서 배제된 상태였다. 대만은 2009년 국민연금 도입으로 연금 사각지대를 해소함으로써 비로소 전 국민 공적 연금 시대를 열게 된다. 셋째, 민진당 집권 이후 전체 정부예산에서 복지예산이 차지하는 비중은 확실히 증대되었다. 중앙정부 총예산에서 사회복지예산의 비중은 1995년 12.1%에서 민진당이 집권한 2000년 16.9%로 상승했으며, 2005년 15.6%, 2010년 16.2%의 비중을 유지한다(行政院主計處, 2012: 147).

대만의 사회정책에서 일정한 제도적 진전과 개혁이 있었음에도 불구하고 이 정도의 내용을 가지고 '복지국가적 전환'을 언급하는 것은 분명 무리일 것이다. 대만이 동아시아의 생산주의적·발전주의적 복지 레짐인 점을 감안하더라도 대만의 복지 현실은 너무나도 초라하고 낮은 수준이기 때문이다. 첫째, 대만의 복지 지출은 OECD 국가는 물론이고 같은 동아시아 국가인 한국, 일본과 비교해도 열악한 수준이다. 2010년 대만의 총정부예산 대비 복지 지출의 비중은 16.2%, GDP 대비 비중은 3.0%에 불과하지만,

2007년 한국 정부예산의 복지 지출의 비중은 25.9%, GDP 대비 비중은 7.6%였고, 일본의 GDP 대비 복지 지출의 비중은 18.7%에 달한다(통계청, 2012: 517). 둘째, 대만의 낮은 복지 지출은 당연히 빈곤과 불평등을 완화하는 데 덜 효율적일 수밖에 없다. 예컨대, 대만의 사회복지체계는 시장소득 빈곤율을 12% 감소시키는 데 비해 미국은 19%, OECD 국가는 23%(폴란드)에서 85%(덴마크)의 빈곤 감소 효과를 보였다(Huang and Ku, 2011: 738). 셋째, 2008년 금융위기 당시에 집권한 국민당의 마잉주馬英九 정부는 단기적인 위기 처방(공공건설 투자, 소비채권, 공공 취업)에만 주력함으로써, 빈곤과 불평등 해소를 위한 완전한 사회안전망 구축으로 나아가지 못했다. 그 결과, 대만의 소득 5분위 배율은 2008년 6.05배였지만 마 총통이 취임한 지 1년 후인 2009년에는 6.34배로 악화되어 그의 사회정책이 상황을 통제하지 못했음을 보여준다(Ku, 2012: 20).

2 · 제한적 신자유주의화

대만은 1990년대에 최소한의 경제 자유화와 발전국가의 통제력 유지로 동아시아 외환위기에 감염되는 것을 피할 수 있었지만, 2000년대 이후로는 상황이 다소 반전된다. 외환위기에서 생존했음에도 불구하고 정작 대만의 공공 담론은 IMF와 미국이 적극적으로 주도하고 금융위기를 겪은 많은 동아시아 국가가 채택한 신자유주의 정책 처방에 의해 상당히 동요되고 있었다(Chu, 2013: 659). 대만에서 많은 외국 금융기관, 국내 기업가, 신자유주의적 경제학자들은 대만 기술 관료들의 자기만족을 비판하고 정부가 포괄적인 자유화와 규제 완화 수단을 도입할 것을 점차 강력하게 요구한다. 그리고 2000년 이후 대만이 WTO 가입에 총력을 기울이면서, 금융 부문의 남아 있는 규제 철폐, 국제자본의 자유로운 이동 보장, 외국금융자본에 대한 국내 시장 개방 등 가입 조건을 이행해야 하는 것도 신자유주의적 전환의 계기가 되었다(Wu, 2007: 990).

이런 상황에서 대만은 민진당 정부 이후 신자유주의적 전환을 확대하고 심화하게 된다. 그러나 대만의 신자유주의화는 한국의 IMF 프로그램 이행 같은 집중적이고 체계적인 방식으로 이루어지지 않았다. 대만은 이미 1990년대부터 정부가 그 추진을 예고했던 민영화 정책 등의 사례를 제외하면 그때그때의 상황적 필요에 따라 부분적이고 점진적인 정책 도입이 이루어지는 제한적 신자유주의화의 특징을 보인다. 2000년대의 천수이벤 정부와 마잉주 정부를 통틀어 확인할 수 있는 대만의 신자유주의 정책은 다음과 같다.

첫째, 금융 부문 및 독점 산업(통신 및 석유)에 대한 규제 완화다. 천수이벤 정부의 집권 초기인 2000~2001년에 외국인 투자자의 투자 상한선과 각종 제한이 해제되었고, 2003년에는 외국기관 투자자를 평가하고 선별하는 적격 외국기관 투자자QFII 제도가 완전히 폐지되었다(Chu, 2013: 662). 더불어 금융개혁을 위해 2001년 '금융지주회사법'을 제정해 은행 및 금융기관 간 인수합병을 통한 대형화를 유도했다. 또한 통신산업과 관련해서는, 과거 중화텔레콤CHT의 독점 체제를 시장 복수 경쟁 체제로 전환해 2000년 대만 픽스TFN 등 민간기업 3사에 신규 면허를 부여했고, 2002년에도 주파수 경매를 통해 5개사에 면허를 부여했다(이재호·박경돈, 2011: 392). 특히 금융 부문과 자본시장에 대한 광범위한 규제 완화의 결과, 대만 경제는 더 이상 외부의 금융적 충격으로부터 고립되어 있지 않다. 2008~2009년에 대만 총자본 시장에서 외국기관 투자자의 비중은 약 1/4에 달하는 것으로 평가된다(Chu, 2013: 663).

둘째, 국영은행 및 국영기업의 민영화다. 과거 고도성장기에 대만의 국영기업은 다른 자본주의 국가들과 비교하면 비정상적이라고 할 만큼 워낙 압도적인 비중을 점하고 있었기 때문에, 국영기업의 민영화는 사실 신자유주의의 맥락이라기보다는 '대만 경제의 정상화'를 의미한다고도 할 수 있다. 그러나 1990년대 민영화 정책의 공식 추진에도 불구하고 정부 스스로가 별다른 열의를 보이지 않음으로써 실제 민영화 실적은 극히 지지부진했다. 이 같은 상황은 민진당 집권 이후 점차 달라지게 된다. 민진당 정부는 2006년까지 지분 매각, 자산 매각, 종업원 기업인수 등을 통해 총 18개의 제조업, 금융업, 교통 부문의 공기업을 민영화했고(이수행 외, 2007: 105~106), 특히 2005년에는 정부가 소유하고 통제하고 있는 은행 12개 가운데 6개를 지분 매각으로 민영화했다(Taiwan Journal, 2005.8.12). 그 결과, 대만 경제에서 국영기업의 비중은 1981년 GDP의 12.1%에서 2005년 7.6%로 감소했고, 총고정자본에서의 비중도 1981년 30.1%에서 2005년 10.2%로 하락하게 된다(Pao, Wu and Pan, 2008: 326).

셋째, 경기활성화와 기업의 투자 유인을 위해 자주 사용된 감세정책이다. 특히 민진당 정부 집권 이래 소득세, 토지세, 부동산, 화물 등에서 감세정책이 시행되었고, 연구개발과 인재 양성에 대한 지원책으로 관련 투자에 대해서도 감세가 실시되었다. 그리고 금융 부문의 구조조정과 인수합병을 촉진하기 위해서도 세금 감면이 활용되었다(經濟日報, 2003). 그 결과, 대만 정부는 매년 500억 대만달러에 달하는 세수 손실을 입어 정부의 재정건정성이 지속적으로 악화되었다. 단적으로 2008년 중앙정부의 세수는 GDP의 14%에도 미치지 못했으며, 재정부는 은행대출, 수수료 및 벌금 수입, 국가 소유자산 매각 등으로 GDP의 9%에 상당하는 추가 재원을 확보해야만 했다(Chu, 2013: 663~664). 감세정책은 2008년 금융위기 이후 집권한 마잉주 국민당 정부에서도 활용되었다. 마잉주 정부는 해외로 유출되는 자본을 다시 유입하기 위해 부동산 및 증여세의 상한선을 50%에서 10%로 획기적으로 감축한 바 있다.

넷째, 2002년 WTO 가입을 전후로 본격적으로 추진한 FTA 정책과 지역경제통합에의 참여다. 이미 1990년대부터 '남향정책南向政策(동남아 진출 정책)'과 '아태 운영 중심亞太運營中心, APROC' 등 나름대로의 국제화 전략을 표방했던 대만은 WTO 가입 직후 싱가포르, 뉴질랜드, 필리핀, ASEAN 등을 대상으로 FTA 협상을 적극적으로 제안해왔다. 그러나 민진당 정부와 첨예한 정치적 갈등을 겪고 있던 중국의 개입과 대만 고립 정책으로 모든 FTA 시도는 좌절되었고, 대만과 수교관계를 맺고 있던 파나마(2004년), 과테말라(2006년) 등 중남미 소국과의 FTA로 선택지가 극히 제한될 수밖에 없었다(윤상우, 2010: 117~118).[4] 이후 양안 관계의 회복을 지향하는 마잉주 정부에서 2010년 6월 중국-대만 FTA라고 할 수 있는 '양안경제협력기본협정ECFA'을 체결하면서 '중국을 통한 세계화' 및 지역경제통합 전략을 추진한다.

그러나 2000년대 이후 대만이 시도한 다양한 신자유주의 정책에도 불구하고 대만을 '신자유주의적 경쟁국가'로 범주화하거나 대만이 신자유주의적 전환을 달성했다고 평가하기는 어려울 듯하다. 이는 한편으로는 다음 절에서 살펴볼 것처럼 발전국가적 관성이 여전히 강하게 잔존해 있는 점에서 그러하며, 다른 한편으로는 대만의 신자유주의 정책이 지극히 부분적이

---

4 대만과 중남미 국가들(파나마, 과테말라, 니카라과, 엘살바도르, 온두라스)의 FTA는 아무런 경제적 실익이 없는 정치적이고 상징적인 협정에 불과하다. 대만 총수출의 88.7%가 아시아, 북미, 유럽에 집중되어 있는 데 비해, 대만이 FTA를 체결한 이들 5개국에 대한 수출 비중은 대만 전체 수출의 0.187%에 불과하기 때문이다(行政院經濟部, 2009: 2).

고 제한적인 수준에 머물러 있는 점에서 연유한다. 대만의 제한적 신자유주의화는 다음의 측면에서 확인할 수 있다.

첫째, 대만은 신자유주의적 정책 패키지에서 중요한 축인 노동시장 유연성을 채택하지 않고 있다. 대만 행정원 노동위원회行政院勞工委員會는 '취업복무법'과 '대량해고노동자보호법'을 통해 정리해고 및 노동자 대량해고를 막고 있으며, 이를 무급휴직, 작업시간 단축, 임금조정 등의 방법으로 억제한다(첸잉팡·뤼지엔더, 2011: 94). 그 결과, 신자유주의적 전환을 경험한 한국 등 다른 국가들과 달리 전체 노동력에서 파트타임과 비정규직(파견직)의 비중은 각각 6%, 3.6%로 매우 낮은 수준이다.

둘째, 2000년대에 적극적으로 추진된 공기업 민영화에도 불구하고 여전히 대만은 여러 방법을 통해 많은 국영기업을 통제한다(Wang, 2012: 177). 예컨대, 민영화된 중강공사中鋼公司, China Steel Company에 대해서는 이사진 임명이나 공공사업 투자 조정을 통해 국가가 여전히 통제력을 보유하고 있다. 또한, 민영화 추진이 한창이던 2006년에도 대만 20대 상장기업 중 8개가 공영기업일 정도로 공영기업의 경제적 비중은 여전한 높은 상태다(이수행 외, 2007: 100).

셋째, 대만의 FTA 추진 계획이 중국의 개입으로 번번이 좌절되고 ECFA와 같은 제한된 선택지로 협소화되는 점도 대만의 전면적 신자유주의화를 제약하는 요인이라고 할 수 있다.

3 · 발전국가적 관성

2000년대의 대만 발전모델에는 변화의 측면만 존재한 것은 아니었다. 분명 과거 발전모델과의 연속성도 발견할 수 있는데, 그것은 대만 발전국가의 제도적·정책적 관성이 여전히 유지되고 있는 점과 관련이 있다. 일부 대만학자들은 대만이 비록 신자유주의 처방에 부응하는 일련의 정책을 실시했지만 그로 인해 국가능력성이 약화된 것은 아니며, 대만의 발전국가는 여전히 자신의 제도를 유지하며 조정하고 다양한 전략에 자원을 동원하고 있다고 주장한다. 발전국가의 연속성을 보여주는 몇 가지 근거를 들면 다음과 같다(Wang, 2012: 177~178).

첫째, 대만 발전국가의 제도적·조직적 자원은 1990년대 이후 민주화 이행과 정권 교체를 거치면서도 별다른 변동 없이 과거의 형태와 권한, 기능을 그대로 유지하고 있다. 한국에서 발전국가의 상징적 제도였던 경제기획원과 경제개발계획이 1990년대 중반 모두 폐기된 데 비해, 대만에서는 선도 기구인 경제건설위원회를 축으로 하는 경제 관료기구가 건재하고 이들은 여전히 경계개발계획과 산업정책을 입안하고 실행하고 있다. 또한 2004년에는 금융 규제 완화에 따른 건전성 감독을 강화하기 위해 행정원 산하에 금융감독관리위원회金融監督管理委員會, *Financial Supervisory Commission*를 신설한 바 있다.

둘째, 대만의 경제 관료기구는 다양한 신자유주의 정책(자유화, 규제 완화, 민영화 등)을 시행할 때조차도 산업고도화, 산업구조조정, 국가경쟁력 강화를 위한 경제산업정책을 적극적으로 병행하며 추진해왔다. 이는 발전주의적 제도에 의해 구축된 경로의존성의 논리를 보여준다. 이와 관련해 많은 대만학자는 2000년대 대만 정부의 신성장산업 발굴, R&D 투자 강화, 혁신 R&D 거점 구축 등에 주목하는데, 특히 차세대 전략산업으로 생명공학산업을 집중 육성하는 시도를 혁신된 산업정책의 사례로 언급한다(Wong, 2005; Wu, 2007).

셋째, 대만의 정치학자 주원한이 대만 경제가 1997년의 동아시아 외환위기와 2000년대의 저성장 국면에서도 나름대로의 경제적 활력을 유지할 수 있었던 발전국가의 핵심 기제로 꼽은 대만의 중앙은행*BOC*이다(Chu, 2013: 662~663). 주윈한은 대만 중앙은행이 민진당 집권 시기에도 제도적 능력성이 거의 손상되지 않았고 경제적 위기 상황에 대처할 수 있는 충분한 대응 능력을 갖추고 있다고 평가한다. 그 지표로는 대만의 전체 은행 부분에서 부실채권의 비율이 1% 이하로 유지되고 있고 대만 은행들이 그림자 금융*shadow banking*에서 자유롭다는 점을 꼽는데, 이러한 중앙은행의 통제력 덕분에 대만 경제가 금융위기에 휘말릴 가능성이 작다는 것이다.

넷째, 국영은행의 민영화에도 불구하고 대만은 시장을 조작하고 목표 산업을 촉진할 수 있는 방대한 금융자원을 보유하고 있다. 대만 정부가 통제할 수 있는 기금에는 산업 발전기금과 4대 연기금(우편기금, 국민연금기금, 노동보험기금, 고용보험기금)이 포함된다. 산업 발전기금은 국가가 설정한 중요 산업(석유화학, 반도체)과 10대 첨단산업(정보통신, 생명공학, 항공우주)에 투자된다(Wang, 2012: 177).

그러나 2000년대에도 나타나는 대만 발전모델의 연속성과 발전국가적 관성이 과거 발전국가가 보여줬던 고도성장과 엄청난 경제적 성과를 가져온 것은 분명 아니다. 그것은 외형상 예전과 동일한 발전국가의 조직적 장치와 정책 수단들이 건재함에도 불구하고 정책의 결과와 정책 수행의 효율성은 의도한 만큼의 성과를 내지 못하고 있기 때문이다. 어떤 측면에서 대만의 발전국가적 관성은 오히려 대만 경제의 효율성을 잠식하는 취약점으로 나타나는 경향도 존재한다. 이와 관련해 다음의 측면들을 고려할 필요가 있다.

첫째, 민주화 이행과 정권 교체 이후 정당 간 권력투쟁과 선거 정치의 영향으로 경제계획과 경제정책의 일관성은 점차 상실되고 있다. 특히, 2000

년 이후 대만 정부는 '지식경제발전방안知識經濟發展方案', '그린실리콘아일랜드綠色矽島經濟發展藍島', '8100대만행동8100臺灣啓動', '도전2008: 6년발전중점계획挑戰2008: 六年發展重點計劃', '신10대건설新十代建設' 등 일관성도 없고 잡다하다 싶을 정도로 많은 장기 발전 계획을 발표한 바 있다(이수행 외, 2007: 73). 그러나 이들 경제계획은 모두 구호에 그치고 흐지부지되면서 경제계획의 성과와 정책 수행의 효과성은 한계에 직면하게 된다.

둘째, 대만 경제 관료기구가 지녀왔던 계획의 합리성은 부분적으로는 입법원 내 정치적 투쟁 때문에, 부분적으로는 행정체계에 대한 총통의 과도한 권한 때문에 빈번하게 침해되고 있다(Wang, 2012: 178). 단적으로, 천수이볜 총통 집권 8년 동안 행정원장(국무총리) 6명이 임명되었고, 그때마다 경제 관료기구는 재조직되어 경제정책이 급격하게 바뀌고 효율성은 떨어졌다. 또한 입법원 내에서 민진당과 국민당의 정치투쟁으로 인해 많은 법안과 정책이 적기에 실행되지 못하는 경우도 비일비재했다. 일례로, 2003년 입법원 제5차 3기 회의에서는 행정원에서 발의한 경제 관련 우선심의법안 106개 중에서 17개만이 통과된 것이 이를 보여준다(이수행 외, 2007: 73).

셋째, 경제 관료기구의 사기는 심각하게 손상되었다. 천수이볜 정부와 민진당 엘리트들은 오랜 기간 국민당의 당국자본주의party-state capitalism 관행을 경멸하던 이들로서, 국민당의 본거지로 여겨지는 기존 국가 관료기구에 대해 태생적인 불신을 지니고 있었다(Chu, 2012: 661). 그 여파로 민진당 집권후 정부 부처와 산하기관의 많은 고위 기술 관료가 조기 퇴직했고 민진당의 정치적 지명자들이 비당파적 기술 관료들이 맡아야 할 전략적 지위들을 인수했다. 또한 민영화된 국영기업과 국가 통제 은행 및 금융기관의 최고 위직 교체도 이어졌다.

넷째, 2000년대 대만 발전국가의 산업정책 성과로 언급되는 생명공학산업의 육성도 사실상 실패한 정책이라고 할 수 있다(Wu, 2007: 999~1000). 국가가 과거에 계획하고 추진했던 전략산업(예컨대 중화학공업)과 달리, 생명공학은 기초연구 개발에 고도로 의존하는 혁신 추동적이고 지식 집약적인 산업으로서, 바이오 제약의 경우 신약이 기초연구-임상실험-상품화를 거쳐 개발되는 데 대략 12~15년이 소요된다. 이러한 높은 위험성과 불확실한 실현 가능성에도 불구하고 대만 정부는 생명공학산업의 확장을 밀어붙였다. 하지만 정책 결과는 대만 GDP 및 세계 생명공학 생산에서 아주 미미한 비중만을 점하는 1천 명 수준의 소규모 생명공학 기업만을 양산하는 것으로 귀결되었다. 2005년 대만의 생명공학산업은 1156개 기업에서 3만 8085명 고용, 16억 달러의 수출에 그쳤다.

다섯째, 국영기업을 동원한 대규모 투자 사업이나 건설 프로젝트, 금융 부문 개혁 등은 경제 발전을 촉진한다는 명분으로 시행되었으나 정치인과 그들 측근의 지대 추구 대상으로 전락한 경우가 많았다. 고속철도 공사 투자를 둘러싼 부패와 금융감독위원회 설립 및 금융개혁 과정에서 나타난 천수이볜 일가의 부정부패가 대표적이다.

4 ──────────────
대만 발전모델의 성과와 한계

1 · 경제성장과 사회 발전의 측면

앞서 살펴본 것처럼, 2000년대의 대만 발전모델은 다양한 정책 실험과 전환 시도를 경험해왔다고 볼 수도 있고, 발전모델의 성격을 뚜렷하게 규

표 6-1 대만의 주요 경제·사회지표

	경제성장률(%)	1인당 GDP($)	수출성장률(%)	총고정자본증가율(%)	R&D지출 대 GDP 비중(%)	실업률(%)	지니계수*	소득5분위배율*
2000	5.8	14,704	22.8	9.0	1.97	3.0	0.326	5.55
2001	-2.2	13,147	-16.9	-19.9	2.08	4.6	0.350	6.39
2002	4.6	13,404	7.1	1.1	2.20	5.2	0.345	6.16
2003	3.7	13,773	11.3	1.7	2.27	5.0	0.343	6.07
2004	6.2	15,012	21.1	19.5	2.32	4.4	0.338	6.03
2005	4.7	16,051	8.8	2.7	2.39	4.1	0.340	6.04
2006	5.4	16,491	12.9	0.1	2.51	3.9	0.339	6.01
2007	6.0	17,154	10.1	0.6	2.57	3.9	0.340	5.98
2008	0.7	17,399	3.6	-12.4	2.78	4.1	0.341	6.05
2009	-1.8	16,359	-20.3	-11.2	2.94	5.9	0.345	6.34
2010	10.7	18,588	34.8	24.0	2.90	5.2	0.342	6.19
2011	4.0	20,122	12.3	-3.9	-	4.4	0.342	6.17

*전 가구 가처분소득 기준.
자료: Council for Economic Planning and Development(2007, 2012).

정하기 어려우며 정체성이 모호한 혼종적 진화의 과정을 거쳐왔다고 볼 수
도 있다. 그렇다면 이러한 대만 발전모델의 경제적·사회적 성과는 어떠한
가? 여전히 과거와 같은 고도성장과 공유된 성장*shared growth*을 달성하는 데
성공했는가? 〈표 6-1〉에서 보듯이 2000년 이후 대만의 주요 경제지표와 사
회지표의 추이를 보면 그 결과가 그리 긍정적이지만은 않은 것 같다.

첫째, 경제성장률과 관련해 대만의 2000년대 실적은 상당히 저조한 편이
다. 2001~2010년 연평균 성장률은 3.8%로, 고도성장기인 1970년대 9.7%
의 1/3, 직전 시기인 1990년대 6.3%의 절반 수준에 불과하며, 2001년과
2009년에는 사상 초유의 마이너스 성장을 경험했다. 이는 한국의 2000년
대 연평균 성장률 4.2%보다 낮은 수치다. 게다가 한국은 마이너스 성장을
경험하지 않았다. 2001년 대만의 마이너스 성장은 미국의 IT 버블 붕괴에

따른 수출 부진에 기인하는 것으로 평가되고 2009년의 경우는 미국 금융위기의 여파에 따른 것으로 분석된다. 그러나 이러한 우발적 요인을 감안하더라도 전반적으로 대만 경제가 저성장의 국면에서 좀처럼 헤어 나오지 못하는 점은 분명하게 확인된다. 단적으로 대만의 1인당 GDP는 2000년대 전반기 내내 정체되었는데, 그 결과 한국보다 앞서 있던 대만의 1인당 GDP는 2004년에 1만 5012달러를 기록하면서 1만 5038달러를 기록한 한국에 역전되었고 2011년에는 한국 2만 2427달러, 대만 2만 122달러로 그 격차가 더욱 확대된다(통계청, 2012: 374).

둘째, 수출성장률은 2~3년 주기로 성장과 정체를 반복하는 기복이 심한 모습을 보여준다. 특히 우려스러운 점은 총고정자본형성 증가율이 2004년을 제외하면 2000년대 내내 마이너스 성장 또는 사실상 정체된 극심한 '저투자'의 양상을 보인다는 점이다. 이는 대만 기업의 대중국 투자나 해외 진출에서 상당 부분 연유하는 것으로 판단되며, 특히 민진당 집권 시기에 양안 관계의 경색과 삼통三通 억제 등의 정책에 민간기업들이 반발한 결과가 투자 침체로 나타난 것으로 생각할 수 있다(이수행 외, 2007). 따라서 2000년대 대만의 저조한 경제성장률은 일차적으로 민간기업들의 투자 침체에서 기인한다고 할 수 있으며, 여기에 세계 금융위기 및 IT 버블 붕괴 등에 따른 수출 부문의 기복과 부침도 일정한 영향을 미쳤다고 볼 수 있다. 다만 2010년에는 성장률, 수출, 투자 모두에서 급격한 상승 추세를 보이는데, 이는 2010년 6월에 체결된 중국과의 ECFA 효과가 작용한 것으로 판단된다.

셋째, 일부 대만학자들이 대만 발전국가의 능력성이 유지되는 근거로 꼽는 혁신된 산업정책의 결과도 거시 지표상으로는 그다지 뚜렷하게 부각되지 않는다. 분명 대만은 1990년대 이후 국가적 차원의 정책 지원으로 반도체 및 IT 부문에서 세계적 경쟁력을 지닌 민간기업들을 배출했고 첨단 IT 산업에서 상당히 중요한 생산 비중을 점하고 있는 것이 사실이다. 그러나 R&D 지출로 확인할 수 있는 대만의 혁신역량과 기술력은 인상적인 성과를 거두었다고 보기 어렵다. 대만에서 GDP 대비 R&D 지출액 비중은 2001년 2.08%에서 2010년 2.90%로 꾸준히 증가했지만, 한국의 실적(2000년 2.30%, 2005년 2.79%, 2010년 3.74%, 2011년 4.03%)과 비교하면 지출액 자체 및 증가 속도에서 상당히 뒤처진다고 볼 수 있기 때문이다(통계청, 2013: 920).

넷째, 실업률과 소득5분위배율 같은 사회지표도 과거에 비해 더 나빠진 모습을 보인다. 2000년대의 대만 경제가 저성장과 저투자의 국면으로 어려움을 겪으면서 실업률은 과거 어느 때보다 높은 수준으로 상승했다. 1990년 1.7%, 1995년 1.8% 등 1990년대 내내 1~2%대에 머무르던 대만의 실업률은 2000년대 이후 급상승해 이 기간 내내 4~5% 수준을 유지했다(CEPD, 2001: 13). 이는 대만 기업들의 중국 진출과 국내투자 부진이 맞물리면서 나타난 현상으로 볼 수 있지만, 유사하게 민간기업의 중국 투자와 해외 진출이 이루어지는 한국과 비교할 때 월등하게 높은 수치라는 데 문제가 있다. 한국의 실업률은 2000년대 내내 3%대(2005년 3.7%, 2010년 3.7%)를 기록했다(통계청, 2011: 209).

다섯째, 과거 한국에 비해 양호한 수준을 보이던 불평등 지표도 지속적으로 악화되고 있다. 대만의 불평등은 1991년 지니계수 0.308, 소득5분위배율 4.97배에 불과했는데, 2000년대에 급등한 이후 지니계수는 0.34, 소득5분위배율은 6배 이상을 기록했다. 이는 물론 중국, 싱가포르, 홍콩보다는 양호한 수준이지만 한국과 일본보다는 다소 높은 수준이다(첸잉팡·뤼지엔더, 2011: 73). 한국의 경우 2008년 지니계수(전 가구) 0.316, 소득5분위배율 5.74였고, 일본은 2005년에 지니계수 0.308을 기록했다. 특히, 한국과 일본이 2000년대 이후 신자유주의적 전환을 가속화하면서 불평등 지표가 계속 상승했고 또 역대 최고 수준을 보여왔다는 점을 감안할 때, 신자유주의화에 소극적이었던 대만의 불평등 증대는 다소 의외의 결과라고 할 수 있다. 이는 대만의 사회정책과 복지국가적 시도가 불평등을 억제하는 데 그다지 효율적이지 않았음을 나타낸다고 할 수 있다.

2 · 오늘날 대만 발전모델의 좌표

지금까지 살펴본 2000년대 대만의 발전모델은 그 기본 성격과 핵심 특성에서 어떻게 규정될 수 있는가? 과거 발전국가 모델과의 연속성 측면이 여전히 우세한가 아니면 발전국가에서의 변화와 이탈이 더 지배적인 경향인가? 앞서 필자는 2000년대 대만 발전모델의 특징을 '발전국가의 혼종적 진화'로 규정한 바 있는데, 이 개념화는 그 자체로 연속성의 측면이 더 우세함을 함축한다. 만약 대만의 발전국가 모델에 질적인 변화가 있었다면 더 이상 '발전국가'나 '진화'의 개념을 사용할 수 없을 것이기 때문이다.

2000년대의 대만을 발전국가의 혼종적 진화로 규정한 것은 대만이 발전국가와는 이질적인 성격의 복지국가적 시도나 신자유주의 정책에도 불구하고 발전국가의 이념적·제도적·정책적 관성을 유지하고 있기 때문이다. 오늘날 대만은 여전히 경제성장에 국가의 존립근거와 정책의 최우선권을 부여하고 있으며, 경제건설위원회와 경제부 등 선도 기구도 그 역할과 기능을 그대로 유지하면서 경제개발계획과 다양한 산업정책을 입안하고 추진하고 있다. 사실 대만에서는 복지국가나 신자유주의가 국가의 존립근거와 핵심 정책 기조로 천명된 적이 결코 없었으며,[5] 이들 정책은 어디까지나 발전국가 모델의 취약성을 부분적으로 보완하는 '도구적 접근'을 따른 것이었다. 즉, 대만에서 복지국가적 시도는 민주화 이후 발전국가의 정당성 쇠퇴를 상쇄하고 만회하기 위한 것이며, 신자유주의 정책은 세계화 이후 발전국가의 능력성 쇠퇴와 정책효율성 하락을 보완하기 위해 추진된 것으로 볼 수 있다.

그렇다면 대만의 발전국가가 혼종적 진화의 경로를 걷게 된 것은 어떤 대내외적·정치적·경제적 요인에서 기인하는가? 첫째, 대만의 발전국가 모델은 과거 수십 년의 고도성장기에 다소 부침은 있었지만 특별한 위기 상황 없이 비교적 최근까지 순항해왔다. 대만에서 한국의 IMF 위기와 같은 결정적인 경제위기의 부재는 한편으로는 발전모델의 전환 필요성을 야기하지 않음으로써 과거 발전국가의 관성과 경로의존성을 강화하고, 다른 한편으로는 과거의 발전모델을 성찰하고 미래의 발전모델과 대안을 모색할 수 있는 기회를 박탈하는 결과를 초래한다(瞿宛文, 2011). 실제로 대만에서는 과거 발전국가의 한계가 무엇이었는지, 신자유주의적 세계화 시대에도 발전국가가 여전히 유효한지, 향후 대만의 발전모델은 무엇을 지향해야 하는지에 대한 진지한 고민과 토론이 국가기구 내부에서도, 시민사회 영역에서도 존재하지 않았다. 그 결과, 대만의 발전국가는 복지국가를 지향하는 혁신된 '사회조합주의적 발전국가'(Evans, 1995)로 나아가지도 않았고, 아일랜드처럼 신자유주의와 결합된 '유연한 발전국가'(Ó Riain, 2000)로 발전하지도 않았다. 따라서 대만 발전모델은 과거모델에 대한 성찰과 미래 전망이 부재한 가운데 모호한 정체성을 지닌 혼종적 진화로 귀결된다.

둘째, 국내 정치적 요인으로서 민주화 이후 국민당과 민진당의 권력투쟁

---

5   2000년 천수이볜 집권 후 복지국가로 핵심 정책 기조의 변화가 나타날 뻔했지만 민진당 정부는 결국 경제성장이라는 발전국가적 이념으로 회귀했다.

과 선거 정치도 대만 발전모델의 혼종적 진화를 야기한 핵심요인이다. 먼저, 1990년대 중반부터 본격화된 사회정책의 확장은 선거에서 승리하기 위한 국민당과 민진당 사이에서 벌어진 정책 경쟁의 산물이었다. 대만에서 복지국가는 장기적인 발전목표나 체계적인 미래 비전으로 제시된 것도 아니었고 이에 대한 사회적 합의나 복지동맹*welfare coalition*이 구축된 것도 아니었기 때문에, 복지정책은 정치적인 상황 논리에 따라 전진과 후퇴 또는 부침을 거듭하게 된다. 단적으로, 2000년 천수이볜 정부가 경제위기를 이유로 복지강령을 유보한 것, 대만의 복지정책이 2000년대 민진당 정부 시기보다 오히려 1990년대 국민당 정부 아래에서 더 많은 발전을 이루었다는 평가는 그 점을 잘 보여준다(Huang and Ku, 2011: 735). 그리고 신자유주의 정책의 확산에도 경제적 필요성 이상으로 정치적 논리가 개입되었다. 특히, 민진당 정부에서 추진된 대규모 민영화와 금융개혁은 국민당의 지대 추출 경로와 국민당과 기업의 연결고리를 붕괴시키고 동시에 민진당과 기업의 새로운 동맹 구조를 창출하기 위한 전략에서 추진된 것이었다(Chu, 2013: 659~660). 또한 마잉주 국민당 정부의 대표적인 신자유주의 정책이라고 할 수 있는 중국과의 ECFA 역시 민간기업들의 정치적 지지를 재확립하기 위한 전략의 일환으로 이해할 수 있다.

셋째, 대만이 처한 국내경제 상황과 국제경제적 맥락도 발전모델의 혼종적 진화를 가져온 핵심요인 중 하나다. 발전국가의 제도적 관성이 유지되고 경제계획과 산업정책이 여전히 추진되었는데도 2000년대의 대만 경제가 저성장과 저투자의 침체 국면을 벗어나지 못하는 것은 신자유주의적 세계화 시대에는 발전국가 모델이 더 이상의 유효성을 지니지 못함을 보여주는 징후라고 할 수 있다. 기업들의 해외 진출과 자본 이동이 빈번해지고 세계시장에서의 경쟁이 더욱 첨예화되며 리스크와 불확실성이 큰 첨단산업의 등장은 발전국가의 산업정책에 한계를 부여하고 정책효율성을 떨어뜨리는데, 현재의 대만은 바로 이러한 상황에 처해 있다. 따라서 대만에서 신자유주의의 부분적 적용은 대만 기업들의 해외 진출과 중국 투자로 빚어진 대만 경제의 공동화, 경제의 활력 저하와 정책효율성 하락을 저지하기 위한 부득이한 선택이었다. 동시에 복지정책 및 복지 지출의 점진적인 확대는 신자유주의 경향성에서 확대되고 있는 불평등과 양극화에 대처하기 위한 기능적 필요에 의한 것으로 볼 수 있다. 이런 맥락에서 대만은 발전국가 모델과 신자유주의화, 그리고 복지정책이라는 극히 이질적인 요소들이 병렬적으로 결합하고 공존하는 혼종적 형태로 진화하게 되었다.

5 ————————————
대만 경제의 향후 전망과 과제

대만에서 1960년대에 발전국가가 형성될 수 있었던 계기와 마찬가지로 2000년대 대만 발전모델의 변화와 연속성, 발전국가의 혼종적 진화 과정도 대만이 처해 있는 '생존의 정치*politics of survival*'라는 맥락에서 이해할 수 있다 (Castells, 1992). 즉, 1997년 동아시아 외환위기를 피해 갔지만 2000년대 대내외적으로 대만이 직면한 다양한 정치적·경제적 도전은 신자유주의와 복지국가의 도입과 적용을 불가피하게 만들었으며, 그동안 대만의 경제적 성공을 보증해왔던 발전국가를 굳이 폐기해야 할 이유와 근거가 없는 상황에서 이질적 요소들의 절충적 타협과 공존이 발전국가의 혼종적 진화를 결과한 것으로 생각된다. 그러나 대만의 혼종적 발전모델은 그것의 모호한 정체성만큼이나 성공 여부와 장기적 지속 가능성에 대해 불확실하고 모호한 것이 현실이며, 최근 대만의 경제·사회지표들이 이를 잘 나타낸다.

　오늘날 대만 발전모델은 중국 경제의 부상과 지역경제통합의 국면 속에서 또 다른 '생존의 정치' 상황에 내몰리고 있다. 1990년대부터 이어져 온 대만 기업의 중국 투자와 생산 이전, 중국에 대한 무역의존도 심화는 대만 경제의 공동화와 발전국가의 통제력 약화라는 숙제를 안겨주며, 2010년 중국과의 ECFA는 2000년대 내내 저성장과 저투자에 시달려온 대만 경제에 새로운 활로를 제공하고 있으나 그 이면에는 '중국을 통한 세계화', '중국을 통한 지역경제통합'을 제외한 다른 전략적 옵션이 제약되는 정치적·경제적 딜레마가 내재되어 있기 때문이다(윤상우, 2010).

　물론, 대만의 발전모델이 과거와 같은 성공 신화를 재현할 수 있을지, 아니면 신자유주의 아래에서 발전국가의 시효 만료를 보여주는 사례가 될지는 좀 더 지켜봐야 할 것이다. 그럼에도 현재와 같이 그 정체성이 모호하고 장기적인 비전이 결여된 혼종적 발전모델로는 긍정적인 결과를 만들어내기가 쉽지 않아 보인다. 대만의 발전모델이 혼종적 진화가 아닌 발전적 진화를 이루기 위해서는 대만 사회에서 향후의 발전모델이 어떤 가치와 목표를 지향해야 하는지에 대한 광범위한 토론과 성찰이 이루어져야 하며, 국가적 차원과 기업 그리고 시민사회를 아우르는 사회적 합의의 도출이 반드시 수반되어야 한다.

　마지막으로 필자는 한계 몇 가지를 지적하는 것으로 논의를 마무리하고자 한다. 필자는 2000년대 이후 대만 발전모델의 변화와 연속성을 거시경제정책을 위주로 고찰하고 평가했기 때문에, 대만의 발전국가 모델을 혼종적 진화의 경로로 이끈 행위적 요인(국가 관료-기업-시민사회 등)과 사회세력들의 상호작용을 충분히 고려하지 못했다. 또한 대만 경제의 신자유주의화를 가늠하는 척도로 대만 민간기업의 특성(자본조달방식, 기업지배구조, 경영

전략 등)을 검토하지 못한 한계도 아울러 지닌다. 이는 추후의 연구 과제로 남겨두기로 한다.

제7장

IMF 위기 이후 신자유주의의 내부화 과정: 한국과 브라질 비교

1

동아시아와 남미의 신자유주의적 전환

1990년대 이후 생산과 금융의 세계화가 가속화되면서 신자유주의 규범은 경제의 효율성을 담보하는 글로벌 스탠더드가 되어가고 있다. 실제로 선진국과 후진국을 막론한 전 세계 곳곳에서 신자유주의 경제모델로의 전환이 광범위하게 진행되고 있다. 특히 외환위기를 경험한 많은 수의 제3세계 개발도상국들은 IMF 프로그램의 이행을 통해 신자유주의로의 전환이 강요되고 있는 것이 현실이다. 그렇다면 세계화 이후의 자본주의 경제모델은 궁극적으로 신자유주의로 수렴될 것인가?

최근의 신자유주의 국가 목록에는 동아시아와 남미를 대표하는 신흥공업국인 한국과 브라질도 포함된다(Pirie, 2008; Kingstone, 2011). 한국과 브라질은 과거에 각각 수출 지향적 산업화*EOI*와 수입 대체 산업화*ISI*라는 상이한 성장 전략을 추진했지만, 국가가 경제 전반에 포괄적으로 개입하는 국가 주도적 산업화의 특성을 공유한다는 점에서, 그리고 강력한 국가 개입으로 상당한 경제적 성과를 거두었다는 점에서 공통점을 지닌다. 그러나 이들 국가는 1990년대 이후 국가 주도 산업화가 한계에 봉착하게 되면서 각각 외환위기와 경제위기(초인플레이션)를 겪게 되었다. 그 결과, 한국의 경우

1998년 김대중 정부에서, 브라질의 경우 1995년에 집권한 F. H. 카르도주 F. H. Cardoso 정부에서 본격적인 신자유주의로의 이행이 이루어지게 된다. 물론 이런 전환은 스스로의 '자발적 선택'이라기보다는 IMF의 개입과 강제에 의한 것이거나 경제위기 상황에서 불가피한 대응 수단의 성격을 지닌 것이었다. 그럼에도 과거 대표적인 국가 주도 경제모델을 지녔던 국가들이 정반대의 경제모델인 신자유주의 체제로 전환한 매우 흥미로운 사례라고 할 수 있다. 그렇다면 한국과 브라질에서 신자유주의로의 전환은 어떤 정치적·경제적·사회적 맥락에서 이루어졌고, 그 전환의 내용과 성격은 어떠한가? 이들 사례에서도 신자유주의로의 수렴이라는 동일한 결과가 확인되는가?

필자는 후발개도국, 특히 동아시아와 남미를 대표하는 신흥국인 한국과 브라질을 대상으로 외환위기와 IMF체제 이후 나타난 경제모델의 변동과 신자유주의의 성격, 그리고 그것의 사회적·경제적 결과를 비교 분석하고자 한다. 주된 문제의식은 외환·경제위기 이후 주입된 신자유주의 체제가 두 지역에서 수렴convergence된 형태로 나타나는지 아니면 차별적인 제도적 결과divergence를 지니는지를 고찰하는 데 있다(Cerny, Menz and Soederberg, 2005; Önis, 2006). 그리고 한국과 브라질 사이에 제도적 결과에서의 수렴 혹은 다양성이 존재한다면 그것은 어떤 정치적·경제적·역사적·사회적 맥락에서 연유하는지 그 원인을 추적하고자 한다. 이를 위해 2003년 정권 출범 이후 신자유주의적 전환을 가속화했던 한국의 노무현 정부와 2002년 IMF 구제금융 이후 마찬가지로 신자유주의 구조조정을 더욱 심화했던 브라질의 룰라Luiz Inácio Lula da Silva 정부를 구체적인 분석 대상으로 삼아 이 둘의 경험을 비교 분석한다. 분석 대상을 노무현 정부와 룰라 정부로 잡은 것은 앞의 언급대로 한국과 브라질에서 본격적인 신자유주의로의 이행이 이미 전임 정권에서 시작되었지만, 신자유주의가 안정적으로 정착되고 재생산의 메커니즘을 갖추는 '신자유주의의 내부화' 단계는 노무현 정부와 룰라 정부라고 판단했기 때문이다.

이 장의 시사점은 세계화와 신자유주의가 현실세계에서 단일한 형태로 투영되고 확산되는 것이 아니라 해당 사회의 역사적·문화적 다양성, 제도적 특수성을 매개로 다양한 방식으로 발현되는 것으로 보고 그 과정을 이해하는 것이다. 이를 통해 영미권의 고전적 신자유주의와 구별되는 제3세계 신자유주의의 특수성과 '신자유주의의 다양성'을 규명할 수 있는 분석적 단초를 제공할 수 있을 것이다.

2

신자유주의의 다양성에 대한 검토[1]

세계화 이후 자본주의 경제모델이 신자유주의로 수렴될 것이라는 의견이 점차 지배적으로 되어가는 과정에서 이에 대한 강력한 반론이 등장한다. 그것은 홀과 소스키스(Hall and Soskice, 2001)에 의해 제기된 '자본주의 다양성론'이다. 자본주의 다양성론은 이후 수많은 논쟁과 후속 연구들을 양산했다. 그 핵심 논지는 신자유주의적 세계화에도 불구하고 각국의 역사적 특수성, 시장기제의 제도적·사회적 배태성, 제도들의 상호보완성 때문에 자본주의 모델의 수렴은 신화에 불과하며 각국 경제모델의 다양성은 지속

---

1   이 절은 제5장 제2절의 내용을 토대로 해당 부분을 요약한 것임을 밝혀둔다.

되리라는 것이다(윤상우, 2010: 4). 그러나 이에 대해 서니 등(Cerny, Menz and Soederberg, 2005: 21)은 신자유주의 경향성에서 선진국 경제모델이 실제로 신자유주의로 수렴되는 현상이 나타나고 있다고 반박하면서, 오히려 중요한 것은 자본주의의 다양성이 아닌 신자유주의의 다양성이라고 주장한다. 즉, '수렴 내에서의 다양성diversity within convergence'만이 존재할 뿐이라는 것이다.[2]

최근의 자본주의 경제모델이 신자유주의로 수렴되는지 여부는 세계화 시대의 자본주의론에서 핵심 쟁점인 것은 분명하지만, 여기서 필자가 특히 주목하는 것은 신자유주의 자체가 다양할 수 있다는 사실이다. 신자유주의는 시장의 절대적 우선성을 강조하는 시장근본주의 이데올로기이며 통상적으로 '워싱턴 컨센서스'의 내용을 핵심 구성요인으로 한다. 하지만 신자유주의가 실제로 발현되는 양상이나 성격은 대단히 불균등하다(하비, 2007: 31; 윤상우, 2009: 44~46). 구체적으로 신자유주의의 다양성은 다음의 측면으로 구분해볼 수 있다.

첫째, 신자유주의 발전 단계에서의 다양성이다. 신자유주의는 출현 이래 단일한 형태로 존재해왔던 것은 아니며, 각 시기별 정치적·경제적 상황과 조건에 따라 정책 레짐의 특성과 내용을 끊임없이 조정하면서 진화해왔다. 이와 관련하여, 팩과 티켈(Peck and Tickell, 2002: 384~389)은 신자유주의가 1970년대의 원형적 신자유주의에서 출발해 1980년대의 퇴행적 단계를 거쳐 1990년대의 공격적 신자유주의로 발전해왔다고 주장한다. 이들 각각의 단계는 하이에크와 프리드먼의 실험적인 지적 운동, 대처와 레이건의 시장화 프로젝트, 클린턴과 블레어의 '제3의 길' 방식과 조응한다. 또한 1980년대

---

2   이들 주장의 구체적인 내용은 제1장 31쪽을 참고하라.

와 1990년대의 신자유주의의 차별성은 각각 '워싱턴 컨센서스'와 '포스트 워싱턴 컨센서스(확장된 워싱턴 컨센서스)'로 구분되기도 한다(Green, 2003; Beeson and Islam, 2005). 특히 포스트 워싱턴 컨센서스는 자유화, 규제 완화, 민영화와 같은 이전 단계의 협소한 정책 틀에서 벗어나, 더욱 적극적이고 혁신적인 국가 개입과 사회적으로 개선된 형태로 변화된 것이 특징이다. 제5장에서 제시했던 〈표 5-2〉(150쪽)에서 보듯이, 포스트 워싱턴 컨센서스 에는 사회안전망, 빈곤 감소, 거버넌스 개혁, 지속가능한 발전 등과 같이 시민사회를 포섭해내고 사회적 정당성을 확보하기 위한 개혁정책이 다수 포함된다.

둘째, 신자유주의 이행의 성격과 관련된 다양성이다. 일례로 칠레, 영국, 멕시코, 프랑스의 신자유주의화 과정을 비교 분석한 포르케이드구린차스 와 밥(Fourcade-Gourinchas and Babb, 2002: 572)은 신자유주의 이행의 정치적·경제적 배경과 원인, 이를 추동한 추진 세력에 대한 분석을 토대로 '이데올로 기적 전환'과 '실용적 전환'이라는 상이한 전환 경로가 존재함을 주장한 바 있다. 칠레와 영국에서 나타나는 이데올로기적 전환의 경로는 전임 좌파 정부의 재분배 정책에 강한 적대감을 가진 기업엘리트, 민간 정책집단·싱 크탱크 등이 신자유주의 담론을 이끌면서 나타나는 정치적 성격의 신자유 주의라고 할 수 있다. 반면 멕시코와 프랑스에서 발견되는 실용적 전환의 경로는 외환위기에 따른 국제적인 압력과 구조조정의 필요성, 그리고 글로 벌 경제로의 통합을 심화하려는 현실적인 필요성 때문에 정부 고위층과 기 술 관료들이 위에서부터 추진하는 실용적 성격의 신자유주의를 의미한다. 전자가 시장에 대한 이데올로기적 신념을 토대로 급진적이고 다소 극단적 인 정책 처방을 취한다면, 후자는 점진적이고 선택적인 개방과 자유화를 선호하고 때에 따라서는 선택적인 국가 개입의 필요성을 인정하기도 한다.

셋째, 신자유주의 정책 조합에서의 다양성이다. 일반적으로 신자유주의적 경제정책 패키지는 재정·통화정책(긴축재정·균형재정과 통화주의), 조세정책(감세), 산업정책(규제 완화와 민영화), 노동시장 정책(유연화), 복지정책(복지 축소) 등의 영역에 다양하게 걸쳐 있는데, 각국이 선택하고 적용하는 정책 조합은 상이하며 정책의 상대적인 강조점도 다른 경우가 많다. 일례로 프라자드(Prasad, 2006: 11)는 영국과 프랑스의 신자유주의에서는 민영화가 핵심 경제정책으로 부각되고, 미국과 독일의 경우에는 규제 완화가 신자유주의 경제정책의 지배적인 경향으로 나타난다는 점을 지적한 바 있다. 이렇듯 신자유주의 정책 패키지가 모든 국가에서 동일한 내용으로 적용되지 않는다는 점은 신자유주의의 구체적 내용이 각국의 고유한 역사적 특성과 제도적 맥락에 따라 선택적으로 해석되고 수용된다는 것을 의미한다.

이렇게 '다양한' 신자유주의 체제가 개별 사회에서 특정한 형태로 발현되고, 그 사회의 정치적·경제적 구조 전반에 깊숙이 뿌리내리고, 안정적으로 재생산되고 내부화될 수 있는 요인은 무엇인가? 사드필류와 존스턴(2009: 5)의 지적대로, 신자유주의의 축적구조는 사회적 관계의 재생산을 신자유주의적 형태로 심화하고 발전시키는 경향이 있다는 점에서 내적으로 일관성 있고 안정적이다. 물론 외환·금융위기를 거쳐 신자유주의로 이행했던 대다수 후발개도국에서 볼 수 있듯이, 국제금융기관, 국제통화기금, 세계은행 같은 다자간 기구들이 신자유주의적 세계화를 매개했다는 점에는 의심의 여지가 없다. 그러나 신자유주의 컨센서스의 출현이 단순히 '외부에서' 주어지거나 '위에서부터' 발전하기만 한 것은 결코 아니며, 그것은 또한 그 프로젝트를 설계하고 타인을 설득하고 동맹을 구축하고 궁극적으로 '내부에서'와 '아래에서부터의' 정당성을 성취하는 정치적 기획가political entrepreneurs에 의해 촉진되는 정치적 구성물이기도 하다(콜라스, 2009: 142; Cerny, Menz and Soederberg, 2005: 19).

따라서 개별 국가들에서 신자유주의가 다양한 형태로 발현되고 안정적으로 내부화되는 방식을 이해하기 위해서는 신자유주의 이행의 구조적 원인과 성격, 신자유주의 정책 및 제도의 특성, 신자유주의 전환의 사회적 정당성 확보와 동맹 세력 구축에 대한 분석을 필요로 한다. 다음 절에서는 이러한 인식을 기반으로 한국과 브라질에서 신자유주의로의 전환이 나타나게 된 정치적·경제적 배경과 맥락을 살펴보고, 신자유주의 체제의 재생산·내부화 과정을 구체적으로 검토한다.

3
신자유주의 이행의 배경과 초기 상황

1 · 한국: IMF 위기와 김대중 정부의 구조조정

박정희 시대에 발전국가가 고도성장을 이끌었던 한국에서는 전두환 정권이 출범한 1980년대 초부터 신자유주의로의 전환 움직임이 국가기구 내부에서 제기되기 시작했다. 전두환 정권이 향후 경제정책의 기조로 '민간 주도 경제'를 천명한 것이나 김재익 등 신자유주의적 기술 관료가 경제정책의 핵심 세력으로 부상한 것, 집권 기간 내내 인플레이션 억제를 지향하는 강력한 경제 안정화 정책을 실시한 것, 과거 발전국가의 주요 정책 수단이었던 선별적 산업정책을 폐기하고 금융 자율화·자유화 정책을 추진한 것 등이 대표적인 근거다(윤상우, 2002). 그러나 전두환·노태우 정권 시기에 한국은 민간 주도 경제라는 담론적 수사와 몇몇 경제 자유화 정책에도 불구하고 실제로는 발전국가적 관성과 개입주의적 정책 역시 광범하게 유지되어서 혼합적이고 모순적인 성격을 보인다고 할 수 있다.

이후 국가 성격의 '탈발전국가화'와 '얕은 신자유주의화'는 김영삼 정권에서 본격화되었다(전창환, 2004; 윤상우, 2005; 조영철, 2007). 그 주된 지표로는 발전국가의 상징이었던 경제기획원과 경제개발계획의 폐기, 금융 자유화와 자본시장 자유화 실시, 각종 규제 완화와 친재벌 정책의 추진, 1995년 세계화 선언 등을 들 수 있다. 그러나 이때부터 정부는 거시경제 전반과 해외차입에 대한 통제권을 점차 상실해가고, 재벌의 과잉 중복 투자와 과도한 차입 경영, 금융기관들의 무리한 해외차입과 만기 불일치 문제 등을 처리하지 못하면서 결국 IMF 위기를 초래하게 된다. 한국의 IMF 위기는 대외적으로 1990년대 이후 단기적인 자본 이동의 급격한 진전, 투기자본의 활성화, 금융시장의 휘발성 증대와 같은 세계화의 경향성이 심화되는 가운데, 대내적으로는 발전국가 자체로 인한 위기가 아니라 반대로 발전국가적 메커니즘의 해체에 따른 위기라고 할 수 있다(윤상우, 2009: 50).

1997년 외환위기는 한국이 본격적인 신자유주의 체제, 심층적 신자유주의 단계로 이행하게 된 결정적 기점이었다. 김대중 정부 당시 신자유주의의 전반적인 틀은 IMF 구제금융 프로그램을 통해 구축되었다. 이때 한국의 신자유주의 정책 전환은 크게 거시경제 긴축(통화·예산 긴축), 대외 개방과 자유화(외환·자본·무역 자유화), 4대 구조조정(금융, 기업, 노동, 공공 부문)을 핵심 축으로 한다. 김대중 정부에서 추진된 신자유주의 정책의 주요 내용은 다음과 같다(신장섭·장하준, 2004: 98~101).

첫째, 거시경제 긴축은 인플레이션을 억제하기 위해 고금리 정책과 긴축예산 정책을 강제했다. 둘째, 상품·자본시장의 더 완전한 자유화에 착수했다. 모든 무역보조금이 폐지되었고 '수입선 다변화 정책' 같은 남아 있던 수입 장벽도 제거되었다. 나아가, 국내 주식의 외국인 소유 상한선이 폐지되었고 채권시장과 상업대출도 완전히 개방되었다. 셋째, 4대 구조조정이 시행되었다. 금융 부문에서는 금융기관에 BIS 자기자본비율을 적용하며 강화했고 부실 금융기관은 폐쇄, 인수합병, 또는 해외 매각되었다. 기업 부문에서는 부채자본비율을 200%로 감축하도록 강제했고 재벌 간 대출보증과 내부거래는 금지하는 한편 기업지배구조 개혁에 착수했다. 노동 부문에서는 정리해고제와 파견근로제를 근간으로 노동시장 유연성이 추진되었다. 공공 부문에서는 주요 공기업에 대한 민영화 계획이 확대되고 강화되었다.

이후 거시경제 긴축은 IMF의 양해로 다소 축소되고 후퇴했으나 한국 경제에 보다 근원적이고 장기적인 영향을 미칠 수 있는 개방과 자유화, 구조조정 정책은 IMF의 원래 계획대로 거의 완전하게 이행되었다. 특히, 자본·외환 자유화로 자본시장을 전면 개방한 것은 한국 신자유주의의 핵심 지주라고 평가할 수 있다.

물론 김대중 정부는 정권 초반에 '민주주의와 시장경제'를 모토로 공정거래를 강화하는 재벌개혁(상호지급보증 금지, 부당 내부거래 금지)을 추진했고, 또 재벌 구조조정에서 과거 개발독재식의 빅딜big deal 정책을 강요하기도 했으며, 다른 한편으로는 벤처기업 및 IT 산업 육성과 관련해 발전국가적 정책을 추진하기도 하는 등 복합적인 성격들이 혼재한다(유종일, 2007; Weiss, 2003). 그럼에도 복합적이고 혼종적인 몇몇 정책들이 신자유주의적 전환의 근본 성격을 넘어서는 것은 분명 아니다(Pirie, 2008: 10~14). 그것은 무엇보다 신자유주의 정책과 구조조정을 통해 상대적으로 단기간에 외환위기를 극복하고 수출 대기업의 경쟁력을 회복함으로써 신자유주의 전환에 대한 국가적 신뢰 및 사회적 정당성이 이미 확고하게 구축되었기 때문이다(윤상우, 2009: 58). 이러한 학습 효과는 이후 노무현·이명박 정부에서 신자유주의가 지속적으로 내면화되고 확대 재생산되는 이념적 토대로 작용하게 된다.

2 · 브라질: 초인플레이션과 카르도주 정부의 신자유주의

브라질은 남미 국가들 중에서 가장 오랜 기간인 50년 동안의 수업대체산업화(1937~1985년)를 추진했으며, 1950~1970년대까지는 나름대로 성공적인 결과를 거둔 것으로 평가된다.[3] 그러나 1982년 이후 수입 대체 산업화가 외채위기와 인플레이션 등 극심한 경제적 불안정으로 한계에 봉착하게 되면서, 내부 지향적이고 국가 개입적인 산업화 방식에 대해 근본적인 반성이 제기되었고 경제성장과 물가 안정을 위해서는 항구적인 개혁이 필요하다는 공감대가 형성되기 시작했다. 이런 맥락에서 군사정권의 퇴진 이후 1986년에 집권한 민선 정부인 J. 사르네이_J. Sarney_대통령은 크루자두 계획 _Plano Cruzado_을 필두로 한 일련의 경제 안정화 프로그램을 시도했다(김원호, 2005: 53; 강경희, 2005: 249~250). 그러나 거듭된 시도에도 무역적자 누증, 재정적자 확대는 지속되었고 악성 인플레이션과 경제적 혼란을 극복하지는 못했다.[4] 단적으로 인플레이션은 1986년 65%에서 계속 급등해 1989년 1782%,

---

3   브라질의 시기별 평균성장률을 보면, 1950년대 6.8%, 1960년대 6.1%, 1970년대 8.7%로, 남미 지역 전체의 평균성장률(1950년대 4.8%, 1960년대 5.2%, 1970년대 4.9%)을 상회한다. 그러나 1980년대에는 성장률이 1.7%로 급락했고 이후 남미의 평균성장률을 밑도는 저조한 실적을 보이게 된다(김원호, 2005: 55).

4   1986년 2월의 크루자두 계획은 기존 통화인 크루제이루(cruzeiro)를 대체할 새로운 통화 크루자두(crusado) 구축, 임금 및 가격 일시적 동결, 물가연동제의 일시적 금지 등을 포함한다. 이는 곧 인플레이션에 효과를 보였지만, 다음 해의 제2차 크루자두 계획에서 외국 상업은행에 대한 외채이자 지불 중지가 선언되면서 브라질 경제는 다시 엄청난 혼

1990년 1476% 등 통제 불가능한 수준으로 치솟는다(Baer, 2008: 410). 이에 1990년에 출범한 F. 콜로르*F. Collor de Mello* 정부에서 경제 회생의 유일한 대안으로 신자유주의 경제정책을 시도하게 되는데, 이는 정치적 스캔들로 콜로르 대통령이 탄핵되면서 흐지부지되었다. 결국 체계적이고 본격적인 신자유주의로의 이행은 1995년의 카르도주 정부에서 추진된다.

카르도주는 콜로르 탄핵 이후 대통령직을 승계한 I. 프랑쿠*I. Franco* 정부에서 재무장관으로 활동했는데, 당시 그가 제출한 '헤알 플랜*Plano Real*'이 인플레이션을 억제하는 데 큰 성공을 거두면서 대통령 선거에서 승리하고 1995년에 카르도주 정부를 출범시키게 된다. 1994년 2708%에 달하던 인플레이션은 헤알 플랜으로 진정되어 1995년 14.8%, 1997년 7.5%로 하락했다 (Kingstone, 2000: 193~195; Baer, 2008: 410).

카르도주 정부(1기: 1995~1998년, 2기: 1999~2002년)의 경제정책은 IMF와 세계은행의 '워싱턴 컨센서스'를 그대로 채택한 전형적인 신자유주의 경제정책으로서 시장 개방, 통화주의 정책, 국유기업 민영화, 국가 기능 축소 등을 핵심으로 한다(조돈문, 2009: 74). 이미 콜로르 정부에서 시작된 신자유주의로의 전환은 카르도주 정부에서 보다 포괄적이고 완전한 형태로 이루어졌고, 경제성장 전략은 내수시장 중심에서 수출 주도형으로, 산업 보호 정책에서 시장 개방 정책으로 전환되었다.

카르도주 정부의 신자유주의 정책은 구체적으로 다음과 같다(조돈문, 2009: 75~76; 이성형, 2008: 72~73). 첫째, 카르도주는 적극적으로 비관세장벽을 철폐

란에 휩싸이게 된다. 이는 브라질에 대한 외국 신용의 감축, 신규 외자의 유입 중단을 초래한다.

하고 관세를 대폭 인하했으며, 상품시장 개방과 더불어 외환보유고를 늘려 환율을 안정시키고 투자를 증대하기 위해 자본시장 개방도 함께 추진했다. 둘째, 인플레이션 억제에 탁월했던 헤알 플랜은 고금리와 고정환율제를 근간으로 하는데, 이러한 통화주의 정책은 경제정책의 핵심으로 임기 내내 지속되었다. 셋째, 카르도주 정부에서는 민영화가 대대적으로 전개되어, 광산업과 공익사업에 이르는 국가기간산업으로 확장되었다. 1991~1993년에 매각된 국유기업은 20개에 불과했으나 2000년 1월까지는 117개 기업이 민영화되었고, 국유기업의 총매각대금은 856억 달러에 달했다. 넷째, 국가 기능의 축소는 주로 사회적 지출의 감축을 통해 전개되었다. 사회적 지출은 교육, 보건, 위생, 노동, 사회보장, 빈곤 퇴치, 주거, 도시 개발 등의 항목으로 구성되는데, 연방정부 예산에서 사회적 지출 규모는 1995~1999년 사이 절대 액수에서도 19.8%나 감축되었고, GDP에서 차지하는 비중도 18.55%에서 13.18%로 크게 축소된다.

그러나 카르도주 정부의 신자유주의적 경제정책은 악성 인플레이션을 잡는 데는 성공했지만 다른 경제적 지표들에서는 사실상 실패한 것으로 평가된다. 특히, 헤알 플랜의 핵심 축인 고금리와 고정환율제, 고평가된 헤알화는 갈수록 기업투자와 내수생산을 위축시켰고 경상수지를 지속적으로 악화했으며 공공 부문의 채무도 눈덩이처럼 증가시켰다(이성형, 2009: 74~75). 게다가 1997년 동아시아 외환위기와 1998년 러시아 경제위기 이후 해외투자자들이 자본을 회수하기 시작하면서 브라질의 외환보유고는 급감했고, 마침내 1998년 11월 국제통화기금, 세계은행, 미국 정부로부터 415억 달러의 구제금융을 지원받기에 이른다. 또한 1998~1999년에 마이너스 성장을 기록하는 한편 인플레이션도 다시 20% 수준으로 상승하는 등 다시금 경제위기에 봉착하게 된다(조돈문, 2009: 79).

4 ———————————

신자유주의의 내부화와 변형

공교롭게도 2003년에 동시에 출범한 한국의 노무현 정부와 브라질의 룰라 정부는 출범 시기뿐만 아니라 몇 가지 측면에서 상당한 유사성을 지닌다. 그것은 첫째, 두 정부 모두 중도좌파 성격의 지향성을 지니지만 집권 후 신자유주의 정책을 충실히 이행했다는 점. 둘째, 전임 정권인 김대중 정부와 카르도주 정부에서 이미 신자유주의 체제로의 전환이 상당히 진행되었다는 점이다. 그러나 노무현 정부가 IMF 위기 상황이 종료된 비교적 양호한 경제 환경에서 출범한 데 비해, 룰라 정부는 카르도주 정부 말기인 2002년 9월 또다시 체결된 IMF 협약(307억 달러 구제금융)을 이행해야 하는 불리한 조건에서 출발했다는 차이점도 존재한다. 이는 신자유주의 체제를 내부화하는 데 브라질의 룰라 정부가 더 강력한 외부적 제약조건과 압박 아래에 있었음을 시사한다. 이 절에서는 노무현 정부와 룰라 정부의 신자유주의 체제를 경제정책과 사회정책의 내용을 중심으로 비교 분석하고, 이를 토대로 한국과 브라질에서 형성된 신자유주의 체제의 성격과 특징을 평가해본다.

1 · 노무현 정부의 신자유주의

사실 노무현 정부에서 경제정책의 성격과 지향점은 집권 기간 내내 치열한 논란의 대상이었고, 실제로도 정책 기조와 구체적인 경제정책들은 일관된 틀과 체계성을 결여하고 있어서 정권 고유의 경제정책이 부재했다는 평가가 제기되기도 했다(고원, 2007; 김관욱, 2011: 284). 예컨대 집권 초 정책 기조로 천명했던 '성장과 분배의 선순환'이 1년도 채 되지 않아 '국민 소득 2만 달러 사회론'으로 바뀐 것이 그러한 측면을 잘 보여준다. 문제는 모호하고 일관되지 않은 방식으로도 오히려 신자유주의 정책의 틀과 범위가 더 확대되고 강화되었다는 점이다. 노무현 정부가 추진한 주요 신자유주의 경제정책을 요약하면 다음과 같다.

첫째, 핵심 정책 기조로 김대중 정부 때부터 이어진 대외 개방과 자유화, 금융·기업 구조조정 원칙이 충실하게 지켜지는 상황에서 그 추세를 반전하는 것이 아닌 정책의 보완과 미세 조정, 확대 재생산에 정책의 초점을 둔 것이다. 둘째, 집권 초 한나라당과 보수 언론의 공세에 떠밀린 것이기는 하지만 어쨌든 법인세, 소득세, 특소세를 인하하는 감세정책을 시행했고(김기원, 2008), "인위적인 경기 부양책을 쓰지 않겠다"는 대통령의 공언대로 균형 재정과 물가 안정을 지향하는 신자유주의적 재정정책을 추진했다(참여정부 국정브리핑 특별기획팀, 2008). 셋째, 2003년 11월에 제시된 '시장개혁 3개년 로드맵'은 애초에 재벌개혁을 의도했지만 이후 출자총액제한제도의 예외 규정을 확대함으로써 재벌개혁의 후퇴와 오히려 재벌에 대한 규제 완화로 귀결되었다. 넷째, 김대중 정부에서 추진되었던 민영화 정책은 중단되었지만 공공서비스와 공공인프라에 임대형 민간투자 사업*BTL*을 도입함으로써 사실상 민영화를 추진한 것과 동일한 결과를 초래했다.[5] 다섯째, 동북아 금융 허브계획과 '자본시장통합법'에서 보듯이 금융 부문을 확대하기 위한 규제

---

5 공공인프라의 BTL 사업은 원래 이 부문에 대한 정부의 재정 지출을 줄일 목적으로 도입되었으나, 이후 중앙정부와 지자체의 여러 사업에서 보듯이 인프라 요금 인상(고속도로, 터널 통행료), 민간업체의 최소수익 보전 계약, 지자체의 재정 지출 증대 등 상당한 부작용을 낳게 된다.

완화 성격의 금융화 정책을 추진했다. 여섯째, 경쟁력 강화를 위한 일종의 빅뱅 전략으로서 한미 FTA를 추진했고 경제자유구역을 전국에 걸쳐 확대 시행한 점을 들 수 있다(윤상우, 2009: 51~52).

이러한 정책 내용은 노무현 정부의 신자유주의가 김대중 정부와 마찬가 지로 규제 완화와 대외 개방이 경제정책의 중심축을 이루고 있음을 보여준 다. 한국의 신자유주의가 통화주의나 민영화보다는 규제 완화, 대외 개방 중심으로 발전하게 된 것은 이것이 과거의 발전국가적 경제 개입, 국가의 과잉 규제에서 벗어나는 수단으로 인식되었고, 또 민주화 과정에서 '경제 민주화=경제 자유화'라는 인식이 확산된 데서 기인한다(하연섭, 2006: 14~16). 그러나 노무현 정부의 경제정책에는 또한 신자유주의를 벗어난 이질적인 정책들이 복합적으로 결합되어 있는데, 그런 점에서 노무현 정부의 신자유 주의는 혼종적·복합적 특성을 보인다. 다음의 측면들은 이를 잘 보여준다.

첫째, 케인스주의적 개입 정책이다. 노무현 정부는 규제 완화와 대외 개 방의 신자유주의 기조에도 불구하고 2003~2005년에 수출 촉진을 위한 인 위적인 고환율정책(원화 평가절하)과 투자 활성화를 위한 저금리정책을 지 속적으로 유지했다. 이는 신자유주의의 통화주의 원리에 반하는 것이라고 할 수 있는데, 한국의 경제 관료에게 내재된 관성인 '성장 우선주의'의 산물 이라고 할 수 있다. 당시 청와대가 '분배가 없으면 성장도 없다'는 성장-분 배 논쟁을 벌이는 동안 관료 세력들은 수출 드라이브 정책을 계속 주도했 다(이일영, 2008: 245).

둘째, 과거 개발독재와는 다소 다른 방향이기는 하지만 발전국가적인 산 업정책도 추진되었다. 국가 균형 발전 및 혁신 클러스터 정책 같은 지역개 발정책이 이 범주에 포함될 수 있고, 2003년부터 추진된 차세대 성장 동력 사업(바이오신약, 디스플레이, 차세대반도체 등 10개 분야)도 선별적 산업정책의 성격을 띤다(재정경제부, 2006: 105~108).

셋째, 사회복지정책과 재분배 정책도 예전에 비해 다소 확장되었다. 노무현 정부의 예산에서 복지예산의 비중은 김대중 정부의 20%에서 28% 수준으로 확대되었고 한국판 개호보험인 노인장기요양보험을 도입했으며, 집권 후반기에는 '동반 성장'을 모토로 한 일련의 양극화 및 소외계층 대책을 제시했다. 또한 조세제도와 관련해 재분배 성격의 종합부동산세를 신설하고 양도세를 중과세한 것도 지적할 필요가 있다.

그러나 이러한 이질적인 정책들에도 불구하고 노무현 정부의 신자유주의적 성격이 부정되지는 않는다(윤상우, 2009: 53~55; Pirie, 2008: 10~14). 경제정책의 기조는 분명 대외 개방과 자유화, 금융·기업·노동의 규제 완화에 맞추어져 있기 때문이다. 신자유주의적 원리가 경제의 핵심 규칙을 지배하고 있다는 점에서 이는 한시적인 성격이 결코 아니며, 금융·기업·가계 등 모든 경제행위자의 태도와 관행에 내면화되어 되돌릴 수 없는 경향이 될 가능성이 크다. 또한 표준적인 신자유주의에서 벗어난 것처럼 보이는 이질적 정책들도, 1990년대 세계적으로 채택되고 있는 포스트 워싱턴 컨센서스, WTO 기준에 부합하는 국가 개입 허용이라는 관점에서 보면, 신자유주의의 기본 맥락에서 벗어나지 않는다고 판단된다.[6] 오히려 이런 측면들은 한국 신자유주의의 특수성과 변형된 성격을 보여주는 지표라고 할 수 있다.

---

6 포스트 워싱턴 컨센서스에서는 신자유주의 전환에 따른 급격한 불평등 및 빈곤 문제에 대처하기 위해 사회안전망 강화를 포함한다. 한국에서도 이 부분은 IMF 양해각서에 포함되었다. 또한 WTO 보조금 협정에서는 미국과 유럽연합의 주장으로 연구개발보조금과 지역개발보조금이 공식적으로 허용된다(윤상우, 2009: 54~55; O'Sullivan, 2000: 228).

2 · 룰라 정부의 신자유주의

2003년 1월에 출범한 룰라 정부는 주변의 예상을 깨고 전임 카르도주 정부의 신자유주의 정책을 충실히 계승했다. 따라서 국내자본가와 국제금융부문이 우려했던 변화는 일어나지 않았다. 대선 이전에 룰라는 사회 발전과 경제성장, 성장과 형평을 동시에 촉진한다는 목표를 정책공약으로 제시했지만, 국제금융시장의 민감한 반응과 통화불안정성의 실질적 위협이 상존하는 상황에서 우선은 국내외 투자자 및 다자간 기구의 불안감을 해소하는 일이 급선무였기 때문이다(Baer, 2008: 152~153).[7] 실제로 2002년 9월 구제금융을 제공했던 IMF는 룰라의 대통령 당선 직후 ① 인플레이션 억제와 통화안정으로 브라질 경제의 신뢰 회복, ② 공공부채 감축을 위한 공공 부문의 기초재정 흑자 유지, ③ 연금제도와 조세제도 등 재정구조 개혁, ④ 중앙은행의 자율성 보장 등을 골자로 하는 체크리스트를 전달한 바 있다(조돈문, 2009: 283).

결국 룰라 정부는 인플레이션 억제와 재정건전성에 정책의 최우선권을 두고 다른 무엇보다 통화주의에 기반한 신자유주의 정책을 핵심 경제정책으로 채택하게 된다. 이것은 목표물가제*inflation-targeting*, 변동환율제, 긴축재정정책, 고금리정책을 주요 축으로 하는 정책 패키지로(Morais and Saad-Filho,

---

[7] 대선 전 국제금융시장의 반응은 단순한 심리적 우려 이상의 것으로서, 브라질 정부국채의 이자율이 급등하고 헤알화 가치가 폭락했으며 단기채무의 만기연장이 거부되는 등 브라질 경제를 옥죄는 실질적 위협요인이었다. 당시 대통령 후보였던 룰라는 금융시장을 안정시키기 위해 2002년 6월 "브라질 국민께 드리는 서한"을 통해 만약 그가 당선되면 전임 정부가 체결한 모든 계약(국내외 채무상환계획)과 IMF 프로그램을 이행할 것을 약속했다(Mollo and Saad-Filho, 2006: 112~113).

2012: 789), 카르도주 정부의 정책 기조가 그대로 유지되는 것을 의미했다. 룰라 정부에서 정통적인 신자유주의 정책은 당시 금융시장이 지지하는 인물이었던 재무부 장관 A. 팔로시*A. Palocci*와 중앙은행 총재 H. 메렐레스*H. Meirelles* 등 통화주의자들이 이끌었으며, 노동계와 사회단체의 반발, 기업 측의 불만과 정부 내부에서의 비판, 그리고 여러 경제적 부작용에도 불구하고 다소 고집스러울 정도로 일관되게 추진되었다(오삼교, 2006: 3; 조돈문, 2009: 288~293). 룰라 정부에서 신자유주의 정책에 대한 헌신이 단순한 립서비스가 아니었음은 여러 지표를 통해서도 분명히 드러난다. 단적으로 룰라 정부는 2003년 기초재정수지 흑자*primary surplus* 목표를 GDP의 3.75%로 IMF와 합의했는데, 스스로 목표치를 4.25%로 상향 조정했고 이것조차 4.75%로 초과 달성했다. 2004년에도 재정수지 흑자는 목표치 4.5%를 상회하는 4.6%라는 실적을 기록한다. 또한 고금리정책으로 금리는 집권 초인 2003년 2월 26.5%라는 기록적인 수준으로 인상되었는데, 이후 단계적인 금리 인하에도 불구하고 2005년 8월까지도 19.75%의 엄청난 고금리를 유지했다(이성형, 2009: 81; Baer, 2008: 155). 그 결과, 인플레이션율은 2002년 26.4%에서 2006년 4.9%로 대폭 하락함으로써 경제 안정화라는 소기의 목적을 달성했다.

그러나 룰라 정부의 경제정책이 정통적인 신자유주의 정책을 근간으로 하지만 온전히 이것만으로 구성된 것은 아니다. 경제정책의 또 다른 축은 신자유주의와 다소 거리가 있는 이질적인 정책들에 기반하는데, 산업정책과 사회정책의 영역에서는 과거와 달리 국가 개입을 강화하는 정책을 추진했다.

첫째, 룰라 정부에서는 산업통상부와 경제사회개발은행*BNDES*을 중심으로 수출 촉진과 산업 발전을 위한 성장주의적인 산업정책을 병행했다(조돈문, 2009: 298). 그 핵심은 2004년 3월 발표된 '산업기술무역정책*PITCE*'을 들 수 있는데, 전략산업(반도체, 소프트웨어, 자본재, 의약품) 및 미래육성산업(생명공학, 나노기술 등)을 선정하고, 산업정책을 조정하고 집행하는 일종의 선도 기구로 산업개발청*ABDI*과 국가산업개발위원회*CNDI*를 신설했으며, 각종 수출 촉진책과 중소기업 육성정책, 생산 설비 현대화 조치, 국가혁신체제 강화(산학연의 R&D 역량 제고) 등을 추진했다(권기수, 2011: 12~16). 또한 룰라 정부는 집권 2기에 들어 산업정책을 보다 강화해 2007년 성장가속화 프로그램*PAC*을 발표했고, 2008년 5월에도 'PITCE2'로 알려진 종합적인 산업정책인 '생산개발정책*PDP*'을 추진했다.

둘째, 룰라 정부는 불평등과 빈곤 문제를 해결하기 위해 적극적인 사회정책을 실시했는데, 빈곤층을 대상으로 한 사회부조 프로그램,[8] 무토지 농민에게 토지를 제공하는 농지개혁, 최저임금 인상 정책, 연금제도 개혁 등이 대표적이다(조돈문, 2009: 314~332). 비록 통화주의 정책과 정부재정의 제약성 때문에 애초에 공약했던 목표치에는 다소 미흡했지만, 카르도주 정부와 비교해 총사회예산의 비중이 40% 이상 증가했고, 불평등과 빈곤 완화에 실질적인 효과를 보인 점을 감안할 때 룰라 정부의 사회정책은 정치적 제스처 이상의 의미와 중요성을 지닌다고 할 수 있다. 룰라 정부의 사회정책은 빈곤층의 실질국민소득을 크게 증가시켜 소득 재분배 효과는 물론 가계소

---

8 빈곤층 대상 사회부조정책은 빈곤 가족에 대한 식량배분 프로그램인 '기아제로(Fome Zero)'와 빈곤 가족 소득지원 프로그램인 '가족지원금제도(Bolsa Familia)'가 대표적이다. 기아제로에 따라 2004년 총 71만 가구에 식량이 배분되었고, 2005년에는 120만 가구로 목표치를 확대했다. 가족지원금제도는 자녀의 취학과 예방접종을 전제로 빈곤 가족에게 월 100~120헤알을 지원한다.

비와 내수시장의 활성화를 가져옴으로써 성장-분배의 선순환 구조를 창출한 것으로 평가된다(Morais and Saad-Filho, 2012).

셋째, 2005년 3월 IMF와의 대기성 차관협정이 종료된 다음 룰라 정부는 상황에 따라 신자유주의 정책을 유연하고 탄력적으로 운용했다. 이는 거시경제적 안정성(인플레이션 억제와 재정건전성)이라는 신자유주의 원칙을 기본적으로 유지하면서도 선택적인 영역에서 국가의 개입 능력과 통제력을 제고하려는 일종의 수정 전략으로 볼 수 있다. 일례로 룰라 정부는 2007년 성장가속화 프로그램 이후 균형재정의 범위 안에서 인프라에 대한 정부투자 확대, 국영은행의 신용공급 확대, 국영기업의 투자를 통해 내수시장 수요를 확대하는 팽창적 재정정책을 추진했다. 또한 민영화와 관련해서도 경제사회개발은행을 통해 외국자본의 전략 부문 국영기업 인수를 제한하고 민영화 후에도 정부가 황금 지분을 유지할 수 있는 방식으로 민영화를 진행했다. 그리고 룰라 정부에서 노동시장 유연성이 정책적·제도적으로 거의 추진되지 않은 점도 지적할 필요가 있다(Ban, 2013: 306~316).

5 ─────────────────────────────
한국과 브라질의 신자유주의 체제 평가

1 · 신자유주의 체제의 성격

한국과 브라질의 신자유주의 체제는 그 성격에서 몇 가지 유사점과 차이점을 지닌다. 먼저, 신자유주의적 전환 과정의 성격을 보면 한국과 브라질 모두 '이데올로기적 신자유주의'보다는 '실용적 신자유주의' 유형에 가깝다.

즉, 기업·경제 엘리트들이 자생적으로 신자유주의 담론을 주도한 정치적 성격의 신자유주의는 아니었으며, 경제·외환위기에 대응하기 위한 불가피한 필요성 때문에 정부 고위층과 기술 관료들이 주도하는 실용적 전환의 성격이 강했다(김기현·권기수, 2011: 146). 또한, 한국과 브라질의 신자유주의 정책 패키지는 고전적인 워싱턴 컨센서스가 아닌, 수정된 신자유주의라고 할 수 있는 포스트 워싱턴 컨센서스에 기초한다. 따라서 애초에 신자유주의 이론에서 주장했던 엄격한 정책 조합의 틀에서 벗어나 빈곤 감소, 사회안전망 구축, 좋은 거버넌스와 같이 사회적 정당성을 확보하기 위한 개선적인 정책 내용을 다수 포함한다.

그러나 한국과 브라질의 신자유주의 체제에는 차이점도 존재한다. 대표적인 것이 정책 조합의 상이성이다. 한국의 경우 규제 완화와 대외 개방이 신자유주의 정책의 핵심을 이루는 데 비해 브라질의 경우에는 통화주의와 민영화가 정책 중심이었다. 한국에서는 국가의 과도한 시장 개입을 축소하기 위한 정치적 목적에 의해, 브라질은 초인플레이션의 극복이라는 경제적 필요성에 의해 각각 상이한 신자유주의 정책 조합이 채택되었다고 할 수 있다.

한국과 브라질에서 신자유주의의 이러한 특성은 현실에서 신자유주의가 다양한 방식으로 발현되고 있음을 보여주는 중요한 지표다. 특히 앞서 말했듯이 한국과 브라질의 신자유주의 체제는 고전적인 신자유주의 모델과 구분되는 결정적인 차이점을 보인다. 그것은 이들의 신자유주의가 매우 복합적이고 혼종적인 특성을 지니고 있다는 점이다. 즉, 한국과 브라질 모두에서 신자유주의 정책은 경제정책의 핵심 구성 부분이기는 하지만 특정 영역을 중심으로 선택적으로 적용되고 있으며, 다소 이질적인 케인스주의적 개입 정책이나 발전국가적인 산업정책도 배합되고 병행되고 있다는 점에서 신자유주의와 발전주의가 결합된 특성을 보이는 것이다. 필자는 한국 신자유주의의 이러한 특수성을 '발전주의적 신자유주의'로 규정한 바 있는데(윤상우, 2009), 이런 개념은 브라질의 경험에도 대체로 적용 가능할 것이다(Ban, 2013).[9]

한국의 발전주의적 신자유주의는 신자유주의 정책이 시장 기제의 자유로운 작동을 보장하는 데 머물지 않고 과거의 발전국가처럼 경제성장, 수출 증대, 캐치업 같은 발전주의적인 목표를 달성하는 '수단'으로 작동하는 경제체제를 의미한다(윤상우, 2009: 55~56). 이 체제에서는 대외 개방과 자유화, 규제 완화, 감세, 민영화 등 신자유주의 정책을 경제정책의 중심축으로 하면서도 필요할 경우에는 케인스주의적 개입 정책(구제금융, 경기 부양)이나 발전국가적 정책(벤처자본 육성 등)을 배합해 시장 원리에 반하는 자의적인 국가 개입이 이루어지기도 한다. 그것은 국가정책의 목표가 '시장 원리의 정착'이 아닌 '경제성장'에 맞추어져 있기 때문이다. 실제로 노무현 정부에서 재벌 및 금융 부문 규제 완화, 한미 FTA 같은 신자유주의 정책을 정당화했던 것은 '국민 소득 2만 달러 사회', '선진 통상국가', '동북아 금융허브' 같은 발전주의적 목표였다.

---

9   최근 브라질과 남미의 일부 학자들은 룰라 정부 아래에서의 브라질의 경험을 과거의 구발전주의와 구분되는 신발전주의(neo-developmentalism)로 규정한다(Bresser-Pereira 2009; Morais and Saad-Filho, 2012; Kröger, 2012). 신발전주의는 개방경제에서 경쟁력 강화를 목표로 수출 촉진을 위한 국가 개입 방식을 지칭한다. 또한 반(Ban, 2013: 299)은 룰라의 발전모델을 '자유주의적 신발전주의(liberal neo-developmentalism)'로 규정한 바 있는데, 이는 신자유주의의 선택적 적용과 발전주의적·개입주의적 산업정책이 결합된 혼종성(hybridity)을 지칭하는 개념이다. 따라서 한국과 브라질의 신자유주의는 사실상 유사한 특성을 공유한다.

브라질의 경우 인플레이션과 재정적자 등 브라질 경제의 구조적 문제를 해결하기 위해 통화주의 정책(고금리, 재정긴축, 중앙은행 독립성)을 철저하게 준수했지만 자본계정 개방과 민영화에서는 외국자본을 제한하기도 했고, 노동시장 유연성 정책을 채택하지 않았으며, 다른 한편으로는 수출 촉진 및 외환 확보, 고용 창출을 위해서 발전주의적·중상주의적인 개입 정책을 병행 추진했다는 점에서 발전주의적 신자유주의의 단면을 확인할 수 있다 (Ban, 2013: 309~310; Morais and Saad-Filho, 2012: 792~793). 이는 룰라 정부에서도 신자유주의가 그 자체로 목적이라기보다는 경제 회복을 위한 수단으로 활용되었음을 의미하며, 기본적으로 신자유주의에 순응하면서도 자신의 상황에 맞게 선택적으로 편집되고 적용되었음을 시사한다. 게다가 룰라 정부 후반기로 갈수록 발전주의적 산업정책의 비중은 신자유주의 정책을 압도하는 수준으로 확대되었다(Kröger, 2012; Cypher, 2012). 특히 경제 선도 기구인 산업개발청의 신설이나 포괄적 산업정책인 PITCE, PDP의 추진은 과거에도 전례가 없던 경우이며, 경제사회개발은행을 활용한 수출 부문 지원 및 투자 촉진, 기간산업의 재국유화도 발전주의적 국가 개입이 더욱 강화되었음을 보여준다.

그러면 한국과 브라질의 발전주의적 신자유주의는 어떤 점에서 차별성을 지니는가? 앞서 지적한 것처럼 양국 정책 조합에서 상이성이 나타나고 세부적인 경제·산업정책에서도 수많은 차이점이 존재하지만, 보다 결정적으로 한국과 브라질의 신자유주의 체제를 구분 짓게 하는 것은 오히려 사회정책의 영역이라고 할 수 있다.

노무현 정부의 경우 정부예산 중 복지예산의 비중을 확대했고 다양한 사회서비스를 제도화했으며 불평등과 양극화에 대응하기 위해 2005년 동반성장 전략을 추진했지만, 사회정책이 체계성과 지속성을 결여하고 있어 임기웅변식의 단편적 대응으로 전락하고 말았다. 그 결과 한국의 지니계수는 2003년 0.288에서 2007년 0.302로, 소득 5분위 배율은 4.80배에서 5.18배로 악화되어(통계청, 2009: 11~12), 사회정책이 불평등과 양극화를 제어하는 데는 사실상 실패한 것으로 보인다. 이에 비해 룰라 정부에서 사회정책은 신자유주의 경제정책과 거의 동등한 정책적 위상과 중요성을 지녔으며, '성장과 분배의 선순환'을 통해 실제 경제성장을 추동하는 핵심요인으로 자리 잡았다(Morais and Saad-Filho, 2012: 793~794). 그것은 빈곤층 부조프로그램, 농지개혁, 최저임금 인상, 연금제도 개혁 등의 사회정책이 실질국민소득을 증가시켜 소득 분배 효과는 물론 가계소비 및 내수시장을 활성화하는 효과를 가져왔기 때문이다. 실제로 룰라 정부에서는 적극적 사회정책을 통해 지니계수가 2003년 0.583에서 2006년 0.560으로 감소했고, 빈곤층은 2006년 46%에서 2007년 39%로 줄어든 데 비해 같은 기간에 중산층은 36%에서 46%로 증가하는 성과를 거둔다. 이러한 불평등과 빈곤의 감소는 실질소득의 증가와 가계소비의 증가로 이어져 룰라 집권기의 고도성장을 뒷받침한다(권기수, 2008: 11~12).[10]

따라서 한국과 브라질의 신자유주의는 경제위기에 대응하기 위한 실용적 전환의 성격과 더불어 자유시장의 정착보다는 경제성장과 수출 촉진을 목표하는 발전주의적 특성이 강하게 배태되어 있다는 점에서 공통점을 지닌다. 반면 사회정책의 위상과 역할, 불평등과 빈곤에 대응하는 '공유된 성

---

10 또한 브라질의 실업률은 2003년 11%에서 2007년 7.4%로 하락했으며, 같은 기간 월평균 실질소득은 1219헤알에서 1484헤알로 21.7% 증가했다. 그 결과, 가계소비증가율은 2004년 이후 4년 연속 증가세를 보였으며 2007년 증가율은 1996년 이후 최고치인 6.5%를 기록했다.

장'의 측면에서는 차별성을 지닌다고 할 수 있다. 특히 브라질 룰라 정부의 신자유주의는 사회정책의 재발견을 수반하는 새로운 형태의 신자유주의라는 점에서 사회적 신자유주의*social neoliberalism* 또는 사회적 발전주의*social developmentalism*로 평가되기도 한다(Cerny, Menz and Soederberg, 2005: 20~21; Arbix and Martin, 2010: 5~8).

2 · 신자유주의의 내부화와 사회적 정당성의 확보

한국과 브라질에서 신자유주의가 내부화되고 재생산될 수 있었던 원인은 무엇인가? 일반적으로 신자유주의적 전환은 단순히 '외부에서' 또는 '위에서부터의' 과정을 통해 출현하는 것이 아니라 '내부에서'와 '아래에서부터의' 정치적 정당성을 획득함으로써 구축되는 정치적 구성물이기도 하다 (Cerny, Menz and Soederberg, 2005: 19~20). 한국과 브라질의 경우도 국제통화기금과 세계은행 등 국제금융기구의 개입과 강요, 경제기술 관료들의 정책 헤게모니가 신자유주의 출현의 결정적 계기였지만 사회 내부에서의 동의 창출과 정당성 확보가 없었다면 신자유주의의 안정적 전환과 내부적 재생산은 불가능했을 것이다.

신자유주의적 전환이 사회적으로 수용되기 위해서는 ① 설득을 통한 동의 창출(구제*rescue*이론), ② 보상을 통한 동의 창출(보상*compensation*이론), ③ 분할 통제를 통한 동의 창출 등의 방법이 활용된다(박병수, 2005: 107). 설득 또는 구제이론은 신자유주의로의 전환이 실업과 불평등의 증가 등 사회적 비용을 초래하지만 당면한 경제위기를 극복하고 미래의 손실을 피할 수 있다는 희망을 제공하기 때문에 사회적으로 수용되는 경우다. 보상이론은 신자유주의 전환으로 인한 사회적 충격을 완화하고 손실자들의 반발을 최소화하기 위해 일종의 빈곤 대책인 사회적 보상 프로그램과 목표 시혜*targeted benefits*를 제공함으로써 동의를 끌어내는 전략이다. 분할통제론은 사회적 손실자들 내부를 분리해 특정 세력에게는 지원을, 다른 세력은 억압하고 배제함으로써 신자유주의 재편에 대한 반발을 최소화하는 방법을 말한다. 이와 관련해 남미 국가를 비교 분석한 웨이랜드(Weyland, 1998: 541)는 신자유주의적 충격요법이 초인플레이션으로 고통받는 국가에서만 강력하고 즉각적인 대중적 승인을 획득했으며, 이는 보상 프로그램의 부재에도 불구하고 얻어진 것이었다고 지적한다. 그러나 일단 위기가 지나가면 목표 시혜가 시장지향적 개혁에 대한 지지를 공고화한다고 본다. 따라서 전환의 초기 단계에서는 심각한 경제위기에서 나라를 구할 수 있다는 희망이 국민에게 고통스러운 신자유주의 개혁을 감내하게 만들고, 공고화 단계에서는 사회적 보상 프로그램이 이러한 지지를 강화한다고 평가한다.

이런 틀에서 한국과 브라질에서 신자유주의가 내부화되는 과정을 보면, 경제위기에서의 구제 또는 신자유주의의 불가피성에 대한 설득이 일차적으로 국민적 지지와 사회적 정당성을 창출한 요인이라고 판단된다. 이는 한국과 브라질 모두 공통적인 것으로, 이미 전임 정권인 김대중 정부와 카르도주 정부에서 상당 부분 진행된 것이다. 수십 년 동안의 고도성장 뒤에 사상 초유의 외환위기와 IMF 체제를 경험했던 한국이나 어떠한 경제 안정화 정책으로도 해결되지 않는 초인플레이션을 겪고 있던 브라질에게 신자유주의로의 전환은 고통스럽지만 감내해야만 하는 불가피한 선택이었다. 게다가 한국의 경우 외환위기 이후 IMF 프로그램의 이행과 수출 부문의 성장을 통해 상대적으로 단기간에 경제위기가 극복되었다는 점도 신자유주의에 대한 정당성과 사회적 동의 창출에 기여했다. 이런 점이 일정한 경로의존성으로 이어져 노무현 정부 출범 이후에도 권력엘리트들이 신자유주의의 확대와 계승을 당연한 것으로 받아들인 측면이 강하다. 브라질의 경우 카르도주 정부는 헤알 플랜과 통화주의 정책으로 초인플레이션을 억제하는 데 성공함으로써 신자유주의에 대한 지지와 1999년 대통령 연임을 달성할 수 있었다. 그러나 공고화 단계에서 필요한 사회적 보상 프로그램의 미비로 빈곤층을 포함해 국민의 불만이 증가했고 결국 2002년 대선에서 카르도주의 집권당은 야당인 노동자당의 룰라에게 패배하게 된다. 그런데 아이러니하게도 룰라 취임 직전의 IMF 위기는 신자유주의의 지속성을 강제하는 외부적 제약요인으로 작용했고, 지지층의 상당한 반발에도 불구하고 룰라 정부는 다시금 신자유주의 정책을 추진해야 하는 불가피한 상황에 놓이게 된다.

노무현 정부와 룰라 정부에서 신자유주의가 내부화되는 과정에서의 차이점은 무엇인가? 그것은 앞서 언급했던 양국 신자유주의의 특수성과 관련이 있다. 한국과 브라질은 모두 발전주의적 신자유주의의 특성을 지니지만, 룰라 정부는 발전주의와 더불어 사회정책의 위상과 역할이 강조되는 사회적 신자유주의의 성격도 지닌다. 노무현 정부와 룰라 정부가 신자유주의 전환의 초기 단계를 넘어 내부화·공고화 단계에 해당된다는 점을 감안할 때, 신자유주의의 안정적 재생산은 단순히 신자유주의의 불가피성에 대한 동의를 넘어 사회적 피해 계층에게 물질적 보상과 혜택을 제공하는 사회정책의 강화를 필요로 한다.

이런 점을 감안하면 노무현 정부의 발전주의적 신자유주의는 국민적 동의 창출과 사회적 정당성 측면에서 상당한 취약성을 안고 있다고 할 수 있다. 발전주의적 신자유주의의 특성으로 인해 모든 경제정책의 방향이 재벌과 수출 대기업의 이해관계를 반영하는 쪽으로만 맞추어져서 정당성 구축의 사회적 기반이 매우 협소하기 때문이다(윤상우, 2009: 57). 물론 노무현 정부가 분배나 복지를 강조했고 사회복지예산을 증액했으며 동반 성장 및 양극화 관련 정책을 시행했지만, 사회정책의 효과는 극히 미미했고 불평등과 양극화를 억제하는 데는 실패했다. 노무현 정부의 정치엘리트들이 '성장-분배의 선순환' 등 담론적 논쟁에 몰두해 있는 동안 실제 경제정책을 주도했던 것은 보수적인 경제 관료들이었으며, 이들이 추진한 발전주의적 신자유주의는 재벌의 이익만 전면적으로 관철되는 결과를 초래한다(이일영, 2008: 245). 결국 노무현 정부는 집권 기간에 경제성장률(연평균 4.3%), 1인당 소득(2007년 2만 1천 달러), 수출증가율(연평균 19%)에서 비교적 양호한 실적을 거두었는데도(김기원, 2008: 141~142), 사회적 정당성 구축에는 실패했으며 결국 대선에서 패배해 이명박 정부로 정권 교체가 이루어지고 만다.

브라질의 룰라 정부도 출범 초기에는 예상 밖의 신자유주의 정책 계승으로 국민적 동의 창출과 사회적 정당성 구축에서 상당한 어려움을 겪었다(Hochstetler, 2008). 특히 전임 정부에서 이어진 통화주의 정책은 금융자본의 이익만 불리고 산업자본의 경영난을 초래한다는 비판에 직면했고, 농지개혁과 연금제도 개혁 같은 일부 사회정책은 성과의 미미함과 이익 충돌로 핵심 지지 세력의 거센 저항을 불러일으키기도 했으며, 경제성장률과 각종 경제지표도 좀처럼 호전의 기미를 보이지 않았다. 그러나 2005년 이후 발전주의적 산업정책과 빈곤층 부조 중심의 사회정책이 본격화되면서 점차 상황은 반전된다. 먼저, 경제사회개발은행을 통한 수출 촉진책은 과거 별다른 정부 지원을 받지 못했던 수출기업을 자극해 2003년 730억 달러에서 2007년 1606억 달러로 급격한 수출 신장과 큰 폭의 무역흑자를 가능하게 했고 이는 IMF 체제의 종료로 이어졌다(조돈문, 2009: 298~299). 가족지원금제도와 최저임금 인상 등 사회정책도 불평등과 빈곤을 감소하는 데 성공적이었음은 물론이고 소득 증대와 내수시장 활성화를 가져와 경제성장을 견인하는 핵심요인이 되었다(Morais and Saad-Filho, 2012). 이는 룰라 정부가 발전주의 정책과 사회정책을 통해 인센티브와 보상을 제공함으로써, 동의 창출 기반을 수출기업과 산업자본, 빈곤층과 노동계급으로 지속적으로 확대하고 상당히 포괄적인 사회적 정당성 구축에 성공했음을 의미한다. 실제로 룰라는 몇몇 정치 스캔들에도 불구하고 2007년 재집권에 성공했고 2010년 말 87%라는 유례없는 지지도를 얻으며 명예롭게 퇴진했다.

6 ─────────────
신자유주의의 유형학을 위해

1970년대 칠레의 피노체트 정권에서 최초의 신자유주의 실험이 출현한 이래 신자유주의는 시기별, 국가별로 다양한 방식으로 진화해왔으며, 1990년대 이후에는 세계화의 경향성에 힘입어 지배적인 경제 패러다임으로서 전 세계적으로 확장되었다. 특히 신자유주의를 채택한 많은 수의 제3세계 국가들은 경제위기로 인해 어쩔 수 없이 신자유주의적 전환을 강요받는 경우가 많았으며, 이 경우 IMF 구조조정 프로그램이나 워싱턴 컨센서스의 표준적인 정책 패키지가 적용되는 것이 일반적이었다. 그럼에도 신자유주의로의 이행은 해당 사회의 역사적 특수성, 기존 제도의 경로의존성, 정치적 역학 관계 등이 복합적으로 작용하는 과정이기 때문에 현실 세계에서 신자유주의적 전환은 타이밍, 범위, 본질적 성격, 결과 등에서 매우 불균등하고 다양하게 나타날 수밖에 없다(하비, 2007; Önis, 2006).

한국과 브라질의 신자유주의 경험은 이런 점을 잘 보여준다. 특히 이들의 신자유주의는 고전적인 신자유주의 모델과 구분되는 제3세계 신자유주의의 특수성을 보여주는데, 그것은 신자유주의(시장근본주의)와 발전주의(국가 개입)라는 상반된 경제 원리가 혼종적·복합적으로 결합된 '발전주의적 신자유주의'의 특성을 지니고 있다는 점이다. 이는 경제위기에 대응하기 위한 실용적 신자유주의의 성격과 더불어 자유시장의 정착보다는 경제성장과 수출 촉진, 캐치업을 목표하는 발전주의적 특성이 강하게 배태되어 있는 신자유주의를 의미한다. 한국과 브라질에서 발전주의적 신자유주의가 출현할 수 있었던 이유는 과거 발전국가와 국가 주도적 산업화의 역사적 유산과 관성, 경제기술 관료의 정책주도성, 상대적으로 취약한 시민사회 등에서 기인하는 것으로 판단된다.

한국과 브라질의 신자유주의는 발전주의적 성격에서는 유사성을 지니지만 또 다른 측면에서는 차별성을 지닌다. 그것은 룰라 정부의 경험이 발전주의 이외에도 사회정책의 위상과 역할을 강조하고 분배와 형평성을 수반한 경제성장을 추구하는 사회적 신자유주의의 성격을 아울러 지니기 때문이다. 이는 룰라 정부의 정책 지향성과 계급 정체성에서 연유하는 것으로서, 비록 불가피하게 신자유주의 정책을 수용하고 계승할 수밖에 없었지만 사회정책의 이상을 결코 포기하지 않았던 룰라 정부의 리더십과 정치 노선이 만들어낸 특성이라고 할 수 있다. 결국 룰라 정부의 사회적 신자유주의는 한국에 비해 폭넓은 정치적 지지기반의 구축과 사회적 정당성의 확보를 가능하게 해 체제의 안정적 재생산을 이끌어낼 수 있었던 것으로 보인다.

지금까지의 내용은 현대자본주의의 변동과 신자유주의적 세계화의 발현과정, 그리고 각국 발전모델의 조정과 변형이 다차원적인 제도적·행위적변수들의 개입과 내·외적 요인들의 상호작용을 통해 나타나는 복합적인사회변동 과정임을 시사한다. 따라서 이러한 사회변동의 성격과 특성, 변동의 흐름과 방향을 제대로 이해하기 위해서는 보다 다양한 현실 사례에 대한 폭넓은 비교발전론적 연구가 필요하다. 비록 필자의 연구는 한국과 브라질의 사례에 국한되었지만 보다 많은 사례 분석과 비교연구가 누적된다면 '신자유주의의 다양성'에 대한 유형학을 발전시킬 수 있을 것이다.

제8장
중국의 자본주의와 탈종속적 발전

1 ————————————
중국 경제성장의 독특성

  개혁·개방 이후 중국의 경제성장과 발전모델은 어느 한두 가지 성격으로 규정하기 어려운, 매우 독특한 특성을 지닌 것으로 평가된다. 일단 사회주의 정치체제와 자본주의 경제체제의 결합이라는 중국 정치경제의 기본 성격 자체가 전 세계적으로 유례를 찾아보기 어려운 실험인 데다 계획경제의 유산에서 파생된 국유 경제와 집체 경제, 사영 경제가 뒤섞인 복잡한 소유권 구조도 다른 국가에서는 찾아보기 어려운 특성이다(노턴, 2010; 딩쉐량, 2012). 또한 신자유주의적 대외 개방과 발전국가적인 산업화 전략이 결합된 중국 발전모델의 성격도 끊임없는 논쟁의 대상이었고(윤상우, 2005; 이정구, 2012; 소, 2012), 지방정부 중심의 분권적 성장모델을 추구한 점도 후발 산업화의 세계사적 경험에서 상당히 이례적이라고 할 만하다(Oi, 1996; Xia, 2000). 중국의 자본주의적 산업화가 지닌 여러 독특하고 예외적인 특성들 가운데 그동안 발전연구에서 그다지 큰 주목을 받지 않았던 문제들도 있는데, 그중 하나가 개혁·개방 이후 중국이 외국자본과 다국적기업에 자본, 기술, 생산체계의 상당 부분을 의존하고 있으면서도 여타 제3세계 개발도상국들과 달리 '종속적 발전'의 경로로 나아가지 않았다는 점이다. 이는 남미 국가들의 경험과 비교해보아도 확연하게 대비된다. 왜 중국의 자본주의와 경제성장은 종속적 발전의 경로를 회피할 수 있었는가?

종속적 발전론은 1970년대에 등장한 종속이론의 새로운 버전으로, 제3세계 국가들의 저발전과 정체가 중심-주변의 세계경제구조 아래 부등가교환과 착취를 야기하는 종속에서 기인한다는 고전적 종속이론의 핵심 주장을 수용하면서도, 일부 반주변부 국가들의 경우 종속과 발전이 공존할 수 있으며 종속 아래에서도 일정한 성장이 가능하다는 이론이다(Cardoso and Faletto, 1979; Evans, 1979).[1] 이들은 기존의 종속이론이 설명하지 못했던 일부 제3세계 국가들의 고도성장을 설명했지만, 종속적 발전은 진정한 자립적 발전이 아니며 궁극적으로 한계에 직면할 수밖에 없다는 입장을 지닌다. 물론 제3세계의 저발전을 해석하는 고전적 종속이론과 반주변부 국가들의 경제성장을 설명하는 종속적 발전론의 주장 모두가 과연 타당성을 지니는지, 그리고 현시점에도 여전히 유효한지에 대해서는 논란의 여지가 있을 수 있다(양종회, 1993; Bornschier, Chase-Dunn and Rubinson, 1978).[2] 그럼에도 여러 경험적 연구에서 보듯이 제3세계의 성장과 발전을 가로막는 장애물로서,

---

1   기본 접근 방법이 상이하기는 하지만 윌러스틴(2005)의 세계체제론과 프뢰벨 등(Fröbel, Heinrichs and Kreye, 1980)의 신국제분업론도 반주변부 국가의 경제성장에 대해 종속적 발전론과 유사한 설명과 결론을 내린다.

2   카르도주(1998: 203~205)와 카스텔(1998: 50~55)은 세계화, 정보화 이후 남반구-북반구 관계에 변화가 나타났으며, 이는 과거의 종속 상황과 다르다는 점을 인정한다. 가장 중요한 변화는 제3세계의 분절화로, 세계경제에 통합되거나 틈새시장을 찾는 일부 국가들과, 세계화에서 철저하게 배제되고 버려지는 제4세계의 분화가 나타나는 점이다. 또한 제3세계의 비교우위 하락과 세계경제에서의 비중 감소도 중요한 특징으로 언급된다. 한편 카스텔과 라세르나(Castells and Laserna, 1994: 57~66)는 세계화 이후 기술혁신과 구조조정에서 야기되는 '신종속(new dependency)'의 가능성을 지적하기도 한다.

불평등한 국제경제 질서와 선진국과의 종속적 관계가 일정한 역할을 했다는 점에 대해서는 분명 이의를 제기하기는 어려울 것이다(Wilber, 1979).

외형상 중국의 경제성장은 종속적 발전과 유사한 패턴을 보인다. 즉, 개혁·개방 이후 중국에 유입된 외국인직접투자와 다국적기업이 중국의 제조업 생산과 수출 부문의 성장을 견인했는데, 이들이 중국의 풍부한 저임금 노동력을 활용해 제조업 제품의 단순 조립 및 가공, 하청 생산에 주력하고 이를 세계시장에 수출하고 판매함으로써 적어도 2000년대 중반까지는 중국 경제성장의 핵심 동력으로 작용했기 때문이다. 그러나 예전에 이런 발전 패턴을 이미 경험했던 남미 같은 개발도상국의 사례와 비교하면, 중국의 자본주의 경험에서 '종속'적 발전을 떠올리는 일은 쉽지 않다. 개혁·개방 이래 중국은 국제분업 구조의 최하단에 위치한 사실상 개도국임에도 다른 개도국과 같은 '을'의 위치가 아니라 오히려 '갑'의 위치에 더 가깝게 있다는 인상을 지우기 어렵다(애플바움, 2012). 게다가 중국의 경제성장은 종속이론이 주장했던 종속적 발전의 한계를 이미 돌파한 것으로 보인다. 2008년 세계 금융위기 이후 중국은 더 이상 해외자본에 의존하는 일개의 개도국이나 반주변부 국가가 아닌, 전방위적인 생산능력과 막대한 자금력을 바탕으로 향후 세계경제의 패권을 다투는 G2의 반열에 올라 있다.

'중국의 경제 발전은 왜 그러했는가?' 필자는 이 같은 문제의식에 기반해 중국의 자본주의적 산업화 과정에 내재된 종속적 발전과 탈종속적 발전의 측면들을 살펴보고, 중국이 종속적 발전에 함몰되지 않고 탈종속적 발전의 경로로 나아가게 된 원인을 추적한다. 지금까지는 개혁·개방 이후의 중국이 상대적으로 외국투자자본과 다국적기업에 대해 유리한 협상력과 대등한 지위를 가질 수 있었던 것은 중국이 지닌 막대한 저임금노동력과 방대한 내수시장의 잠재력에서 기인한다는 인식이 일반적이었다(Naughton, 2010:

438~439). 이런 설명은 분명 타당성을 지니고 있지만, 이는 대륙 경제권의 성격을 지닌 브라질, 러시아, 인도 등 이른바 BRICs 국가들 모두가 일정 부분 공유하는 특성이라는 점에서 중국만의 예외성을 이해하는 데는 한계가 있다(윤상우, 2014: 198). 필자는 중국이 종속적 발전 경로를 회피할 수 있었던 핵심요인으로 국가에 의한 성공적인 종속 관리*dependency management*(Gereffi, 1994)와 동아시아 지역분업 구조 및 화교자본을 통한 세계경제 편입이라는 내·외부적 요인 2가지에 주목한다. 이는 개혁·개방 이후 중국이 이룩한 고도성장과 탈종속적 발전 모두가 중국만이 지닌 예외적인 조건과 특수한 상황에서 가능했음을 시사한다.

먼저 제2절에서는 필자 견해의 이론적 준거가 되는 종속적 발전론의 주요 주장을 살펴보고, 종속적 발전론의 전형적 사례로 많이 언급되는 브라질과 동아시아의 경험을 토대로 종속적 발전의 주요 특성을 고찰한다. 제3절에서는 개혁·개방 이후 중국의 자본주의적 산업화에서 나타나는 경제적 성과를 살펴보고 투자·생산의 측면, 기술이전의 측면, 수출·무역구조의 측면을 중심으로 종속적 발전과 탈종속적 발전의 내용을 검토한다. 제4절에서는 개혁·개방 이후의 중국이 종속적 발전을 회피하고 탈종속적 발전으로 나아가게 된 원인을 분석한다. 여기에서는 중국 내부적 요인으로 중국 발전국가의 종속 관리와 중국 경제의 예외적 특성에 주목하며, 중국 외부적 요인으로는 중국 유입 외국자본의 성격과 중국의 세계경제 편입 시점이 탈종속적 발전의 주요 원인으로서 논의될 것이다. 마지막 절에서는 중국의 탈종속적 발전 경험이 발전연구에서 갖는 이론적·실천적 시사점을 검토하고 향후 중국 경제의 발전 방향과 전망에 대해 간략히 논의한다.

2 ──────────────
종속적 발전의 이론과 사례

　종속적 발전론은 고전적 종속이론의 이론적 경직성과 경험적 한계에 대한 비판으로서 등장했다. 이 이론의 접근 방법은 고전적 종속이론과 비교해 다음의 측면에서 차별성을 지니는 것으로 평가된다(So, 1990: 135~136). 첫째, 고전적 종속이론의 일반화된 분석과 달리 이 이론의 방법론은 '역사-구조적historical-structural'이다. 이들은 종속이라는 개념을 저발전의 보편적 형태를 일반화하는 이론으로서가 아니라 국가별로 차별성과 다양성을 내포하는 제3세계 발전의 구체적 상황을 분석하기 위한 방법론으로 사용했다. 둘째, 종속의 외부적 조건에 초점을 맞춘 고전적 종속이론가들과 달리 종속적 발전론은 종속의 내부적 구조를 강조하는 경향이 있다. 따라서 종속의 정치사회적 측면, 특히 계급투쟁, 집단 갈등, 정치운동 등을 분석하는 일에 보다 관심을 기울였다. 셋째, 종속의 구조적 결정성을 강조했던 고전적 종속이론과 달리 종속을 개방적 과정으로 보았다.

　종속적 발전론의 대표적인 이론가로는 카르도주(1986; Cardoso and Faletto, 1979)와 에반스(Evans, 1979) 등을 들 수 있다. 이들은 특히 1964년 이후 군부의 관료적 권위주의 체제에서 나타난 브라질의 발전 경험을 집중적으로 분석했고, 이를 바탕으로 '연합종속적 발전associated-dependent development', '삼자 동맹triple alliance' 같은 자신들의 이론적 관점을 도출했다. 카르도주와 에반스의 논의를 중심으로 종속적 발전론의 주요 명제를 요약하면 다음과 같다.

　첫째, 1960년대 이후 일부 제3세계 국가에서는 이전의 고전적 종속(1차 생산품·원자재 생산, 엔클레이브enclave 경제)과는 구분되는 새로운 형태의 종속이 등장했다(카르도주, 1986: 192; Evans, 1979: 15). 이는 세계자본주의의 새로운 경향성, 구체적으로 다국적기업의 성장, 중심부 산업자본의 주변부 경제로의 침투, 신국제분업의 결과로 출현한 현상이다. 중심부의 산업자본이 주변부 경제로 침투해 제조업 생산 설비에 대한 투자가 이루어짐에 따라 신국제분업은 주변부 내부 시장의 역동적 요소를 활성화한다.[3] 따라서 중심부 다국적기업의 이해관계는 어느 정도 종속 국가의 내적 번영과 양립 가능한 것이 되고, 이런 의미에서 외국 기업의 이해관계는 주변부 국가의 발전을 증진하는 데 도움을 준다. 즉, 종속은 발전과 결합될 수 있다.

둘째, 종속적 발전 아래에서 주변부의 산업화는 중심부에서는 대량소비되는 제품이지만 주변부에서는 생필품과 구분되는 전형적인 사치소비재(예컨대 자동차) 생산에 기반하는데, 이는 주로 주변부 국가의 도시 중간계급과 상류계급을 겨냥한 것이다. 또한 종속적 발전이 나타나는 브라질의 경험적 자료들을 보면, 이러한 발전 유형이 퇴행적인 소득분배에 기초하고 있고, 대외채무를 증가시키며, 인적자원의 사회적 주변화와 과소 활용 및 착취에 기여하고 있음을 보여준다는 주장도 있다(카르도주, 1986: 194; Cardoso and Faletto, 1979: xxii).

셋째, 종속적 발전 아래에서 자본주의적 축적은 자신의 산업 순환을 완결하고 완성할 수 없기 때문에 무능력하고 종속적이다. 카르도주에 따르면, 자본축적과 팽창이 체제 내부에서 필수적인 동적 구성요인을 발견할 수 없을 때 체계는 종속적이다(Cardoso and Faletto, 1979: xx~xxi). 자본주의 경제에서 팽창의 기본 구성요인은 자본의 규모를 확대를 할 수 있는 능력이다.

---

3   에반스는 이런 과정에서 미국, 독일, 일본, 유럽 등 다양한 국적의 다국적기업들이 출현하고 이들 사이의 경쟁이 강화되는 현상을 종속적 발전의 촉진요인으로 강조하기도 한다(Evans, 1979: 81~83).

이것은 신기술의 창출, 자본재 생산의 확대, 튼튼한 은행체계를 통한 금융 지원을 필요로 한다. 그러나 종속적 자본주의는 수입된 기술에 의존할 수밖에 없고 발달된 자본재 부문을 결여하고 있기 때문에 기형적이다. 따라서 주변부의 토착자본은 자본축적과 확장을 위해 외부의 역동적 요소에 의존할 수밖에 없고 그 자신을 세계자본주의의 순환 구조에 편입할 수밖에 없게 된다(카르도주, 1986: 206~207).

넷째, 브라질의 군부 체제에서 종속적 발전이 출현할 수 있었던 것은 군부·기술 관료 중심 국가, 중심부의 다국적기업, 국내 토착자본 사이의 삼자 동맹이 있었기 때문이다. 카르도주에 따르면, 삼자 동맹에서 상위 행위자는 다국적기업인데, 이들이 금융과 선진 기술을 통제하기 때문이다. 결국 다국적기업 및 이들과 협력할 수밖에 없는 국내 토착자본은 권위주의 국가가 자본주의 팽창을 촉진하는 정책을 수행하도록 요구하며, 국가는 행정의 근대화와 정치사회적 억압 기능(노동 통제)을 포함한 발전정책을 추진하게 된다(카르도주, 1986: 189~191). 그러나 에반스는 외부 환경의 변화에 따라 삼자 동맹이 불안정하고 모순적일 수 있음을 지적한다. 이는 삼자 동맹의 구성원들이 수익성 있는 기업 환경이라는 공통의 이해관계를 공유하지만 이윤 추구와 관련된 이해관계에서는 대립하고 갈등할 수도 있는 경쟁자이기 때문이다(Evans, 1979: 52~53; So, 1990: 151~152).

남미의 경험을 바탕으로 등장한 종속적 발전론은 이후 다른 지역의 개도국과 신흥국의 급속한 산업화를 설명하는 데도 적용되었다. 그 대표적인 사례가 동아시아 신흥공업국(한국, 대만, 홍콩, 싱가포르)의 고도성장에 대한 것이다(임현진, 1985; Landsberg, 1979; Hart-Landsberg, 1984; Lim, 1985; Gold, 1986). 한국의 산업화를 종속적 발전의 사례로 분석한 하트랜즈버그는 한국이 노동자와 농민의 낮은 소득수준으로 인한 국내유효수요의 부족 때문에 수출 지향적 산업화를 채택할 수밖에 없었고, 수출생산이 국내경제와 연계가 부족하기 때문에 수출이 늘수록 수입도 늘고 무역적자와 외채가 증가하는 불균형적·종속적인 경제구조를 갖고 있다고 본다(Landsberg, 1979: 58; Hart-Landsberg, 1984: 185~188). 또한 한국의 수출 전략은 외국자본 및 국제 하청구조에 기반을 둔 것이며, 주력 산업인 섬유·의류, 전자, 석유화학, 조선 부문은 기술종속 때문에 전망이 밝지 못하다고 주장한다.

마찬가지로 임현진(1985: 271~275)은 한국의 산업화를 종속적 발전으로 규정하지만, 한국은 브라질 같은 종속적 발전의 원형과는 상당히 다른 특색을 지니고 있음을 정확하게 지적했다(Lim, 1985). 그 근거 몇 가지를 지적하면, 첫째 브라질의 종속적 발전은 수입 대체 산업화 시기부터 형성된 국내도시 중간·상류계급의 수요를 겨냥해 다국적기업에 의한 내수시장에서의 내구 소비재 제조와 판매에 의해 형성된 것인 반면, 한국의 종속적 발전은 다국적기업의 직접투자보다는 공공·상업차관 같은 간접투자에 의존했고 성장 동력은 내수시장보다는 해외시장을 대상으로 한 공산품의 수출 확대에 기반한 것이었다. 둘째, 브라질의 종속 상황은 국제분업적인 경제 논리에 의해 창출된 것인 반면 한국은 국제 관계적인 힘의 논리가 더 작용했고, 특히 후견자로서 미국의 정치적·군사적 이해관계가 중요했다. 셋째, 종속적 발전의 삼자 동맹에서도 브라질은 다국적기업이 주도권을 갖고 있었던 반면 한국은 국가가 주도적 역할을 수행했던 점을 들 수 있다.

그러나 동아시아의 고도성장을 종속적 발전으로 설명하려는 주장들은 다양한 형태의 경험적 비판에 직면하기도 했다. 대표적으로, 바론(Barone, 1983)은 한국의 여러 경제지표를 근거로, 한국의 사례가 종속적 발전이 아닌 성공적인 자본주의적 발전의 내용을 보여준다고 주장함으로써 급진적 종속이론의 주장을 정면으로 반박한 바 있다. 또한 남미 국가들의 종속과 동아시아 국가들의 종속은 여러 면에서 간과할 수 없는 질적인 차이가 있음을 주장하는 논의도 꾸준히 제기되어왔다. 특히, 종속적 발전론과 신국제분업론은 제3세계의 산업화와 신흥공업국의 출현에서 종속과 성장의 주요 동력으로 다국적기업과 해외직접투자의 역할을 지나치게 강조함으로써, 남미의 경험을 과도하게 일반화하고 동아시아 발전의 현실을 왜곡할 수 있다는 비판을 받기도 했다(해거드, 1994: 43~45; 윤상우, 2005: 28~30; Gereffi, 1994; 40~43). 이러한 평가와 비판들은 종속적 발전의 구체적 양상과 성격이 해당 사회의 대내외적 조건과 특수성, 국제적·국내적 행위자들 사이의 상호작용 방식에 따라 가변적이고 차별적일 수 있음을 시사한다. 특히 동아시아의 성장 경험이 보여주듯이, 종속적 발전이 반드시 주변부 국가의 내수시장을 겨냥한 수입 대체 산업화 단계에서만 나타나는 것은 아니며, 동아시아 경우처럼 수출 지향적 산업화의 사례에도 적용될 수 있음은 종속적 발전론의 적용 범위와 외연을 확장할 수 있는 중요한 분석적 계기가 될 수도 있다.

그런데 1980년대 이후 세계화와 신자유주의 경향성이 점차 확산되고 강화되면서 종속적 발전론의 영향력과 위상은 오히려 급속하게 쇠퇴하기 시작한다. 1970년대에 일부 제3세계 신흥공업국에서 종속적 발전의 현상이 나타나고 신국제분업이 출현한 것은 세계자본주의 체제의 위기 및 구조적 전환과 긴밀한 연관성을 지니는데, 이후 중심부 자본들 사이의 이윤 추구와 자본축적 경쟁이 더욱 첨예화되면서 전방위적인 자본 이동과 생산 재배치, 해외직접투자와 글로벌 생산 네트워크 구축이 가속화되고, 이것이 세계화 경향성의 출현으로 이어지게 된 것이다(Magdoff, 1992; Hirst and Thompson, 1996). 역설적인 것은 이전보다 다국적기업과 해외직접투자의 활동과 역할, 그리고 이로 인한 주변부의 산업화가 강화되었는데도 이 문제를 더 이상 종속적 발전의 틀로 접근하지 않는다는 점이다. 다국적기업과 해외직접투자를 둘러싼 논쟁의 축은 신자유주의 진영과 제도주의 진영으로 재편되어, 전자는 다국적기업과 해외직접투자가 유치국을 포함한 세계경제의 편익과 효율성을 강화하는 긍정적 효과('정상으로의 등정')를(Brittan, 1995), 후자는 제 3세계에 임금·조세·규제의 감축을 강요하는 '바닥으로의 경주'가 초래될 것으로 전망한다(장하준, 2000; 크로티·앱스타인·캘리, 2000). 따라서 중국의 경제성장 과정에 대한 분석은 세계화와 신자유주의 시대에도 종속적 발전이 여전히 유효한지, 만약 그렇다면 그것은 이전 시기의 종속적 발전과 어떤 공통점과 차별점이 있는지, 또는 세계화 아래에서 종속적 발전이 유효하지 않다면 그것은 어떤 이유에서 기인하는지를 규명하고 가늠할 수 있는 단초를 제공할 것이다.

마지막 검토 사항으로, 종속적 발전의 지표와 기준은 무엇으로 측정되고 파악될 수 있는가? 구체적으로 중국의 경제성장 과정이 종속적 발전의 경로인지 탈종속적 발전의 경로인지를 판별하는 기준은 무엇인가? 앞서 카르도주와 에반스의 논의에서 언급되었듯이, 이들에게 '발전'이란 자본축적과 경제팽창을 의미하며, '종속'은 도스 산토스(Dos Santos, 1970: 236)의 개념 규정을 받아들여 "자본축적과 팽창이 외부, 즉 다른 국가나 외국 기업·자본 등에 의해 조건 지워지는 것"으로 규정한다. 특히 종속의 지표로는 세 요인이 주로 언급된다. 첫째로 자립적인 기술의 부족과 수입된 기술에의 의존, 둘째로 발달된 자본재 생산 부문의 결여와 핵심 생산 설비에 대한 외국소유권, 셋째로 생산과 소비의 자국 내 접합이 결여된 결과로 시장 실현을 해외에 의존하게 되는 것이다(카르도주, 1986: 206~207; Evans, 1979: 26~27; Landsberg, 1979: 58).[4] 이들에게 발전은 자본축적과 경제체제 팽창으로 규정되는 만큼, 일반적인 경제성장의 지표인 경제성장률, GDP(및 1인당 GDP) 수준, 고정자본투자증가율, 무역성장률 등을 평가 지표로 활용할 수 있을 것이다. 다음 절에서는 이들 지표를 중심으로 중국의 경제성장 과정을 분석해본다.

3
중국의 경제성장과 종속-탈종속의 측면

1978년 개혁·개방 이후 중국이 경험한 경제성장 과정은 통상적인 성장 지표로 보았을 때 분명한 발전의 내용을 보여준다. 더 정확히는 자본주의 역사상 유례없고 어떤 국가도 따라올 수 없는 장기간의 고도성장을 보여준다. 이 절에서는 '종속적 발전'의 관점에서 중국의 경제성장을 검토하는데, '발전'과 관련된 부분은 너무나 자명하기 때문에 굳이 상론이 필요하지 않을 정도이지만 대표적인 지표 몇 가지를 간략하게 검토해본다.

먼저 경제성장률과 관련해, 개혁·개방 이후 30년(1978~2008년) 동안 중국의 실질 GDP 성장률은 연평균 9.9%라는 압도적이고 비정상적이기까지 한 실적을 보인다(〈그림 8-1〉). 노턴(2010: 186~187)에 따르면, 세계적으로 이와 유사한 경우는 오직 동아시아 국가들에서만 발견되는데, 중국은 이마저도 추월해 독보적인 실적을 보여준다.[5] 중국은 2008년 명목 GDP 기준으로

---

4   랜스버그가 제기한 종속의 세 번째 기준은 논란의 여지가 있다. 바론(Barone, 1983: 46) 은 1978년 한국의 수출의존율이 GNP의 30%에 달하지만 선진자본주의 국가인 네덜란 드, 벨기에, 노르웨이, 영국, 핀란드, 오스트리아 등도 유사한 수출의존도를 보인다고 지 적한 바 있다.

5   예컨대 일본은 1956~1973년 연평균 8.8%의 성장률을 기록했고 한국은 1963~1991년 연평균 8.5%의 성장률을 기록했다(한재현, 2015: 3). 그러나 일본과 한국이 고도성장기 이후 경제성장률이 점차 둔화되었듯이, 최근 중국도 고성장 시대를 마감하고 중고속 성

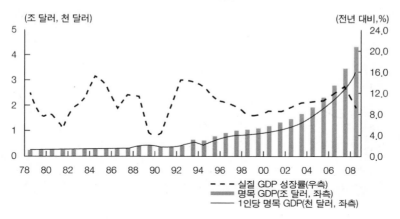

그림 8-1 중국의 경제성장 추이

(조 달러, 천 달러)　　　　　　　　　　　　　　　　(전년 대비,%)

--- 실질 GDP 성장률(우측)
▮ 명목 GDP(조 달러, 좌측)
― 1인당 명목 GDP(천 달러, 좌측)

자료: 중국 국가통계국; 박동준 외(2009: 2).

는 미국, 일본에 이어 세계 3위, 구매력평가PPP 기준으로는 미국에 이어 세계 2위의 경제대국으로 성장했고(박동준 외, 2009: 2~3), 2010년에는 명목 GDP에서도 일본을 추월해 세계 2위로 부상했다.

둘째, 중국의 급속한 경제성장은 지난 30년 동안 엄청난 투자 활동과 밀접히 연관된다. 노턴(2010: 188~189)은 중국 고도성장의 핵심요인이 무엇보다 장기간 유지되어온 높은 투자율에 있다고 지적한다. 개혁·개방이 시작된 1970년대 말에도 중국의 총고정자본형성 비율은 이미 GDP의 약 30%에 달하는 높은 수준이었다. 이 추세는 1990년대 이후 점차적으로 증가하기 시

장(6~7%)으로 성장 속도가 변하는 '뉴노멀(New Normal, 新常態)' 시대에 진입하고 있다는 평가가 지배적이다.

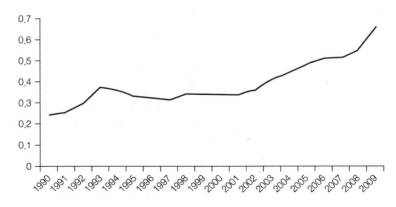

그림 8-2 중국의 총자본형성 추이(GDP 대비 총고정자본형성 비율)

자료: 중국 국가통계국 데이터베이스; Meyer(2011: 9) 재인용.

작해 2000년대 초반에는 40%를 돌파했고 2009년에는 60%대라는 믿기 힘
든 실적을 보인다(〈그림 8-2〉). 한국과 일본 등 동아시아 경제의 고도성장
역시 고투자로 특징지을 수 있지만 오늘날의 중국에는 미치지 못한다.

　셋째, 고도성장과 고투자에 따라 중국의 경제·산업구조는 지속적으로
고도화되고 있다. 〈그림 8-3〉은 중국의 산업별 GDP 비중을 보여주는데,
1978년에 1차 산업 42%, 2차 산업 29%, 3차 산업 29%이던 산업구조는
2005년에 1차 산업 13%, 2차 산업 46%, 3차 산업 41%로 전환되었다. 특히
제조업 비중의 양적 확대와 더불어 제조업 구성의 질적 고도화도 눈여겨볼
만하다. 제조업 중 노동집약적 산업의 비중은 1997년 49.0%에서 2008년
28.9%로 빠르게 하락하고 자본·기술집약적 산업의 비중은 같은 비중만큼
급속하게 상승했다. 경제구조의 전환에 힘입어 중국은 2007년 세계 제조업
생산의 12.1%를 차지함으로써 미국에 이어 세계 2위의 제조업 생산 국가

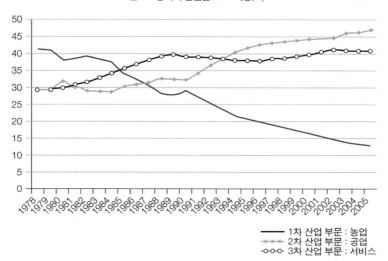

그림 8-3 중국의 산업별 GDP 비중(%)

1차 산업 부문 : 농업
2차 산업 부문 : 공업
3차 산업 부문 : 서비스

자료: 노턴(2010: 202).

로 도약했다.

넷째, 현재 중국은 세계 최대의 수출국이며 동시에 세계 최대의 무역국이다. 2013년 중국의 상품수출액은 2조 2090억 달러로, 미국(1조 5800억 달러, 세계 2위)을 압도하는 세계 1위이며 세계 상품수출의 11.7% 비중을 차지했다(WTO, 2014: 34). 이에 따라 중국의 무역의존도(GDP 대비 무역액 비중)는 지속적으로 증가해 2000년대 초반 40%대를 돌파했고, 2006년에는 60%대로 정점을 찍었다(〈그림 8-4〉). 이후 글로벌 금융위기로 중국의 무역의존도는 다소 하락했지만 여전히 미국과 일본의 2배가 넘는 수치를 기록함으로써, 수출과 무역이 중국 경제성장의 주된 동력임을 분명하게 보여준다. 막대한 무역액과 무역흑자로 인해 중국의 외환보유고는 2014년 3조 9900

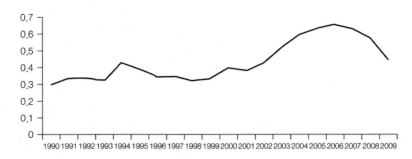

그림 8-4 중국 무역의존도 추이(GDP 대비 무역액 비율)

자료: 중국 국가통계국 데이터베이스; Meyer(2011: 8) 재인용.

억 달러라는 엄청난 규모에 달했다.

　개혁·개방 이후 중국 자본주의의 발전 과정을 평가하기 위해서는 먼저 어떤 시기를 주된 분석 대상으로 삼을지를 결정해야 한다. 필자는 1978년부터 현재까지 중국 자본주의의 발전 과정이 경제 발전의 궤적과 성격, 성장 동력이 다소 뚜렷하게 구분되는 하위 4단계를 거쳐 온 것으로 파악한다.[6] 첫 번째 단계는 1978~1991년까지 국유 부문을 급진적으로 해체하지 않으면서 계획 외計劃外 부문의 점진적 확대를 통한 '개혁 실험' 단계이며,

6　개혁·개방 이후 중국의 발전 과정과 중국 경제의 독특성은 이전 시기 사회주의 계획경제의 유산과 상당한 연관성 및 경로의존성을 지닌다는 사실을 간과해서는 안 된다. 특히 사회주의 계획경제 시기의 탄탄한 중화학공업 기반과 방대한 기술인력 규모의 존재는 개혁·개방 이후 고도성장의 잠재적 토대가 되었다(아리기, 2009: 483; Naughton, 2010: 438~439). 중국의 개혁·개방 이전 사회주의 계획경제의 전사(前史)에 대해서는 노턴(Naughton, 1991)을 참고하라.

1992~2001년 WTO 가입까지는 국유 부문의 개혁과 시장 원리의 확대를 골간으로 하는 '사회주의 시장경제' 단계, 2002~2012년까지는 고도성장과 세계경제로의 통합이 강화되는 '자본주의 정상국가화' 단계, 그리고 2013년 시진핑 정부 출범 이후부터는 뉴노멀(중고속 성장)과 'G2로의 도약' 단계로 설정할 수 있다(윤상우, 2005: 299~301).[7]

이러한 중국의 발전 과정에서 종속적 발전 여부의 평가는 개혁·개방 이후의 전 과정에 적용되지는 않는다. 따라서 필자는 대체로 사회주의 시장경제가 개시된 1992년부터 글로벌 금융위기가 발생한 2008년까지의 시기를 주된 분석 대상으로 삼아 종속적 발전의 문제를 논의하고 평가할 것이다. 1980년대의 개혁 실험 단계는 농촌 부문과 향진기업, 도시 국유기업을 대상으로 생산청부제와 경영청부제, 이윤유보제 등 다양한 유인 기제가 도입되는 시기였다. 성장 동력은 중국 내수시장과 소비의 성장에 있었고 외국인직접투자나 수출, 무역 등 종속 문제와 관련성을 갖는 세계경제로의 편입과 통합의 측면은 다소 미약했다고 판단된다. 또한 2008년 글로벌 금융위기 이후는 중국이 사실상 G2로 도약해 세계경제의 헤게모니 국가로 부상하는 시기이기 때문에 선진국이나 세계경제에 대한 중국의 종속을 논의하는 것은 큰 의미가 없다. 오히려 이 시기의 중국은 막대한 자금을 동원해 전 세계 각지에서 원자재, 자원, 인프라에 대해 공격적인 직접투자를 진행했고,[8] 이로 인해 남미 국가의 경우에는 오히려 중국에 대한 '신종속'의

---

7 시진핑이 국가주석에 취임한 시기는 2013년 3월이다. 그는 2014년 5월에 중국 경제의 새로운 성장 패러다임으로 '뉴노멀'을 제시했다. 그러나 2000년대 내내 견지해왔던 바오바(保八) 정책(경제성장률 8% 유지)을 2012년 이후 사실상 포기하는 등 발전모델 전환의 징후는 이미 이전부터 나타났다고 할 수 있다(한재현, 2015: 2~3).

가능성이 언급될 정도이기 때문이다(Jenkins, 2012).

개혁·개방 이후 중국의 발전 과정에서 종속적 발전 및 탈종속적 발전의 측면은 어떤 양상으로 나타나며, 이와 관련된 중국 발전모델의 특성은 어떻게 규정될 수 있는가? 여기에서는 지표 세 가지를 중심으로 이를 검토한다. 첫째, 외국인직접투자 및 다국적기업에 대한 생산·투자의 의존성(투자 종속) 측면이다. 둘째, 기술적 자립성의 부족과 수입된 기술에의 의존성(기술 종속) 측면이다. 셋째, 수출과 무역 등 해외시장에 대한 의존성(무역 종속) 측면이다.

1 · 투자 종속의 측면

먼저 외국인 투자와 관련해, 중국은 세계화 경향성이 시작된 이후로 세계에서 가장 중요한 외국인직접투자 유입국 중 하나였다. 외국인 투자는 개혁·개방 이후 이루어졌지만 남순강화南巡講話와 사회주의적 시장경제를 천명한 1992년부터 본격적으로 이루어졌다.[9] 1996년 이후 연간 유입액이 400억 달러를 넘어섰고 2005년에는 연간 700억 달러, 2008년에는 연간 1천억 달러를 돌파했다. 이에 따라 중국은 2003년부터 미국을 제치고 세계 1위의 외국인직접투자 유입국이 되었고, 개발도상국 유입 FDI의 33%, 전 세

---

8 중국의 해외직접투자는 2005년경부터 본격화되는데, 2013년 중국의 해외직접투자액은 1078억 달러에 달했고, 2002~2013년의 해외직접투자 누적액은 6604억 달러에 달한다 (KIEP 북경사무소, 2015: 8).

9 1979~1991년 동안 중국에 유입된 외국인직접투자 누적액(실제사용액)은 250억 달러에 불과하다(쟝샤오졘, 2013: 77).

계 FDI의 9.8% 비중을 차지한 바 있다(대외경제정책연구원, 2004: 155; KIEP 북경사무소, 2013: 3). 2010년에는 중국에 유입된 FDI 누적액(실제사용액)이 1조 달러를 돌파한 것으로 보고되었다(이만용, 2011: 18).

중국은 글로벌 자본에 접근하는 지배적 방식으로 은행차관이나 포트폴리오 투자보다는 외국인직접투자를 선호했는데, 매년 막대한 규모에다 장기간 지속되어온 외국인직접투자의 유입은 투자 종속이나 다국적기업에 대한 생산 활동 종속의 위험성을 내포할 수도 있다. 실제로 중국 경제에서 외국인 투자의 비중은 1990년대 중반 정점에 달해 1994년 총고정자본형성의 16%, GDP 대비 6% 규모로 상승한다(대외경제정책연구원, 2004: 165~166). 그리고 외국인 투자 유입과 외자기업의 성장이 두드러지면서 중국 내에서도 '중국의 라틴아메리카화'에 대한 우려가 제기되었는데, 이는 대규모 독점자본에 기반한 다국적기업들이 주요 산업을 통제하고 외자 유치국의 국민경제 안전을 저해하는 종속의 위험성에 대한 인식을 의미한다고 할 수 있다(왕즈러, 2007: 5). 그러나 중국에서 외국인직접투자는 여타 제3세계에서 나타나는 투자 종속의 유형과는 구분되는 탈종속적 측면이 있다.

첫째, 중국의 외국인직접투자는 주로 제조업 부문에 집중되었는데, 이는 외국자본이 자원 채취 산업이나 서비스 부문에 주로 투자되는 다른 개도국의 일반적 패턴에서 벗어나는 것이다(노턴, 2010: 539). 또한 남미 국가의 외자 유치는 수입 대체가 주목적인데, 중국은 수출 증대를 목적하는 동아시아 외자 유치 전략을 채용하고 방대한 내수시장을 이용해 수입 대체 전략과 수출 주도 전략을 선별적으로 결합할 수 있는 장점을 지닌다(왕즈러, 2007: 10). 둘째, 중국에의 외국인직접투자 유입은 홍콩, 대만 등 동아시아 경제권에서 시작되었고 이들의 투자 비중이 압도적이라는 점이다. 1990년대 이후 동아시아 국가들의 산업구조조정과 생산 재배치, 이에 따른 동아시아 국제분업 구조의 재편이 외자 유입의 핵심 배경이었으며, 선진국으로부터의 외자 유입은 중국 경제가 안정 궤도에 접어든 2000년대 이후 급증했다. 특히 화교자본은 다른 선진국 자본에 비해 투자 철수 등 부정적 요인이 적다는 장점이 있다(이만용, 2011: 19). 셋째, 중국은 국내저축률과 투자율이 높기 때문에 다른 많은 개도국보다 외국인직접투자에 상대적으로 덜 의존적이다. UN의 추정치에 따르면, 중국을 제외한 모든 개도국은 1999~2001년 외국인직접투자 유입이 총고정자본형성의 15% 정도를 담당했다. 그러나 중국은 국내저축과 투자율이 매우 높아서 1999~2001년 유입된 외국인직접투자는 중국 총고정자본형성의 11%에 지나지 않았다(노턴, 2010: 544~545). 게다가 이 수치는 이후 더욱 하락해 2006년 8%를 기록하는데, 이는 개도국 평균 13.8%, 선진국 평균 11.8%, 전 세계 평균 12.6%를 모두 하회하는 수치다(쟝샤오젠, 2013: 86).

2 · 기술 종속의 측면

개혁·개방 이후 사실상 현재에 이르기까지 중국의 기술 수준은 다소 애매하고 혼재된 성격을 지닌다. 사회주의의 유산에서 기인하는 기초 산업기술 및 과학기술 연구 분야, 항공·우주·군수 분야에서는 세계 최선두에 근접해 있지만, 정작 제조업 제품의 생산과 상용화에 요구되는 중간 수준의 기술 영역에서는 취약했다. 1990년대 중국이 글로벌 생산 네트워크에 빠르게 통합되어가면서 홍콩, 대만, 한국으로부터 저급 기술과 노동집약적 공정 단계를 넘겨받았지만, 중국은 기술이 거의 필요 없는 조립라인 산업과 가공무역에 특화되었기 때문에 이러한 연계에서는 기술 발전의 어떠한 긍정적 기여나 함의도 존재하지 않았다(노턴, 2010: 470, 494). 이 때문에 중국의 경제성장이 단순한 요소 투입의 산물이고 기술혁신 및 기술적 자립성을 결여하고 있으며, 선진국과 신흥국의 단순한 하청 생산 기지에 불과하다는 평가가 제기되기도 했다(Nolan, 2002; Gilboy, 2004). 실제로 중국의 발전 과정에서 기술적 취약성을 발견하는 일은 그리 어렵지 않다.

첫째, 개혁·개방 초기 중국은 기술선진국에서 산업기계류를 대규모로 구매하는 방식으로 기술적 고립을 벗어나려고 시도했지만, 이는 설비의 과도한 중복 수입과 높은 가격 때문에 비효율적이었다. 중국은 1980년대에 거대 다국적기업들과 기술이전을 위한 협상을 벌였지만 다국적기업 대부분은 별다른 열의를 보이지 않았고 기대한 기술이전이 이루어진 사례는 극소수 프로젝트뿐이었다(노턴, 2010: 479~480). 둘째, 무역구조의 측면에서도 중국은 자본집약적·기술집약적 제품군의 거대한 순수입국이고 노동집약적 제품군의 거대한 순수출국이다. 2002년 중국 수입의 2/3는 중간재이고 수출의 2/3는 완제품으로 가공무역이 지배적임을 알 수 있다. 중국이 수출하는 첨단기술 전자제품 대부분은 외국인 투자기업의 가공무역 체계 아래에서 생산되었는데, 중국은 생산 공정 가운데 최종 조립 단계에 압도적으로 집중되어 있어 기술혁신·기술 발전과는 상당한 거리가 있다(노턴, 2010: 530~532). 셋째, 2003년 중국의 GDP 대비 연구개발비 비중은 1.1%로, 경제 수준에 따른 R&D 투자의 일반적인 패턴과 일치한다. 중국의 기술개발 활동은 브라질이나 인도보다는 다소 앞서 있고 대만이나 한국보다는 다소 뒤처져 있다.

이렇듯 중국의 발전 과정은 기술적 취약성과 기술 종속의 성격을 강하게 시사한다. 하지만 다른 한편으로는 기술적 도약과 세련화로 나아갈 수 있는 탈종속의 가능성도 분명 존재한다. 우선, 외국인직접투자와 다국적기업은 앞서 보았듯이 가공무역에 치중하고 기술이전에 소극적인 면도 있지만,

이들이 중국의 기술 발전과 혁신에 촉매 역할을 담당하는 것도 분명한 사실이다. 일단 중국에 진출한 선진국, 신흥국의 다국적기업들은 중국 기업보다 발전된 기술과 생산성을 보유하고 있고, 직접적인 기술이전이 아니더라도 인력의 이동, 부품·장비 공급 등의 하청 관계, 신제품 및 신경영기술에 대한 모방과 학습 등으로 중국 기업의 생산성과 기술력을 제고하는 데 기여하기 때문이다(대외경제정책연구원, 2004: 169~171). 또한 2000년대 이후 중국에 진출한 다국적기업들 사이의 경쟁이 격화되면서, 생산의 상류·하류 부문에 대한 투자를 수반한 통합 생산망을 구축하고 있는 것이나 유수의 다국적기업들이 연구개발 거점 및 글로벌 R&D 센터를 설립하고 있는 점도 중국의 기술역량 강화에 기여할 것으로 전망된다.[10]

중국의 기술적 탈종속을 전망하는 두 번째 근거는 중국 정부가 기술혁신을 위한 적극적인 산업정책을 시행하고 있고, 또한 막대한 기술인력 풀과 인적자본 기반을 가지고 있다는 점이다(노턴, 2010: 484~494). 중국 정부의 첨단기술 분야 산업정책은 1999년부터 본격화되었는데, 이는 국내 첨단기술 기업에 대한 전면 지원(조세 감면, 금융 지원, 정부 조달에서의 우선권, 기술 표준 관리)을 핵심으로 하면서 다국적기업과의 포괄적인 기술 협상 및 교류, 연구개발에 대한 전략적 지원 등 다양한 방식을 포괄한다. 또한 중국이 보유한 방대한 기술인력(2004년 연구개발 인원 총 116만 명)과 해외에서 유학한 고급인력 풀의 존재도 중국의 기술적 도약을 가능하게 할 핵심 기반이라고

---

10 이와 관련해 2007년 중국에서 실시된 다국적기업에 대한 설문조사에서는 중국인 응답자의 70%가 중국 경제에 대한 다국적기업의 공헌으로 '선진적 경영 노하우 도입'을 꼽았고, 응답자의 80%는 다국적기업의 R&D 센터가 '중국의 자주혁신 능력을 향상시킬 것'이라고 응답한 바 있다(KIEP 북경사무소, 2007: 4).

할 수 있다.

3 · 무역 종속의 측면

중국은 개혁·개방 초기인 1980년 181억 달러에 불과하던 수출액이 2008년 1조 4286억 달러로 약 79배, 같은 기간 수입은 200억 달러에서 1조 1331억 달러로 57배 증가하면서 2009년 이후 세계 최대의 수출국 그리고 무역국으로 부상했다(박동준 외, 2009: 9). 이에 따라 중국의 GDP 대비 무역의존도는 WTO에 가입한 해인 2001년 43%에서 2004년 66%로 지속적으로 증가했고, 특히 2001년 이후 수출은 고정자본 투자와 더불어 중국의 경제성장을 견인하는 핵심 동력으로 자리 잡았다(Zhu and Kotz, 2011: 10).

이미 잘 알려져 있듯이, 중국에서 대외무역과 수출의 급성장은 외국인직접투자의 유입과 밀접한 관련을 지닌다. 중국은 WTO 가입 이전까지 이중적 무역체계를 운영했는데, 국내시장은 관세·비관세장벽으로 철저하게 보호하면서도 경제특구와 수출품 가공무역에 대해서는 자유화된 규정을 도입하고 외국인 투자에 대해 전면 개방했다. 이에 따라 1980년대 후반부터 홍콩, 대만 기업들의 중국 진출이 끊임없이 이루어졌고 이들 외국인 투자기업에 의해 수출과 가공무역의 급성장이 이루어졌다(노턴, 2010: 519~521). 중국의 수출 부문에서 외국인 투자기업이 차지하는 비중은 매년 거침없이 증가해 1985년 1%에서 2005년에는 58%에 이르렀고, 마찬가지로 수출 부문에서 가공무역이 차지하는 비중도 2005년 55%로 급성장했다.

문제는 중국 고도성장의 견인차 역할을 했던 대외무역과 수출의 급성장이 다른 한편으로는 중국 경제의 취약성과 대외 종속성을 내포할 수도 있다는 점이다. 이와 관련해 다음의 사항들을 고려할 필요가 있다.

첫째, 중국 경제에서 투자-내수-수출이 균형적으로 발전하면 큰 문제가 없겠지만 2000년대 이후로 중국 내 과잉투자와 과소소비가 결합된 경제 불균형이 점차 심각해지는 가운데 과잉생산능력을 해소하는 출구로 수출 부문 및 해외시장에 대한 의존성이 급증했다는 점이다(홍호평, 2012: 281). 중국은 투자 중심의 성장 전략 실행으로 과잉 생산 설비 문제에 직면했는데, 철강, 시멘트, 조선 등 주요 산업의 가동률이 정상 수준을 크게 밑도는 55~75% 수준에 그치고 순이익과 유동성 지표에서도 하락세가 두드러진다. 또한 중국은 소득 불평등과 양극화가 심화되면서 국내 소비가 부진한데, 민간 소비가 GDP에서 차지하는 비중은 1993년 52%에서 2011년에는 28%로 급감했다(한재현, 2015: 4~5). 따라서 최근 중국에서는 수출 부문이 경제성장의 유일한 돌파구가 되고 있다.

둘째, 중국의 무역·수출 구조의 편중성을 지적할 필요가 있다. 중국의 무역구조는 중간재와 반제품을 수입해 완제품을 수출하는 가공무역을 중심이기 때문에 수입국과 수출국이 뚜렷이 구분된다. 구체적으로, 일본과 동아시아 신흥국으로부터 중간재를 수입해 조립한 다음 최종재를 미국과 유럽 등으로 수출하는 구조이며, 2009년 수출의 40% 정도가 미국(18.7%), EU(19.8%) 등 서구 선진국을 대상으로 이루어졌다(박동준 외, 2009: 10~11).[11] 따라서 중국 자체가 지닌 높은 무역의존도에다 선진국 시장에 대한 높은 수출의존도는 선진국과 세계경제의 경기변동에 따라 중국 경제의 불안정성과 취약성이 증폭되는 조건을 창출하게 된다.

---

11 홍호평(2015: 289)은 중국의 수출에서 미국의 비중이 공식적으로는 20% 정도이나 홍콩을 경유한 재수출을 포함할 경우 30% 이상이 될 것으로 추정한다.

셋째, 앞서의 문제와 관련된 것으로서 수출 부문은 대외 환경의 변화에 크게 영향을 받을 수밖에 없는 영역인데, 실제 중국의 수출 부문에서도 이런 점이 확인된다. 1993~2013년 중국의 평균 수출증가율은 18%였는데, 최대성장률은 35%, 최소성장률은 −16% 등으로 편차가 50%p를 상회하는 매우 불안정한 패턴이 나타난다(한재현, 2015: 5).

따라서 중국의 수출·무역구조에서 확인되는 이러한 측면들은 해외시장 및 무역에 대한 종속성을 일정 부분 확인해주는 지표라고 할 수 있다. 그러나 2008년 금융위기 이후로 중국 경제의 무역의존도와 선진국 시장 수출의 존도가 뚜렷하게 하락하고 있고, 더불어 수출에서 가공무역의 비중도 지속적으로 감소하고 있는 점은 향후 중국의 경제 발전이 무역·수출과 관련해서도 탈종속적 발전의 가능성을 동시에 내포하고 있음을 보여준다고 할 수 있다.

4
중국의 탈종속적 발전의 원인

앞서 살펴본 대로 개혁·개방 이후 중국의 발전 과정은 투자·생산, 기술도입, 수출·무역의 측면에서 종속적 발전과 탈종속적 발전이 혼재된 성격을 지니고 있다. 그럼에도 분명한 것은 중국에서 나타나는 종속적 발전의 특성들이 무역 종속의 측면을 제외하면 과거 남미에서 발견되는 고전적인 '종속적 발전'과는 그 성격과 강도에서 확연히 구별되며 대단히 미약하게 나타난다는 점이다. 또한 중국의 경제 발전이 지속적으로 고도화되면서 종속적 발전의 측면은 점차 약화되거나 감소하고 탈종속적 발전의 내용은 강화되거나 확대되고 있는 점 역시 두드러진다.

그렇다면 개혁·개방 이후 중국의 자본주의적 산업화 과정에서 탈종속적 발전이 지배적인 특징으로 나타나게 된 이유와 원인은 무엇인가? 여기에서는 다음의 두 요인에 주목한다. 첫째는 중국 내부적 요인으로서 중국의 성공적인 종속 관리와 중국 경제의 예외적 특성이고, 둘째는 중국 외부적 요인으로서 중국에 유입된 외국자본의 성격과 중국의 세계경제 편입 시점의 문제다.

1 · 국가의 종속 관리와 중국 경제의 예외성

일찍이 동아시아와 남미의 산업화 과정을 비교 분석한 제레피는 이들 두 지역에서 종속의 성격과 결과가 상이했음을 지적한 바 있다. 동아시아(한국, 대만)의 종속은 외국원조와 대외무역에 강력하게 의존한 산물인 데 비해, 남미(브라질, 멕시코)의 종속은 초국적기업 및 초국적은행과의 광범한 연계에서 비롯된 것이다. 제레피(Gereffi, 1994: 30~31)는 이러한 상이한 유형의 종속이 발전 결과에 미치는 영향은 해당 국가가 이들 외적인 연계를 국가 이익으로 전환할 수 있는 능력, 즉 성공적인 '종속 관리'에 달려 있다고 주장한다. 이런 맥락에서 보면 중국의 경제 발전과 탈종속적 발전 역시 한국, 대만 등 동아시아 국가들처럼 종속 관리에 성공적이었기 때문에 가능했던 것으로 이해할 수 있다.[12]

---

12 산업화 초기 막대한 해외자금(원조, 차관)에 의존해 경제성장을 시작했던 대만과 한국은 대만이 1971년부터, 한국이 1986년부터 자본유출국으로 전환되면서 적어도 투자 측면에서의 종속성은 탈피한 것으로 평가된다(Stallings, 1990: 59).

그럼에도 의문은 남는다. 하나는 개혁·개방 이후 중국이 어떻게 성공적이고 효율적인 종속 관리를 할 수 있었는지의 문제다. 다른 하나는 중국이 남미와 유사하게 다국적기업과 외국인직접투자에 의존하면서도 어떻게 종속 관리가 가능했는지의 문제다. 외국인직접투자는 제3세계에서 가장 큰 마찰을 야기한 해외자본의 유형인데, 동아시아 신흥국은 남미에 비해 외국인직접투자에 대한 의존도가 낮았기 때문에 성공한 것으로 분석되기 때문이다(Stallings, 1990: 65). 이에 대한 필자의 가설적 설명은 다음과 같다. 첫째, 1992년 이후 중국에서 강력한 통제력과 정책 수단을 지닌 발전국가 체제가 구축되었다는 점이다. 둘째, 중국 경제의 예외적 특성(시장 규모와 시장 경쟁, 방대한 국유 부문)이 성공적인 종속 관리를 가능하게 하는 환경적 조건을 창출했다는 점이다.

개혁·개방 이후 중국에서 발전국가 체제의 구축은 1992년부터 본격화된다. 이 시기는 중국이 1980년대의 개혁 실험의 단계를 벗어나 사회주의 시장경제를 천명하고 개혁·개방을 본격적으로 추진하던 때였다. 또한 외국인 투자의 유입이 급증하고 수출과 무역의 성장이 두드러지면서 종속적 발전의 가능성이 고조되던 시기이기도 했다. 1980년대에 발전국가의 이념적 토대(정당성 근거로서의 경제성장)만을 형성했던 중국은 1990년대에 일련의 제도 개혁을 통해 발전국가의 조직적·정책적·관계적 토대를 실질적으로 확립하기 시작한다(윤상우, 2005: 301; 소, 2012: 94~98). 중국은 이때 국가자율성과 국가능력성을 겸비한 기술 관료 중심의 국가 관료 체제를 구축했고, 기업 부문을 전략산업이나 생산적 투자로 유도하는 산업정책 및 금융·재정 정책의 틀을 확립했으며, 국유기업 및 민간기업에 대한 지원과 규율, 그리고 시장 경쟁의 강화를 통해 지속적인 생산성 향상과 고속성장을 이끌어낼 수 있었다. 중국의 발전국가가 경제성장과 더불어 성공적인 종속 관리를 수행해왔다는 점은 다음의 사실에서 확인할 수 있다.

첫째, 중국 발전국가는 외국인 자본의 유입을 경제 전반이 아닌 특정 영역, 특정 산업에만 국한함으로써, 즉 중국의 국내시장 및 국유·전략 부문과 외국자본의 활동 영역을 엄격하게 분리함으로써 외국자본의 부정적 효과를 최소화하고 외국자본에 대한 통제력과 관리 능력을 유지할 수 있었다. 앞서 지적한 대로 중국은 차관이나 포트폴리오 투자보다는 외국인직접투자를 더 선호했는데,[13] 그것은 이 방식이 자본 제공뿐만 아니라 기술 및 상업적 노하우를 동반할 것을 기대했기 때문이다. 그럼에도 중국에서 외국인직접투자의 유치는 경제특구, 제조업 부문, 비국유 부문, 수출 부문으로 엄격히 제한되었고 서비스 부문, 국유기업, 내수 부문에 대한 진입은 특별한 경우가 아니면 상당한 제약과 통제가 부과되었다.

둘째, 중국 발전국가는 외국인직접투자가 실현되는 방식에도 통제를 가해 가급적 외국자본의 자율성을 억제하고 기술이전 등 긍정적 효과를 극대화하는 방식을 추구했다. 〈그림 8-5〉에서 나타나듯이, 1980년대 외국인직접투자의 지배적인 형태는 합자 개발 프로젝트와 계약합자회사들이었는데, 1990년대는 중국 정부의 적극적인 권고로 주식합자회사가 전체 외국인직접투자의 절반을 상회하는 지배적인 형태로 나타난다. 물론 외국 기업의 완전한 자회사도 꾸준히 증가해 2004년에는 전체 외국인직접투자의 2/3를

---

13 중국은 1979~2000년 5189억 달러의 외국자본을 도입했는데, 그중 외국인직접투자가 3466억 달러로 66.8%를 차지할 만큼 차관보다는 외국인직접투자를 선호했다. 차관은 주로 사회 기간설비에 투자되어온 반면 기업 영역(비국유기업)에서는 해외자본을 외국인직접투자에 절대적으로 의존해왔다. 국유기업은 외국자본보다는 주로 기업내부유보금과 국내 은행 대출에 의존한다(백승욱, 2008: 168~170).

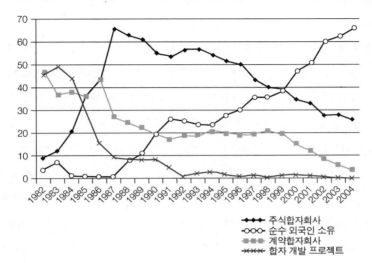

그림 8-5 중국의 외국인직접투자 실현 형태: 실현된 투자에서 차지하는 비중(1982~2004년, %)

◆◆◆ 주식합자회사
○○○ 순수 외국인 소유
■■■ 계약합자회사
✕✕✕✕ 합자 개발 프로젝트

자료: 노턴(2010: 554).

차지하는데, 이때는 중국의 폭발적 경제성장과 국내투자자금의 확충으로 외국 기업에 대한 종속의 가능성이 사실상 사라진 이후다.

셋째, 중국 발전국가는 1990년대에 외자 유치 정책을 장기적인 경제혁신과 결부된 목표 지향적인 방향으로 전환했다. 1994년에 중국의 외자 유치 정책은 '지역 지향'에서 '산업 지향'으로 전환되었는데, 과거 연해 지역의 경제특구를 중심으로 했던 외자 유인책은 이후 사회간접자본, 첨단전자산업, 생화학산업 등 전략산업을 촉진하는 것으로 대체되어 산업정책적인 선별성의 원칙이 강화되었다(Leng, 1998). 그리고 1996년에는 대외무역정책을 재조정해 노동집약적 산업의 설비·부품 수입에 대한 면세 혜택은 축소하고 집적회로 및 컴퓨터 부품 등 첨단산업 관련 관세는 인하함으로써 고부가가치 및 첨단산업의 외국 기업을 유치하기 위한 선별 지원 정책을 더욱 강화했다(윤상우, 2005: 294~295).

중국에서 탈종속적 발전이 가능했던 또 다른 내부적 요인은 개혁·개방 이후 중국의 정치와 경제가 지니는 독특한 특성, 즉 일종의 중국만의 '예외성'이라고 할 수 있다. 이와 관련해서는 다음의 요인들을 지적할 수 있다.

첫째, 중국 경제 자체의 방대한 규모는 중국의 경제성장을 가능하게 한 핵심요인이면서 그 어떤 개발도상국도 따라가지 못하는 중국만의 예외성을 상징하는 구조적 요인이다. 중국의 경제 규모는 탈종속적 발전과 관련해서도 무엇보다 중요하다. 중국이 지닌 엄청난 규모의 저임금노동력 풀, 막대한 내수시장의 존재는 모든 해외자본을 끌어들이는 강력한 흡입력으로 작용하며 이들과의 역학 관계에서 중국이 주도권과 우위성를 지닐 수 있게 하는 결정적인 레버리지로 작용하기 때문이다. 앞서, 한국과 대만에서는 해외자금 조달 방식으로 외국인직접투자보다는 차관이 지배적이었음을 지적했는데, 이는 이들 발전국가가 의식적으로 외국인직접투자를 억제한 결과이기도 하지만 한편으로는 다국적기업에게 그다지 매력적인 투자 대상(작은 내수시장 등)이 아니었던 이유도 작용했다(Stallings, 1990: 68).

둘째, 중국의 방대한 시장 규모와 관련되어 있으면서 동시에 중국 발전국가의 전략적 행위의 산물이기도 한 요인으로, 중국 경제의 거의 대부분 산업 분야에서 매우 격렬한 지역 간, 기업 간, 개인 간 시장 경쟁이 존재한다는 점이다(아리기, 2009: 494~495; 가토 히로유키·구보 도오루, 2012: 237). 예컨대 중국에 100개가 넘는 완성차 업체와 300개가 넘는 맥주 제조회사가 존재한다는 사실은 시장 규모의 특성상 어떠한 거대 기업도 중국 시장을 완전하게 장악하고 독점할 수 없다는 점을 보여준다. 게다가 중국 정부는 모든 산업, 심지어 국유 부문 산업에서조차 적어도 2개 이상의 기업이 경쟁하는 경쟁

구조를 강제한다(Naughton, 2010: 444~445).[14] 치열한 시장 경쟁은 중국 경제성장의 핵심 추동력이면서 동시에 중국의 탈종속적 발전에 유리한 환경적 조건을 만들어낸다.

셋째, 중국의 예외성을 보여주는 또 다른 측면은 방대한 국유 부문과 민간 부문이 공존하는 혼합형 국가자본주의, 혼합 경제모델의 특성을 지니고 있다는 점이다(소, 2012: 98; Naughton, 2010: 442). 개혁·개방 이래 국유 부문의 비중은 지속적으로 축소되고 있지만 현재까지도 중국 경제에서 국유 부문이 차지하는 비율은 결코 낮지 않다.[15] 국유 부문은 기간산업(전기, 수도), 교통·통신, 자원·에너지, 군수산업에서 압도적이며 자본집약적인 상류 부문 산업(철강 등)에서도 지배적인 위치를 점한다(Zhao, 2010: 422). 이러한 국유-민간 이중구조는 다국적기업과 외자기업을 포함해 민간기업이 진입하고 경쟁할 수 있는 산업 영역이 상당한 정도로 제한될 수밖에 없음을 시사한다.

---

14 이동통신 산업의 경우 China Mobile, Unicom, China Telecom 등 국유기업 3개가 존재하고, 군수산업은 North Industries Group Corporation과 South Industries Group Corporation, 항공산업의 경우 Air China, China Southern, China Eastern, Hainan Air, Dragonair 등이 경쟁한다.

15 황야성(Huang, 2008: 15)이 추산한 바에 따르면, 소유권에 따른 중국의 기업 유형(사유기업, 법인기업, 외자기업, 국유기업)에서 사유기업, 법인기업, 외자기업을 모두 비국유기업이라고 한다면 이들의 비중은 1998년 28.9%에서 2004년 71.5%로 급증한 것으로 나타난다. 문제는 법인기업(자본 50% 이상을 법인이 보유)을 어떻게 볼지에 관한 것인데, 법인이 주식을 보유한 경우 그 대부분은 국유기업이나 국가지주기업이 주식을 보유한 것이다. 따라서 이들 법인기업을 준국유기업으로 보면 비국유기업의 비율은 2005년에도 39.8%에 지나지 않는다.

2 · 중국 유입 외국자본의 성격과 중국의 세계경제 편입 시점

중국의 자본주의적 산업화가 탈종속적 발전의 경로로 나아갈 수 있었던 또 하나의 중요한 요인은 중국 외부적 요인이다. 하나는 개혁·개방 초기 단계에 유입된 외국자본이 화교자본이었다는 점이다. 또 다른 하나는 중국의 개혁·개방과 자본주의화가 세계화 국면과 맞물리면서 세계화의 긍정적 효과와 편익을 향유할 수 있었던 타이밍의 문제다.

개혁·개방 이후 중국에서 외국인직접투자는 대외수출 부문을 육성하고 경제성장의 모멘텀을 제공함으로써 시장경제로의 전면적인 개혁을 추동하는 데 결정적인 역할을 담당했는데, 홍콩과 대만 기업, 화교자본의 초기 투자는 이후 본격적인 외국인직접투자의 물꼬를 트는 기폭제로 작용했다(윤상우, 2005: 307~308; 소, 2012: 97). 특히 1989년 톈안먼 사태 이후 일시적이나마 서구와 일본의 경제 재제와 투자 기피 현상이 나타났다. 이때 화교자본과 홍콩·대만 기업의 중국 투자는 해외자금 유입의 부족분을 메워줌으로써 당시 개혁·개방의 기로에 있던 중국에서 성장이 지속될 수 있도록 해주는 중요한 가교 역할을 했다. 1992년에 사회주의 시장경제 천명 이후 중국의 성장률이 다시 12%에 육박하는 등 고속성장이 이어지자 미국, 일본 등 선진국의 대중국 투자도 증가 추세로 반전되었다. 2005년 기준 중국에 유입된 외국인직접투자는 홍콩·대만·기타 조세도피처가 60%, 미국·일본·EU가 25%, 한국과 ASEAN이 13%의 비중을 점한다(노턴, 2010: 555~556).

통상 화교자본의 중국 투자는 동아시아 신흥국의 산업 구조조정과 제조업 기반의 해외 이전, 그리고 중국의 적극적인 외자 유치 정책이 맞물리면서 나타났다는 것이 일반적인 인식이다. 그런데 동아시아 국가들 중에서 유독 홍콩, 대만 등 중화권 기업들의 반응이 폭발적이었던 것은 이들의 중국 투자가 거래비용이 상대적으로 낮은 점과 깊은 관련이 있다. 다른 국가들의 해외투자와 달리 홍콩·대만 기업의 중국 투자는 언어적·문화적 동질성, 지리적 근접성 덕분에 상대적으로 적은 조정비용으로도 가능했기 때문에 외형상 해외투자이면서도 사실상 국내투자와 같은 효과를 지닌다. 즉, 국내투자 정도의 비용과 노력으로 해외투자의 단점은 최소화하면서도 저렴한 생산요인과 방대한 시장이라는 해외투자의 장점을 그대로 흡수할 수 있었기 때문에 폭발적인 투자열기가 나타나게 된 것이다(윤상우, 2005: 333). 이와 유사한 현상은 이미 과거의 대만에서도 나타난 적이 있다. 1960년대 대만의 초기 산업화에서 미국의 원조가 종료되었을 때 대만은 투자자금 확보를 위해 적극적인 외자정책을 전개했는데, 이때 유입된 외국인직접투자 대부분은 동남아 지역의 화교자본이었다(Stallings, 1990: 68).

중국의 외국인직접투자에서 주류를 차지하고 있는 화교자본은 중국의 탈종속적 발전에 어떤 기여를 했는가? 중국에 투자한 화교자본의 상당수는 노동집약적 산업의 중소기업이었는데, 이들은 중국의 저임금노동력을 활용한 수출품 가공무역에 특화되는 것이 일반적이었다. 따라서 화교자본은 선진국의 금융자본과 달리 투기적 성격이 적고 투자 철수의 가능성도 낮은 신뢰할 만한 '인내 자본'의 성격을 강하게 지닌다. 중소기업의 특성상 투자 철수를 하게 되면 기업 존립을 위태롭게 할 막대한 비용 손해를 감수해야 하고, 또 다른 지역으로 투자 이전 시 중국에서보다 거래비용이 몇 배는 더 들기 때문에 중국 이외의 대안이 없었던 것이다. 중국 입장에서도 이들 화교자본이 여러모로 유리한 점이 많았는데, 이들은 서구의 거대 다국적기업들과 달리 중화학공업 중심의 중국의 기존 산업구조와 충돌하지 않아 국유기업에 큰 위협이 되지 않았고, 또 분산된 중소기업들이었기 때문에 중국 정부에 정치적 영향력을 행사하기 어려웠다(백승욱, 2008: 159).

마지막으로 검토할 중국의 외부적 요인은 중국의 세계경제로의 편입 시점, 세계경제로의 통합 시점이다. 개혁·개방 이후 중국이 본격적인 자본주의적 산업화와 대외 개방을 추진하고 세계경제로의 편입과 통합을 강화한 시점은 대략 1992년 '사회주의 시장경제' 단계부터인데, 이 시기는 세계화의 경향성이 집중적으로 분출되는 시기이기도 했다. 중국은 전 세계적인 자본 이동과 생산 재배치, 다국적기업 및 해외직접투자의 급증, 세계무역의 폭발적 성장 등 세계화의 혜택을 가장 적극적으로 향유한 최대 수혜국이었다. 만약 중국의 개혁·개방이 남미가 한창 종속적 발전을 하고 있던 1960년대나 그 이전에 이루어졌다면 어떤 결과가 빚어졌을까? 무의미한 역사적 가정일 수도 있겠지만 분명 현재와 같은 혜택과 이득을 보기는 어려웠을 것이다. 당시의 다국적기업은 일단 숫자도 적고 압도적 다수가 선진국(특히 미국) 다국적기업이어서 투자, 생산, 기술이전 등의 측면에서 개도국이 철저하게 불리한 위치에 놓일 수밖에 없었기 때문이다. 그러나 현재의 세계화 국면은 이와는 다른 가능성을 내포하고 있다.

첫째, 다국적기업과 해외직접투자가 과거와는 비교도 할 수 없을 만큼 폭증하고, 선진국뿐만 아니라 신흥국과 개도국의 기업들도 다국적기업화하고 해외투자에 나서면서 다국적기업들 사이에서 매력적인 투자유치국을 확보하기 위한 경쟁은 더욱 치열해지고 있다(장하준, 2000: 106~107). 이런 상황은 시장 규모와 저임금노동력 등에서 다른 어떤 국가도 따라올 수 없는 예외적 강점을 지닌 중국에게 유리한 환경을 제공하며 중국의 탈종속적 발전을 가능할 수 있게 한다.

둘째, 다국적기업에 대한 많은 연구는 자본 이동이 자유로운 세계화 속에서도 다국적기업이 쉽사리 투자 철수나 자본 이동을 하기는 어렵다는 점을 지적한 바 있다. 예컨대 화학, 제약산업의 경우 물리적 장비 측면에서 매몰비용*sunk cost*이 높고 자동차, 전자산업도 하청망이나 기타 관계특수적 측면에서 높은 매몰비용을 지니고 있어 투자유치국 정책의 미세한 불리한 변화나 제한이 있다고 해서 쉽게 손을 떼기는 어렵다는 것이다(장하준, 2000; Hirst and Thompson, 1996). 오히려 규모가 큰 다국적기업들은 이런 불리한 정부정책에 기꺼이 적응하려 하며 현지투자를 유지할 가능성이 높다고 보고된다. 중국의 경우에도 수많은 외국인 투자의 유출입이 있었고 투자 실패나 투자 철수의 사례도 심심치 않게 목격되지만 중국 시장 자체를 아예 포기한 거대 다국적기업의 사례는 찾아보기 어렵다.

셋째, 개혁·개방 이후 중국의 초기 경제성장에서 중요했던 노동집약적 산업은 글로벌 하청 관계 아래에서 이루어지는 것이 일반적이다. 신발, 의류 생산을 위해 통합된 글로벌 네트워크는 전형적인 '구매자 주도의 글로벌 상품사슬*buyer-driven global commodity chain*'로서, 주로 선진국의 대형 소매업체, 판매업체, 유명 브랜드 기업이 개도국의 분산된 생산 네트워크를 지배하고 통제하는 구조다. 그런데 최근 중국과 아시아 지역에 기반을 둔 거대 초국적 하청업체들이 등장하면서 이런 권력구조가 변하고 선진국 대형 구매업체들의 시장 조성 능력이 약화되고 있다는 분석이 제기된 바 있다(애플바움, 2012). 앞으로 더 지켜봐야 하겠지만 이런 사례는 중국 기업이 글로벌 하청 관계에서 권력구조의 변화를 추동할 역량과 가능성을 지니고 있음을 시사한다.

발전연구의 이론적·실천적 시사점

필자는 개혁·개방 이후 중국의 경제성장을 둘러싼 발전론적 쟁점으로 종속적 발전의 문제를 제기하고, 중국의 자본주의적 산업화에서 나타나는 종속적 발전 및 탈종속적 발전의 측면들을 검토하고 평가했다. 주요 연구 결과를 요약하면 다음과 같다. 첫째, 개혁·개방 이후 중국의 발전 과정은 투자·생산, 기술 도입, 수출·무역의 측면에서 종속적 발전과 탈종속적 발전이 혼재된 성격을 지니고 있음을 확인할 수 있다. 둘째, 수출 및 무역 종속의 측면을 제외하면 종속적 발전의 내용은 대단히 미약하게 나타나며, 중국의 경제 발전이 고도화되면서 탈종속적 발전의 측면들이 확대되고 강화되고 있다. 셋째, 중국에서 탈종속적 발전이 지배적인 특성으로 나타나게 된 것은 내부적으로 중국 발전국가의 성공적 종속 관리와 중국 경제의 예외성, 외부적으로는 중국 유입 해외자본의 성격과 중국의 세계경제 편입 시점에서 기인하는 것으로 분석되었다.

지금까지의 내용은 현 시기의 발전연구에 다음과 같은 이론적·실천적 시사점을 제공한다. 먼저, 중국이 이룩한 경제적 성공의 상당 부분은 중국만이 지닌 예외성과 독특성에서 연유한다는 것을 다시금 확인했다는 점이다. 이는 개혁·개방 이후 중국의 발전 경험이 '베이징 컨센서스론'이나 최근의 '중국 모델China Model론'이 주장하는 것처럼 제3세계 개도국들에게 쉽게 전파되거나 복제될 수 있는 일반화된 발전모델 또는 대안적인 발전모델이 결코 될 수 없음을 의미한다. 다른 한편으로, 중국의 고도성장과 탈종속이 중국의 성공적인 종속 관리와 깊이 연관된다는 사실은 제3세계 후발개도국이 발전 전략을 모색하는 데 유용한 실천적 지침을 제공할 수도 있다.

중국만의 예외성과 독특성이 감안되어야 하겠지만 중국의 경험은 신자유주의 세계화 시대에도 국가의 전략적 시장 개입과 경제 관리 능력이 여전히 경제 발전에 핵심적인 문제임을 분명하게 보여주기 때문이다. 노동력이나 시장 규모에서 중국만큼의 예외성을 지닌 다른 BRICs 국가들이 중국만큼의 경제 실적을 보이지 못하는 것은 이 문제와 상당한 관련성이 있다고 생각된다.

그러나 중국이 지난 수십 년 동안 자본주의의 그 어떤 국가도 따라올 수 없는 압도적인 경제성장을 달성했고 그 결과 G2의 반열에 올랐다는 사실이 향후 중국 경제의 낙관적 전망을 보장해주는 것은 아니다. 중국의 경제 발전에서 탈종속적 발전이 확대되며 강화되고는 있지만 수출·무역 종속, 특히 선진국 시장에 대한 의존성이라는 취약한 고리가 여전히 존재하기 때문이다. 중국이 이러한 종속적 발전의 고리에서 완전히 벗어나기 위해서는 내부 개혁을 통해 경제적 불평등과 양극화를 완화하고 내수시장을 확충해 축적체제의 불균형을 바로잡는 데 전력을 다해야 할 것이다. 그리 오랜 시간이 걸리지는 않겠지만 향후 중국이 종속적 발전을 완전히 탈피하고 축적체제의 내적인 완결성을 갖추게 되면 세계경제의 헤게모니를 다투는 진정한 G2의 반열에 오를 수 있을 것이다.

제9장
신자유주의와 자본주의의 미래

1 ————————————
자본주의의 위기와 지속성

역사적으로 자본주의 경제체제는 성장과 위기, 호황과 불황이 주기적으로 교차하면서 발전해왔다. 따라서 어떤 면에서 자본주의의 위기는 예외적이고 일시적인 현상이 아니라 지극히 정상적이고 항구적인 현상이라고 할 수 있다. 또한 자본주의 경제체제의 위기는 특정 지역이나 국가에 한정되지 않고 전 세계 곳곳에서 발생해왔다는 점에서 편재성도 지닌다. 이런 점에서 맑스 이래의 네오맑스주의, 정치경제학적 접근에서는 자본주의의 위기, 붕괴, 소멸 가능성에 대한 진단과 전망을 주기적으로 제기했다. 그러나 우리 모두가 잘 알고 있듯이, 자본주의는 여전히 건재하며 조만간 붕괴되거나 소멸할 것으로 보이지도 않는다. 오히려 맑스주의와 정치경제학에서 너무도 자주, 그리고 너무도 성급하게 제기되어왔던 '위기론의 과잉'은 이들이 수행했던 자본주의 분석의 타당성과 설득력을 떨어뜨리고 '묵시록의 예언'만을 맹목적으로 추종하는 것으로 보이게 만드는 역효과를 가져온 것 같다.[1]

자본주의의 역사에서 위기요인과 불안정성은 항상 존재해왔지만 그 대부분은 체제 내로 흡수되어 해소되었고, 그 범위를 넘어선 심각한 체제위기(대공황 등)는 자본주의 자체가 재구조화restructuring를 통해 보다 혁신되고 업그레이드된 형태로 진화하거나 변동함으로써 극복되어왔다. 물론 자본주의 경제체제가 위기나 구조적 긴장에서 적응적 진화 과정을 통해 새로운 균형점에 이르는 항상적 균형상태에 있다거나, 앞으로도 지속적인 적응·진화 과정을 통해 자본주의가 영원히 유지되리라는 점을 주장하려는 것은 아니다. 역사적으로 수많은 위기와 불안정성에도 불구하고 살아남아 강인한 생명력으로 지속되고 있는 자본주의의 현실을 다르게 설명할 도리가 없기 때문이다. 따라서 이런 측면들을 감안하면 맑스주의나 정치경제학에서 오히려 주목하고 설명해야 할 지점은 '자본주의의 위기'가 아니라 '자본주의의 지속성' 문제라고 할 수 있다.

이 장에서는 이러한 문제의식에 기반해 향후 신자유주의와 자본주의의 '지속-변동-위기의 가능성'을 검토하고 전망을 탐색해보고자 한다. 한 가지 전제할 점은 여기에서의 논의가 엄밀한 자료에 기반한 경험적·실증적 분석이 아니라 앞서 자본주의·신자유주의에 대한 제도 분석을 토대로 필자의 직관이 상당 부분 투영된 시론적이고 가설적인 수준에서 이루어진다는 점이다. 따라서 이 장에서 제기된 주제와 쟁점에 대한 본격적이고 심층적

---

1 최근에도 이러한 유형의 자본주의 위기론은 흔하게 발견된다. 대표적인 것으로 월러스틴(2014), 리민치(2010), 아리기(2009) 등을 들 수 있다. 월러스틴과 리민치는 중국을 포함한 BRICs 국가들의 자본주의 세계경제 통합으로 인해 전 세계적으로 잉여가치 배분을 둘러싼 투쟁이 첨예화되고, 특히 중국의 산업화가 자본주의 세계체제에서 잉여가치를 추출할 수 있는 마지막 배후지가 사라지는 것을 의미하기 때문에 자본주의의 종언이 머지않은 것으로 전망한다. 아리기는 자본주의의 종말을 주장하지는 않지만 자본주의 세계체제의 후견인인 미국 헤게모니가 2001년 이라크전쟁의 실패로 '최종적 위기'에 직면하게 되었다고 주장한 바 있다.

인 분석은 후속 연구과제로 남겨두기로 한다.

2 ─────────────────
신자유주의는 지속될 것인가?

제2장에서 살펴본 것처럼, 신자유주의는 현대자본주의의 위기와 재구조화의 맥락에서 출현했으며, 1980년대 이후 생산유연화, 세계화, 정보화, 금융화 등 다양한 재구조화 전략들을 지원하고 조율하는 정치적 조절방식이자 이를 정당화하는 경제 이념으로서 등장했다. 자본주의 장기파동의 관점에서 보면, 신자유주의는 1950~1960년대의 대호황과 1970~1980년대의 위기로 구성되는 제5차 장기파동 이후에 출현한 자본주의 장기파동의 새로운 순환 주기(제6차 장기파동)에 해당한다.[2] 서구 선진자본주의를 기준으로 하면 신자유주의 장기파동의 시기는 1980년대 중후반부터 성장·팽창 국면에 진입해 1990년대의 IT 붐과 신경제 호황을 거쳐 2008년 금융위기를 전후해 호황의 정점에 달한 것으로 볼 수 있으며, 그 이후로는 침체 국면으로 반전된 것으로 볼 수 있다.

신자유주의 장기파동의 성장과 침체, 팽창과 수축은 이전의 장기파동 주

---

2 자본주의 역사에서 존재했던 장기파동의 주기에 대해서는 이 책의 제2장과 만델(1985: 107~143)을 참조하라. 장기파동론 관점에서 현대자본주의의 신자유주의 단계와 시기를 특정화하는 일은 자본축적률, 이윤율, 생산성상승률 등의 경험적 자료에 근거해 이루어져야 한다. 그러나 신자유주의 발전 단계에 대한 장기파동론의 적용과 그에 대한 경험적·실증적 분석 등은 후속 연구과제로 남겨두기로 한다.

기들과 마찬가지로 자본 간 경쟁 및 자본-노동 간 갈등에 의해 규정된다. 1980년대 중후반부터 2008년 금융위기에 이르기까지 신자유주의 장기파동의 성장·팽창 국면을 가능하게 한 요인은 다음과 같다. 첫 번째 요인은 자본 간 경쟁이다. 전후 황금시대의 종료로 시장수요를 둘러싼 자본 간 경쟁이 첨예화되면서 나타난 생산의 유연화, 전 세계적인 자본 이동과 생산 재배치, 금융적 축적 방식의 확산, IT·인터넷·혁신산업의 성장 등 재구조화 전략이 1990년대 이후의 경기회복과 성장, 이윤율 상승을 이끌었다. 두 번째 요인은 자본-노동관계다. 1970년대 후반~1980년대 초반 대처와 레이건 정부에서 시행된 반反노조정책은 이후 노동운동과 노동계급에 대한 자본 진영의 대대적인 공세를 상징한다. 특히 1980년대 중반부터 선진국 자본의 해외 이전과 생산 재배치가 현실화되면서 노동계급의 고용 불안은 급증했으며 노조 역량의 약화는 더욱 심화되었다. 이 같은 노동계급의 후퇴와 원자화·파편화는 신자유주의 장기파동이 성장·팽창 국면에 진입할 수 있었던 또 하나의 조건이다.

신자유주의 장기파동은 이전의 순환 주기들과 비교할 때 몇 가지 독특성을 지닌다. 첫째, 장기파동의 팽창 국면에서는 투자·생산·고용이 증가하고 호황의 정점에서는 완전고용 수준에 도달해 노동계급의 협상력과 역량이 점차 강화되는 것이 일반적인데(암스트롱·글린·해리슨, 1993; Mandel, 1980), 신자유주의 장기파동의 팽창 국면에서는 완전고용과 노동계급의 협상력, 역량 강화를 수반하지 않는다. 이는 신자유주의적 세계화 전략에 따른 자본 이동과 생산 재배치, 노동시장 유연성에서 기인하는 것으로 보이는데, 결과적으로 신자유주의의 팽창 국면 내내 자본-노동관계에서 자본계급의 압도적인 우위와 노동계급의 패배와 원자화가 유지된다. 둘째, 신자유주의 장기파동의 성장과 위기, 팽창과 수축을 규정하는 데 자본-노동 간 갈등 요인의 영향력과 위상이 축소되기 때문에 자본 간 경쟁 요인이 장기파동의 발전 동학을 규정하는 핵심 변수로 부상하게 된다. 2008년 금융위기 이후 신자유주의 순환 주기가 침체 국면으로 반전된 것은 자본-노동 간 갈등에 의한 것이라기보다는 자본 간 경쟁의 첨예화에 따른 과잉축적, 금융자본의 과잉투기, 금융적 축적의 연결고리 붕괴로 인한 것이라고 할 수 있다.

그렇다면 신자유주의 장기파동은 현재 어떤 상태에 있으며, 향후 어떤 방향으로 어떻게 변할 것인가? 신자유주의 장기파동은 2008년 금융위기를 전후로 성장·호황의 정점을 지나 자본축적률, 이윤율, 성장률 등이 점차 하락하는 침체 국면에 접어든 것으로 판단된다. 그러나 2008년 금융위기의 위상과 의미를 과대평가하는 학자들(칼레츠키, 2011)과는 달리, 필자는 신자유주의 장기파동이 당장 심각한 위기와 불황 국면에 진입한 것으로 보지는 않는다. 2008년의 금융위기는 신자유주의의 여러 축적 전략 가운데 금융화 전략만이 한계에 부딪친 것을 의미하며 실물경제를 포함한 자본주의 축적 체제 전체의 붕괴를 가져온 것은 아니기 때문이다. 그럼에도 신자유주의 장기파동이 향후 침체 국면에서 불황·위기 국면으로 심화될 가능성은 분명 존재하고 실제로도 그럴 가능성은 상당히 높다. 다음의 두 요인이 위기를 가속화하는 요인이 될 수 있다.

첫째, 금융위기 이후 신자유주의적 국제 질서와 국제 규범이 지속적으로 흔들리고 붕괴할 수도 있는 조짐을 보인다는 점이다. 2010년대에 남유럽에서 시작된 재정위기와 브렉시트Brexit, 그로 인한 유럽연합의 동요와 위상 하락, 그리고 최근 대두된 미국 트럼프 행정부의 미국 우선주의와 강도 높은 보호무역주의는 자유무역주의를 후퇴시키고 전 세계적인 무역 분쟁과 관세 전쟁으로 확대될 가능성이 크다. 이 경우 세계자본주의와 국제무역의 지형에는 '만인 대 만인의 투쟁' 같은 정글의 법칙이 지배할 것이며, 자유무역주의는 물론 전 세계 기업들의 자본 이동과 세계화 전략, 그리고 이에 기반한 생산 전략 자체에도 심대한 타격을 줄 것이다.[3]

둘째, 1980년대 중반 이후 신자유주의적 축적 방식이 전 세계적으로 확산됨에 따라 이에 수반되는 소득 불평등과 양극화 현상도 전 세계적으로 확산되고 보편화되고 있다(스티글리츠, 2013; 피케티, 2014; 뒤메닐·레비, 2014). 소득 불평등으로 인한 시장수요 및 구매력의 감소가 신자유주의 장기파동의 팽창 국면에서는 크게 두드러지지 않았지만 침체 국면에서는 축적의 최대 위협 요인으로 부상하고 위기의 악순환을 불러올 가능성이 크다. 물론 중국과 인도 등 신흥국의 성장에 따른 새로운 시장수요가 생기겠지만, 이들의 시장 규모는 선진국과 비교하면 아직 미약한 수준이고 전 세계적인 경제위기 발생 시 신흥국 시장수요는 우선적인 타격을 받을 가능성이 높다. 따라서 향후 전 세계의 모든 기업은 시장수요 및 이윤 축적의 기회를 확보하는 데 어려움을 겪을 것이다.

만약 이런 요인들이 현실화되면 신자유주의 장기파동은 1970년대 위기 같은 극심한 불황과 경제위기에 직면할 것이고, 언젠가 신자유주의 장기파동의 순환 주기는 막을 내릴 것이다. 그럼에도 신자유주의 장기파동의 종료가 곧바로 자본주의 자체의 붕괴와 종말로 이어지지는 않을 것이다. 오히려 자본주의 장기파동의 이전 역사가 보여주듯이, 신자유주의의 위기 국

---

3   보호무역주의는 자본·기업의 세계화 전략에 양면적인 영향을 미칠 가능성이 높다. 보호무역주의와 무역장벽을 회피하기 위해 선진국으로의 생산 재배치나 직접투자는 더 촉진될 가능성이 높지만, 생산비용 절감을 위해 후진국·개도국으로 생산 재배치하거나 아웃소싱하는 것, 여러 국가에 걸친 글로벌 생산네트워크를 구축하는 것은 직접적인 타격을 입을 것이기 때문이다. 어떤 경우이든 보호무역주의가 자유무역에 비해 기업·자본의 입장에서는 생산비용이 더 들어가고 이윤이 감소하리란 점은 분명하다.

면은 새로운 축적기회와 이윤 원천을 모색하기 위한 광범위한 재구조화 시도와 맞물릴 것이며, 이때의 자본 간 경쟁 양상, 자본-노동 간 갈등 구도, 새로운 생산력과 기술혁신의 조건, 재구조화의 전략과 방향에 따라 차후의 자본주의 발전 단계를 규정하는 장기파동의 새로운 순환 주기가 시작될 것이다.

3 ——————————
자본주의의 미래는 있는가?

자본주의는 향후 어떻게 될 것인가? 자본주의는 미래가 있는가? 최근의 발전연구에서 포스트 발전론*post-development*을 비롯한 여러 발전론은 자본주의 자체의 붕괴와 종말을 언급하지는 않지만 현대자본주의가 지닌 성장 지상주의적 발전 방식이 생태적 한계와 재앙 때문에 더 이상 유지될 수 없을 것이라는 입장을 취한다(작스 외, 2010; 리스트, 2013; 라투슈, 2014). 저서『자본주의는 미래가 있는가*Does capitalism have a future?*』(2014)의 저자이자 저명한 사회학자들은 자본주의의 미래에 대해 긍정론과 부정론이 반반으로 입장이 갈린다. 월러스틴(2014)과 콜린스(2014)는 21세기 중반에 각각 세계시장의 과포화와 신기술로 인한 중간계급 고용의 붕괴로 자본주의가 종말을 맞게 될 것으로 보고, 마이클 만(2014)과 캘훈(2014)은 비록 '저성장'이기는 하지만 나름대로의 개혁과 대처로 자본주의 자체는 지속될 것으로 전망했다.

이런 분석들은 나름대로의 근거와 타당성을 지니고, 상반된 주장이 제기되는 것에서 보듯이 자본주의에 대한 전망은 쉽게 예단할 수 있는 성질의 것이 아니다. 그럼에도 자본주의는 당분간은 물론 장기간 유지되고 지속될 가능성이 높다. 물론 시기적으로 계속 변하고 국가별로도 다양한 자본주의의 상태와 발전 동학을 면밀하게 분석하고 미래 가능성을 추적하는 작업이 전제되어야 하겠지만, 자본주의의 지속 가능성을 전망하는 가장 큰 이유는 현재로서는 자본주의 경제체제를 대체할 다른 대안적인 경제모델과 경제 원리가 없기 때문이다. 즉, 대안은 없다.

비록 자본주의 경제의 범위 안에 있지만 신자유주의와는 다른 형태의 자본주의, 보다 나은 자본주의를 지향하고 이를 자본주의의 향후 대안으로 보는 입장은 다수 존재한다. 마이클 만을 비롯해 좌파 진영이 추구하는 대안은 대체로 평등성과 사회적 시민권이 회복된 자본주의, 기업과 금융자본의 폭력성을 민주적으로 통제할 수 있는 자본주의로서, 20세기 북유럽 국가들이 경험했던 사회민주주의적 자본주의 또는 케인스주의적·복지국가적 자본주의의 21세기적 복원에 가깝다(둘리엔·헤어·켈러만, 2012; 만, 2014).

하지만 사회민주주의적 자본주의의 역사적 시효는 이미 만료되었으며, 향후 시점에서 이를 다시 복원하는 것은 불가능하지는 않더라도 정말로 어려운 일이 될 것이다. 20세기의 사회민주주의적 자본주의는 개별 국민국가 단위의 축적체제(즉, 자본 이동과 세계화 전략의 부재), 자본-노동이 강력하게 조직된 조직자본주의, 개입주의적 성향을 지닌 좌파 정부의 존재 등을 배경으로 성립된 것이었다. 그러나 현재의 신자유주의 장기파동 국면에서 이러한 정치적·경제적 조건들은 대부분 무너지고 붕괴되었다. 특히 사회민주주의적 자본주의가 복원되기 위해서는 무엇보다도 노동계급의 역량 강화와 집합적 주체로서의 성장, 자본-노동관계에서의 균형 회복이 필요한데, 앞서 살펴본 것처럼 신자유주의 장기파동에서는 노동계급의 패배와 원자화가 일상적인 현실이기 때문이다. 또한 시민사회와 NGO의 해법이라고 할 수 있는 공정무역, 사회적 경제, 협동조합 등의 대안 경제모델 역시 하나의 실험적 시도로는 그 의미를 평가할 수 있겠으나 자본주의 경제체제를 대체할 현실적 대안이 될 가능성은 희박하다.

자본주의가 당분간, 아니 장기간 지속될 것이라는 전망과 관련해 제기하고 싶은 문제는 실패한 대안으로서의 사회주의에 대한 것이다. 20세기의 현실사회주의는 분명 실패했고, 많은 학자가 지적했듯이 맑스가 예상했던 사회주의와는 많은 점에서 동떨어지고 괴리된 '불구화된' 사회주의였다. 이런 퇴행은 맑스가 자본주의 생산양식의 비판이자 대안으로 제기했던 사회주의를 부분적으로 이해하고 부분적으로 실현했기 때문이다. 맑스가 『자본론』을 통해 자본주의를 반드시 폐지해야 하고 또한 그것이 필연적으로 폐지될 수밖에 없다고 본 이유는 크게 세 가지였다(맑스, 1989; 마르크스, 2004). 그것은 계급 착취, 노동 소외, 이윤율 경향적 저하의 법칙이다. 맑스 이래 대부분의 맑스주의자들과 현실사회주의자들은 계급 착취 문제에만 주목했고, 대안으로서의 사회주의 경제체제와 사회주의 사회를 이를 극복하는 문제로서만 사고하고 접근했다. 소련 같은 현실사회주의 국가들의 역사적 경험에서 보듯이, 계급 착취를 극복하는 문제는 비교적 간단하다고도 할 수 있다. 사회주의혁명을 통해 모든 생산수단을 국유화하고 생산수단의 사적 소유를 폐지하며, 경제의 모든 통제권을 프롤레타리아 독재(사회주의 국가·공산당)에 집중해 계획경제를 시행하면 되는 것이다. 그러나 이러한 사회주의 형태에서는 자본주의 모순의 한 가지가 그대로 남게 되는데, 그것은 자본주의적 분업 원리와 생산방식·노동과정에서 발생하는 노동의 소외 문제다(브레이버만, 1987). 즉, 노동의 소외를 극복한 사회주의적 분업 원리와 노동과정을 제시하고 실현하는 데 실패했기 때문에 현실사회주의는 반쪽짜리 사회주의일 수밖에 없고 결국 한계에 부딪칠 수밖에 없었던 것이다.[4]

자본주의의 전망과 관련해 사회주의 경제 원리가 '실패한 대안'이 아닌,

여전히 '실현 가능성을 지닌 대안'으로 존재하기 위해서는 계급 착취의 문제를 넘어서는 것 외에 노동의 소외를 극복한 사회주의적 분업·생산방식과 노동과정의 원리를 구축하고 제시하는 것이 핵심 관건이 될 것이다.[5] 여기서 한 가지 언급할 점은 노동의 소외를 극복한 사회주의적 노동과정이 자본주의 생산양식 이전의 장인적 노동으로의 회귀가 아니라는 점이다. 사회주의적 노동과정의 원리는 노동자들이 노동의 창의성과 즐거움, 인간 본성Homo Faber을 회복한 형태이면서 동시에 자본주의적 분업·생산과정만큼의 생산 효율성을 확보한 형태이어야 한다. 이 점은 맑스가 미래의 사회주의혁명이 경제적으로 낙후된 사회가 아닌, 생산력이 최고도로 발전된 자본주의 사회에서 발생할 것이라고 전망한 것과 어느 정도 연관성을 갖는다. 그러나 이러한 사회주의적 노동과정이 구체적으로 어떻게 조직되고 실현될 수 있는지에 대해서는 솔직히 머릿속에 그림이 잘 그려지지 않는다.[6] 이

4 러시아혁명 직후 V. I. 레닌(V. I. Lenin)이 테일러의 과학적 관리법을 작업방식에 대한 위대한 과학적 업적으로 간주하고 극찬했다는 점은 이미 잘 알려진 사실이다. 이후 소련의 산업화는 자본주의적 생산방식을 거의 그대로 모방하고, 그 결과 소련의 노동자들은 서구 노동자들의 모든 오욕을 똑같이 경험하게 된다(브레이버만, 1987: 18~19).

5 맑스적 관점에서 사회주의적 노동과정의 문제 외에 '대안으로서의 사회주의'가 풀어야 할 또 다른 과제는 세계혁명의 문제다. 기본적으로 사회주의·공산주의 단계는 한 국가에서 가능한 것이 아니라 전 세계적인 사회주의화에 의해서만 작동하고 유지될 수 있다. 소련이 자신을 정당화하기 위해 제기했던 '일국 사회주의'는 원리상 불가능하고 현실적으로도 오래 지속될 수 없었다.

6 이는 관련된 맑스의 설명이 너무도 짧고 은유적인 데서 기인하는 것일 수도 있다. 사회주의 사회에서 생산·분업 원리에 대한 맑스의 언급은 『독일 이데올로기(Die Deutsche Ideologie)』의 다음 구절이 거의 유일하다. "공산주의 사회에서는 아무도 하나의 배타적인 활동 영역을 갖지 않으며, 모든 사람이 그가 원하는 분야에서 자신을 수양할 수가

와 관련된 역사적 실험으로서 과거 유고슬라비아에서 실시한 노동자 자주 관리*worker's self-management*나 1970년대 서유럽의 공동결정제*co-determination*와 산업민주주의*industrial democracy* 등을 떠올릴 수 있으나 이는 노동자가 기업 경영에 부분적으로 참여한다는 의미일 뿐이고 파편화되고 소외된 자본주의적 분업·노동 원리를 바꾼 것은 아니었다.

사회주의적 분업·노동과정의 원리에 대한 대략적인 밑그림도 그리지 못하면서 사회주의 경제체제를 자본주의의 미래 대안으로 언급하는 것이 너무도 앞서 나간 이야기이거나 반대로 여전히 과거 유산에 집착하는 시대착오적인 주장으로 비춰질 수도 있겠다. 그러나 이것은 다른 말로 자본주의 경제체제가 그만큼 더 오랜 기간 유지되고 어떤 형태로든 지속될 것이라는 전망을 함축하는 것이기도 하다. 물론 앞으로 자본주의의 발전·변동 과정에서 예전에는 존재하지 않았던 새로운 대안적 경제모델이 제시되거나 등장할 수도 있을 것이다. 그러나 그것의 실현 가능성과 자본주의의 대체 가능성은 대안 모델이 주창하는 공정, 평등, 연대, 생태적 지속 가능성 등 최선의 가치와 목표 외에도 자본주의만큼의 물질적 생산능력에 대한 비전과 확신을 줄 수 있는지의 여부에 달려 있다.

있다. 그리고 사회가 생산 전반을 통제하게 되므로 각 개인은 자신이 하고 싶은 대로 오늘은 이 일을, 내일은 저 일을, 즉 아침에는 사냥하고, 오후에는 낚시하고, 저녁때는 소를 몰며, 저녁 식사 후에는 비평을 하면서, 그러면서도 사냥꾼으로도, 어부로도, 목동으로도, 비평가로도 되지 않는 일이 가능하게 된다"(맑스·엥겔스, 1988: 64). 어쩌면 사회주의 분업·노동의 문제는 미리 구상하고 설계할 수 없는 문제일지도 모른다.

에필로그

이 책에 수록된 글들을 순차적으로 읽어온 독자라면 이번 장에서의 여러 논의가 다소 의아하고 당황스럽게 느껴질 수도 있을 것이다. 이 책의 내용이 자본주의나 신자유주의의 미래와 같이 거대하고 근원적인 문제를 다룬 것이 아니라, 중범위적 수준에서 자본주의와 신자유주의의 제도적 다양성을 규명하고 그것의 역사적 변동 과정과 국가별 분화 과정을 경험적으로 분석한 논문이 대부분이었기 때문이다. 본문에서는 자본주의나 신자유주의의 장기적 전망에 대해 거의 언급하지 않고, 분석 결과를 토대로 한 단기적인 전망이나 발전연구에 대한 시사점 정도가 논의되었을 뿐이다.

그러나 필자의 궁극적인 연구 관심은 자본주의와 신자유주의의 미래 전망과 그것의 대체 가능성, 그리고 대안적인 경제모델에 대한 탐색이다. 현재의 연구 주제들과 궁극적인 연구 관심 사이에 쉽사리 메우기 어려울 정도로 거대한 간극과 공백이 있다는 사실은 부인할 수 없을 듯하다. 그러나 그 간극과 공백은 필자뿐만 아니라 자본주의 경제체제의 작동과 지속에 비판적인 문제의식을 가진 모든 사람이 노력해 채울 수 있는 부분이라고 믿고 또 기대한다.

또한 자본주의와 신자유주의의 궁극적인 운명과 대안 경제체제의 가능성이라는 먼(?) 미래의 이야기까지 가지 않더라도, 현재의 자본주의를 조금 더 바람직한 방향으로 변화시키고 민주적으로 통제하려는 모든 이론적·실천적 노력을 결코 폄하하거나 간과할 수는 없다. 미래의 대안은 비범한 천재 한두 사람의 머릿속에서 나오는 것이 아니라, 생존하기 위해 노동하고 생산하고 매일매일 분투하는 수많은 사람의 집합적인 노력과 투쟁, 그리고 헤아릴 수 없는 수많은 시행착오와 성찰 속에서 가능한 것이기 때문이다. 앞으로 자본주의와 신자유주의가 발전하고 변동하는 복잡다기한 역사적 과정이 부디 희망의 씨앗을 잉태하는 사회변동의 과정이기를 기대해본다.

참고문헌

제1장 자본주의의 다양성과 비교자본주의론의 전망

김윤태. 2007. 「자본주의의 다양성과 한국의 발전모델」. ≪동향과 전망≫, 70호, 46~76쪽

김인춘. 2007. 「자본주의 다양성과 한국의 새로운 발전모델: 민주적 코포라티즘의 조건」. ≪한국사회학≫, 41집 4호, 202~241쪽.

김형기. 2007. 「서장: 글로벌화·정보화 시대와 자본주의의 다양성」. 김형기 엮음. 『현대자본주의 분석』. 한울아카데미.

뒤메닐(Gérard Duménil)·레비(Dominique Lévy). 2006. 『자본의 반격: 신자유주의 혁명의 기원』. 이강국·장시복 옮김. 민맥.

세르파티, 클로드(Claude Serfati). 2002. 「경제의 금융화에 있어서 지배적 산업그룹들의 능동적 역할」. 『금융의 세계화: 기원, 비용 및 노림』. 서익진 옮김. 한울.

쉐네, 프랑수아(Francois Chesnais). 1998. 「금융지배적 세계적 축적체계의 출현」. 이병천·백영현 엮음. 『한국사회에 주는 충고』. 삼인.

_____. 2002. 『금융의 세계화: 기원, 비용 및 노림』. 서익진 옮김. 한울.

전창환·조영철 엮음. 2001. 『미국식 자본주의와 사회민주적 대안』. 당대.

정이환. 2006. 『현대 노동시장의 정치경제학』. 후마니타스.

Albert, Michel. 1991. *Capitalism contre Capitalism*. Paris: La Seul.

Amable, Bruno. 2003. *The Diversity of Modern Capitalism*. Oxford: Oxford University Press.

Arrighi, Giovanni. 1994. *The Long Twentieth Century: Money, Power, and the Origins of Our Times*. London: Verso.

Bell, Daniel. 1973. *The Coming of Post-Industrial Society: A Venture in Social Forecasting*. New York: Basic Books.

Blackburn, Robin. 2006. "Finance and the Fourth Dimension." *New Left Review* 39, pp. 39~70.

Boyer, Robert. 2005. "From Shareholder Value to CEO Power: the Paradox of the 1990s." *Competition & Change* 9(1), pp. 7~47.

_____. 2005. "How and Why Capitalims Differ." *Economy and Society* 34(4), pp. 509~557.

Cerny, Philip G., Georg Menz and Susanne Soederberg. 2005. "Different Roads to Globalization: Neoliberalism, the Competition State, and Politics in a More Open World." in Susanne Soederberg et al.(eds.). *Internalizing Globalization: The Rise of Neoliberalism and the Decline of National Varieties of Capitalism*. Houndmills: Palgrave Macmillan.

Coates, David(ed.). 2005. *Varieties of Capitalism, Varieties of Approaches*. Houndmills: Palgrave Macmillan.

Crouch, Colin. 2005. *Capitalist Diversity and Change: Recombinant Governance and Institutional Entrepreneurs*. Oxford: Oxford University Press.

Crouch, Colin and Wolfgang Streeck(eds.). 1997. *Political Economy of Modern Capitalism: Mapping Convergence and Diversity*. London: Sage Publications.

Hall, Peter and David Soskice. 2001. "An Introduction to Varieties of Capitalism." in Peter Hall and David

Soskice(eds.). *Varieties of Capitalism: The Institutional Foundations of Comparative Advantage.* Oxford: Oxford University Press.

Hall, Peter and David Soskice(eds.). 2001. *Varieties of Capitalism: The Institutional Foundations of Comparative Advantage.* Oxford: Oxford University Press .

Harvey, David. 2005. *A Brief History of Neoliberalism.* Oxford: Oxford University Press.

Hay, Colin. 2005. "Two Can Play at That Game ... or Can They? Varieties of Capitalism, Varieties of Institutionalism." in David Coates(ed.). *Varieties of Capitalism, Varieties of Approaches.* Houndmills: Palgrave Macmillan.

Hollingsworth, J. Roger and Robert Boyer(eds.). 1997. *Contemporary Capitalism: The Embeddedness of Institutions.* Cambridge, UK: Cambridge University Press.

Kerr, Clark et al. 1960. *Industrialism and Industrial Men: The Problem of Labor and Migration in Economic Growth.* Cambridge, Mass.: Harvard University Press.

Kitschelt, H., P. Lange, G. Marks and J. D. Stephens. 1999. "Convergence and Divergence in Advanced Capitalist Democracies." in Kitschelt, Herbert et al.(eds.). *Continuity and Change in Contemporary Capitalism.* Cambridge: Cambridge University Press.

Kitschelt, Herbert et al.(eds.). 1999. *Continuity and Change in Contemporary Capitalism.* Cambridge: Cambridge University Press.

Krippner, Greta R. 2005. "The Financialization of the American Economy." *Socio-Economic Review* 3, pp. 173~208.

Menz, Georg. 2005. "Auf Wiedersehen, Rhineland Model: Embedding Neoliberalism in Germany." in Susanne Soederberg et al.(eds.). *Internalizing Globalization: The Rise of Neoliberalism and the Decline of National Varieties of Capitalism.* Houndmills: Palgrave Macmillan.

_____. 2005. *Varieties of Capitalism and Europeanization: National Response Strategies to the Single European Market.* Oxford: Oxford University Press.

Overbeek, Henk and Kees van der Pijl. 1993. "Restructuring Capital and Restructuring Hegemony: Neo-Liberalism and the Unmaking of the Post-war Order." in Overbeek, Henk(ed.). *Restructuring Hegemony in the Global Political Economy: The Rise of Transnational Neo-Liberalism in the 1980s.* London and New York: Routledge.

Pierson, Paul(ed.). 2001. *The New Politics of the Welfare State.* Oxford: Oxford University Press.

Schmidt, Vivian. 2002. *The Future of European Capitalism.* Oxford: Oxford University Press.

Soskice, David. 1999. "Divergent Production Regimes: Coordinated and Uncordinated Market Economies in the 1980s and 1990s." Kitschelt, Herbert et al.(eds.). *Continuity and Change in Contemporary Capitalism.* Cambridge: Cambridge University Press.

Steinmo, Sven. 2005. "The Evolution of the Swedish Model." in Susanne Soederberg et al.(eds.). *Internalizing Globalization: The Rise of Neoliberalism and the Decline of National Varieties of Capitalism.* Houndmills: Palgrave Macmillan.

Streeck, Wolfgang. 2001. "Introduction: Explorations into the Origins of Nonliberal Capitalism in Germany and Japan." in Wolfgang Streeck and Kozo Yamamura(eds.). *The Origins of Nonliberal Capitalism: Germany and Japan in Comparison.* Ithaca: Cornell University Press.

Streeck, Wolfgang and Kozo Yamamura(eds.). 2001. *The Origins of Nonliberal Capitalism: Germany and Japan in Comparison*. Ithaca: Cornell University Press.

Yamamura, Kozo and Wolfgang Streeck(eds.). 2003. *The End of Diversity? Prospects for German and Japanese Capitalism*. Ithaca: Cornell University Press.

제2장 현대자본주의의 위기와 재구조화

글린, 앤드류(Andrew Glyn). 2008. 『고삐풀린 자본주의』. 김수행·정상준 옮김. 필맥.

뒤메닐(Gérard Duménil)·레비(Dominique Lévy). 2006. 『자본의 반격: 신자유주의 혁명의 기원』. 이강국·장시복 옮김. 필맥.

리피에츠, 아랑(Alain Lipietz). 1991. 『기적과 환상』. 김종한·엄창옥·이태왕 옮김. 한울.

만델, 에르네스트(Ernest Mandel). 1985. 『후기자본주의』. 이범구 옮김. 한마당.

머레이, 로빈(Robin Murray). 1993. 「포드주의와 포스트 포드주의」. 강석재·이호창 엮고 옮김. 『생산혁신과 노동의 변화: 포스트 포드주의 논쟁』. 새길.

사드필류(Alfredo Saad-Filho)·존스턴(Deborah Johnston). 2009. 『네오리버럴리즘』. 김덕민 옮김. 그린비.

서문기. 2003. 「신기술혁신과 장기파동이론: 사회학적 접근」. ≪한국사회학≫, 37권 6호, 33~63쪽.

쉐네, 프랑수아(Francois Chesnais). 1998. 「금융지배적 세계적 축적체계의 출현」. 이병천·백영현 엮음. 『한국 사회에 주는 충고』. 삼인.

암스트롱(Philip Armstrong)·글린(Andrew Glyn)·해리슨(John Harrison). 1993. 『1945년 이후의 자본주의』. 김수행 옮김. 동아출판사.

윤상우. 1996. 「세계화와 자본-노동관계의 변화」. ≪현대사회≫, 14권 1호, 263~283쪽.

_____. 2013. 「현대자본주의의 금융화 경향성과 쟁점들」. ≪사회과학논총≫, 15호, 57~88쪽.

워맥(James P. Womack)·존스(Daniel T. Johns)·루스(Daniel Roose). 1992. 『생산방식의 혁명』. 현영석 옮김. 기아경제연구소.

이영희. 1990. 「장기파동(Long Waves)과 노동과정의 역사적 전개과정」. ≪연세사회학≫, 11권, 505~534쪽.

임혁백. 1993. 「서구 자본주의 재생산체제의 변천: 자유자본주의, 조직자본주의, 탈조직자본주의」. ≪계간 사상≫, 18호, 181~218쪽.

카스텔, 마뉴엘(Manuel Castells). 1998. 「정보경제와 신국제분업」. 마틴 카노이 외. 『정보화시대의 지구경제 와 국가』. 정헌주·윤상우 옮김. 일신사.

_____. 2003. 『네트워크 사회의 도래』. 김묵한·박행웅·오은주 옮김. 한울아카데미.

칼레츠키, 아나톨(Anatole Kaletsky). 2011. 『자본주의 4.0』. 위선주 옮김. 컬처앤스토리.

하트랜즈버그, 마틴(Martin Hart-Landsberg). 2012. 「자본주의 세계화와 그 결과」. 경상대학교 사회과학연구원 엮음. 『세계화와 자본축적 체제의 모순: 마르크스주의적 접근』. 한울아카데미.

하비, 데이비드(David Harvey). 2007. 『신자유주의: 간략한 역사』. 최병두 옮김. 한울아카데미.

하이먼, 리처드(Richard Hyman). 1993. 「생산의 이론과 이론의 생산」. 강석재·이호창 엮고 옮김. 『생산혁신 과 노동의 변화: 포스트 포드주의 논쟁』. 새길.

헬드, 데이비드(David Held) 외. 2002. 『전지구적 변환』. 조효제 옮김. 창작과비평사.

Aglietta, Michel. 1979. *A Theory of Capitalist Regulation: The US Experience*. London: NLB.

Boyer, Robert. 2000. "Is Finance-led Growth Regime a Viable Alternative to Fordism? A Preliminary Analysis." *Economy and Society* 29(1), pp. 111~145.

Brenner, Robert. 2002. *The Boom and the Bubble: The US in the World Economy*. London: Verso.

Cerny, Philip G., Georg Menz and Susanne Soederberg. 2005. "Different Roads to Globalization: Neoliberalism, the Competition State, and Politics in a More Open World." in Susanne Soederberg et al.(eds.). *Internalizing Globalization: The Rise of Neoliberalism and the Decline of National Varieties of Capitalism*. Houndmills: Palgrave Macmillan.

Chesnais, Francois. 1993. "Globalization, World Oligopoly and Some of Their Implication." in Marc Humbert(ed.). *The Impact of Globalization on Europe's Firms and Industries*. London: Pinter Publishers.

Epstein, Gerald A. 2005. "Introduction: Financialization and the World Economy." in Gerald A. Epstein(ed.). *Financialization and the World Economy*. Cheltenham, UK: Edward Elgar.

Foster, John Bellamy. 1989. "The Age of Restructuring." in Arthur MacEwan and William K. Tabb(eds.). *Instability and Change in the World Economy*. New York: Monthly Review Press.

_____. 2007. "The Financialization of Capitalism." *Monthly Review* 58(11), pp. 1~12.

Frieden, Jeffery A. 2006. *Global Capitalism: Its Fall and Rise in the Twentieth Century*. New York: W.W. Norton & Company.

Friedmann, Harriet. 1991. "New Wines, New Bottles: The Regulation of Capital on a World Scale." *Studies in Political Economy* 36, pp. 9~42.

Gilpin, Robert. 2000. *The Challenge of Global Capitalism: The World Economy in the 21st Century*. Princeton: Princeton University Press.

Glyn, Andrew, Alan Hughes, Alain Lipietz and Ajit Singh. 1990. "The Rise and Fall of the Golden Age." in Stehphen A. Marglin and Juliet B. Schor(eds.). *The Golden Age of Capitalism: Reinterpreting the Postwar Experience*. Oxford: Oxford University Press.

Gordon, David M., Richard Edwards and Michael Reich. 1982. *Segmented Work, Divided Workers: The Historical Transformation of Labor in the United States*. Cambridge: Cambridge University Press.

Henderson, Jeffrey. 1989. *The Globalization of High Technology Production: Society, Space, and Semiconductors in the Restructuring of the Modern World*. London: Routledge.

Hirst, Paul and Grahame Thompson. 1992. "The Problem of Globalization: International Economic Relations, National Economic Management and the Formation of Trading Blocs." *Economy and Society* 21(4), pp. 357~396.

Jessop, Bob. 1993. "Towards a Schumpeterian Workfare State? Preliminary Remarks on Post-Fordist Political Economy." *Studies in Political Economy* 40, pp. 7~39.

Krippner, Greta R. 2011. *Capitalizing on Crisis: The Political Origins of the Rise of Finance*. Cambridge, Mass.: Harvard University Press.

Lash, Scott and John Urry. 1987. *The End of Organized Capitalism*. Cambridge: Polity Press.

Magdoff, Harry. 1992. "Globalization: To What End?" *Monthly Review* 43(9·10), pp. 1~40.

Mandel, Ernest. 1980. *Long Waves of Capitalist Development: The Marxist Interpretation*. Cambridge: Cambridge University Press.

Marglin, Stephen A. 1990. "Lesson of the Golden Age: An Overview." in Stehphen A. Marglin and Juliet B. Schor(eds.). *The Golden Age of Capitalism: Reinterpreting the Postwar Experience*. Oxford: Oxford

University Press.

Offe, Claus. 1985. *Disorganized Capitalism: Contemporary Transformations of Work and Politics*. Cambridge, Mass.: The MIT Press.

Orhangazi, Özgür. 2008. *Financialization and the US Economy*. Cheltenham, UK: Edward Elgar.

Piore, Michael and Charles F. Sabel. 1984. *The Second Industrial Divide: Possibilities for Prosperity*. New York: Basic Books.

Pohjola, Matti. 2002. "The New Economy: Facts, Impacts, and Policies." *Information Economics and Policy* 14, pp. 133~144.

UNCTAD. 2011. *World Investment Report 2011: Non-Equity Modes of International Production and Development*. New York and Geneva: United Nations.

제3장 현대자본주의의 금융화 경향성과 쟁점

권우현. 2007. 「금융주도 축적체제의 미시-거시 연관 분석」. 김형기 엮음. 『현대자본주의 분석』. 한울아카데미.

김기원. 2007. 「김대중-노무현 정권은 시장만능주의인가」. ≪창작과 비평≫, 137호, 171~186쪽.

김창근. 2006. 「1997년 경제위기 이후의 한국자본주의의 축적구조의 변화」. ≪진보평론≫, 27호, 10~37쪽.

김형기. 2007. 「글로벌화·정보화 시대와 자본주의의 다양성」. 김형기 엮음. 『현대자본주의 분석』. 한울아카데미.

뒤메닐(Gérard Duménil)·레비(Dominique Lévy). 2006. 『자본의 반격: 신자유주의 혁명의 기원』. 이강국·장시복 옮김. 필맥.

백승욱. 2006. 『자본주의 역사 강의』. 그린비.

서익진. 2005. 「현대자본주의, 금융적 축적의 성격과 모순」. 김형기 엮음. 『새정치경제학 방법론 연구』. 한울아카데미.

_____. 2007. 「금융주도 축적체제의 생명력에 관한 시론적 탐구: 불안정성, 불평등성 및 지속불가능성을 중심으로」. 김형기 엮음. 『현대자본주의 분석』. 한울아카데미.

쉐네, 프랑수아(Chesnais, Francois). 1998. 「금융지배적 세계적 축적체계의 출현」. 이병천·백영현 엮음. 『한국사회에 주는 충고』. 삼인.

_____. 2002a. 「금융주도적 축적체제론 논쟁」. ≪시민과 세계≫, 2호, 410~429쪽.

_____. 2002b. 『금융의 세계화: 기원, 비용 및 노림』. 서익진 옮김. 한울.

아글리에타, 미셸(Michel Aglietta). 2009. 『위기, 왜 발발했으며 어떻게 극복할 것인가?』. 서익진 옮김. 한울아카데미.

유철규. 2008. 「금융화와 한국자본주의: 특성과 전망」. ≪동향과 전망≫, 73호, 139~172쪽.

윤상우. 2009. 「외환위기 이후 한국의 발전주의적 신자유주의화: 국가의 성격변화와 정책대응을 중심으로」. ≪경제와 사회≫, 83호, 40~68쪽.

_____. 2010. 「자본주의의 다양성과 비교자본주의론의 전망」. ≪한국사회≫, 11집 2호, 3~36쪽.

이병천. 2011. 「외환위기 이후 한국의 축적체제: 수출주도 수익추구 축적체제의 특성과 저진로 함정」. ≪동향과 전망≫, 81호, 9~69쪽.

이종태. 2008. 「이명박정부 시대, 금융빅뱅과 한국경제의 운명」. ≪시민과 세계≫, 13호, 82~100쪽.

장진호. 2007. 「금융 헤게모니로서의 신자유주의 분석」. ≪경제와 사회≫, 80호, 315~342쪽.

전창환. 1999. 「금융 글로벌라이제이션과 세기말 자본주의」. ≪사회경제평론≫, 12호, 41~82쪽.

_____. 2009. 「2008년 미국의 금융위기: 원인과 교훈」. ≪동향과 전망≫, 75호, 142~182쪽.

조복현. 2007. 「한국의 금융시스템 변화와 금융화 발전」. ≪사회경제평론≫, 29권 1호, 253~296쪽.

조영철. 2001. 「20세기 자본주의의 역사: 미국과 독일 자본주의를 중심으로」. ≪경제와 사회≫, 52호, 39~65쪽.

_____. 2007. 『금융세계화와 한국경제의 진로: 민주적 시장경제의 길』. 후마니타스.

홍기빈. 2008. 「금융화의 이론적 규정을 위한 시론」. ≪동향과 전망≫, 73호, 1~52쪽.

홍장표. 2010. 「글로벌 금융위기와 금융주도 자본주의」. ≪마르크스주의 연구≫, 7권 3호, 241~272쪽.

하비, 데이비드(David Harvey). 2007. 『신자유주의: 간략한 역사』. 최병두 옮김. 한울아카데미.

Arrighi, Giovanni. 1994. *The Long Twentieth Century: Money, Power, and the Origins of Our Times*. London: Verso.

Arrighi, Giovanni and Beverly J. Silver. 1999. *Chaos and Governance in the Modern World System*. Minneapolis: The University of Minnesota Press.

Blackburn, Robin. 2006. "Finance and the Fourth Dimension." *New Left Review* 39, pp. 39~70.

Boyer, Robert. 2000. "Is Finance-led Growth Regime a Viable Alternative to Fordism? A Preliminary Analysis." *Economy and Society* 29(1), pp. 111~145.

_____. 2004. *The Future of Economic Growth: As New Becomes Old*. Cheltenham, UK: Edward Elgar.

Crotty, James. 2005. "The Neoliberal Paradox: The Impacts of Destructive Product Market Competition and 'Mordern' Financial Market in Nonfinancial Corporation Performance in the Neoliberal Era." in Gerald A. Epstein(ed.). *Financialization and the World Economy*. Cheltenham, UK: Edward Elgar.

_____. 2008. "If Financial Market Competition is Intense, Why are Financial Firm Profits so High? Reflections on the Current 'Golden Age' of Finance." *Competition & Change* 12(2), pp. 167~183.

Engelen, Ewald. 2008. "The Case for Financialization." *Competition & Change* 12(2), pp. 107~119.

Epstein, Gerald A. 2005. "Introduction: Financialization and the World Economy." in Gerald A. Epstein(ed.). *Financialization and the World Economy*. Cheltenham, UK: Edward Elgar.

Foster, John Bellamy. 2007. "The Financialization of Capitalism." *Monthly Review* 58(11), pp. 1~12.

Konings, Martijn. 2008. "European Finance in the American Mirror: Financial Change and the Re-configuration of Competitiveness." *Contemporary Politics* 14(3), pp. 253~275.

Krippner, Greta R. 2005. "The Financialization of the American Economy." *Socio-Economic Review* 3, pp. 173~208.

Langley, Paul. 2008. "Financialization and the Consumer Credit Boom." *Competition & Change* 12(2), pp. 133~147.

Martin, Randy. 2002. *Fianacialization of Daily Life*. Philadelphia, PA: Temple University Press.

Martin, Randy, Michael Raffery and Dick Bryan. 2008. "Financialization, Risk and Labour." *Competition & Change* 12(2), pp. 120~132.

Montgomerie, Johnna. 2008. "Bridging the Critical Divide: Global Finance, Financialization and Contemporary Capitalism." *Contemporary Politics* 14(3), pp. 233~252.

Orhangazi, Özgür. 2008. *Financialization and the US Economy*. Cheltenham, UK: Edward Elgar.

Overbeek, Henk and Kees van der Pijl. 1993. "Restructuring Capital and Restructuring Hegemony Neo-Liberalism and the Unmaking of the Post-war Order." in Overbeek, Henk(ed.). *Restructuring Hegemony in the Global Political Economy: The Rise of Transnational Neo-Liberalism in the 1980s*. London and New York: Routledge.

Panitch, Leo and Sam Gindin. 2005. "Superintending Global Capital." *Lew Left Review* 34, pp. 46~81.

Seccombe, W. 2004. "Contradictions of Shareholder Capitalism, Downsizing Jobs, Enlisting Savings, Destabilizing Families." in Leo Panitch et al.(eds.). *The Globalization Decade: A Critical Reader*. London: Merlin Press.

Stockhammer, Engelbert. 2008. "Some Stylized Facts on the Finance-dominated Accumulation Regime." *Competition & Change* 12(2), pp. 184~202.

제4장 베이징 컨센서스 비판: 라모와 아리기의 논의를 중심으로

강진아. 2009. 「옮긴이 해제: 21세기는 '중국의 세기'가 될 것인가」. 조반니 아리기(Giovanni Arrighi). 『베이징의 애덤 스미스: 21세기의 계보』. 강진아 옮김. 도서출판 길.

김도희. 2008. 「워싱턴 컨센서스와 베이징 컨센서스: 비교 및 대안가능성 탐구」. 전성흥 엮음. 『중국모델론: 개혁과 발전의 비교역사적 탐구』. 부키.

노턴, 베리(Barry Naughton). 2010. 『중국경제: 시장으로의 이행과 성장』. 이정구·전용복 옮김. 서울경제경영.

딜릭, 아리프(Arif Dirlik). 2000. 「역사와 대립되는 문화인가? 동아시아 정체성의 정치학」. 정문길 외 엮음. 『발견으로서의 동아시아』. 문학과지성사.

라모, 조슈아 쿠퍼(Joshua Cooper Ramo). 2009[2004]. 「베이징 컨센서스」. 김진공 옮김. ≪아세아연구≫, 52권 3호, 14~77쪽.

리민치(李民騏). 2010. 『중국의 부상과 자본주의 세계경제의 종말』. 류현 옮김. 돌베개.

박상현. 2011. 「동아시아와 세계체계 연구: 쟁점과 전망」. ≪사회와 역사≫, 92집, 93~128쪽.

박승우. 2008. 「동아시아 담론의 현황과 문제」. 동아시아공동체연구회. 『동아시아 공동체와 한국의 미래: 동북아를 넘어 동아시아로』. 이매진.

백승욱. 2003. 「중국과 동아시아 발전모델」. 한국산업사회연구회 엮음. 『노동과 발전의 사회학』. 한울.

사이드, 에드워드(Edward Said). 2007. 『오리엔탈리즘』(개정증보판). 박홍규 옮김. 교보문고.

사토 요시유키(佐藤嘉幸). 2014. 『신자유주의와 권력: 자기-경영적 주체의 탄생과 소수자-되기』. 김상운 옮김. 후마니타스.

소, 앨빈(Alvin Y. So). 2012. 「중국의 경제기적과 그 궤적」. 홍호평 외. 『중국, 자본주의를 바꾸다』. 하남석 외 옮김. 미지북스.

아리기, 조반니(Giovanni Arrighi). 2009[2007]. 『베이징의 애덤 스미스: 21세기의 계보』. 강진아 옮김. 도서출판 길.

_____. 2012. 「장기적인 관점으로 본 중국의 시장경제」. 홍호평 외. 『중국, 자본주의를 바꾸다』. 하남석 외 옮김. 미지북스.

윤상우. 2004. 「'발전국가'를 준거로 한 중국 성장체제의 평가」. ≪한국사회학≫, 39집 2호, 135~162쪽.

_____. 2005. 「중국·대만의 경제통합과 대만 성장모델」. ≪경제와 사회≫, 66호, 229~255쪽.

_____. 2018. 「중국 발전모델의 진화와 변동: 발전국가를 넘어 국가자본주의로?」. ≪아시아리뷰≫, 7권 2호, 33~61쪽.

이정훈. 2011. 「중국의 미래, 중국이라는 미래: 최근 출간된 중국 관련 단행본의 검토를 중심으로」. ≪역사비평≫, 97호, 292~317쪽.

천즈우(陳志武). 2011. 『중국식 모델은 없다』. 박혜린·남영택 옮김. 메디치.

푸코, 미셸(Michel Foucault). 2012[2004]. 『생명관리정치의 탄생: 콜레주드프랑스 강의 1978-79년』. 오트르망 옮김. 난장.

프랭크, 안드레 군더(Andre Gunder Frank). 2003. 『리오리엔트』. 이희재 옮김. 이산.

하비, 데이비드(David Harvey). 2007. 『신자유주의: 간략한 역사』. 최병두 옮김. 한울아카데미.

홍호펑(孔誥烽). 2012a. 「서론: 지구적 자본주의의 세 전환과 중국의 부상」. 홍호펑 외. 『중국, 자본주의를 바꾸다』. 하남석 외 옮김. 미지북스.

_____. 2012b. 「경고: 중국의 부상은 지속가능한가?」. 홍호펑 외. 『중국, 자본주의를 바꾸다』. 하남석 외 옮김. 미지북스.

Arrighi, Giovanni. 2007. *Adam Smith in Beijing: Lineages of the Twenty-first Century.* New York: Verso.

Bair, Jennifer. 2009. "The New Hegemon? Contingency and Agency in the Asian Age." *Journal of World-system Research* 15(2), pp. 220~227.

Christiansen, Flemming. 2010. "Arrighi's Adam Smith in Beijing: Engaging China." *Historical Materialism* 18, pp. 110~129.

Chu, Yun-han. 1999. "Surviving the East Asian Financial Storm: The Political Foundation of Taiwan's Economic Resilience." in T. J. Pempel(ed.). *The Politics of the Asian Economic Crisis.* Ithaca: Cornell University Press.

Coyne, Gary. 2009. "Natural and Unnatural Paths." *Journal of World-system Research* 15(2), pp. 228~232.

Denemark, Robert A. 2009. "World System History: Arrighi, Frank, and the Way Forward." *Journal of World-system Research* 15(2), pp. 233~242.

Dirlik, Arif. 2006. "Beijing Consensus: Beijing 'Gongshi' Who Recognizes Whom and to What End?" *Globalization and Autonomy Online Compendium.*

Gulick, John. 2009. "Giovanni Arrighi's Tapestry of East and West." *Journal of World-system Research* 15(2), pp. 243~248.

Huang, Yasheng. 2010. "Debating China's Economic Growth: The Beijing Consensus or the Washington Consensus." *Academy of Management Perspectives* May, pp. 31~47.

Kennedy, Scott. 2010. "The Myth of the Beijing Consensus." *Journal of Contemporary China* 19(65), pp. 461~477.

Li, Xin, Kjeld Erik Brødsgaard and Michael Jacobsen. 2009. "Redefining Beijing Consensus: Ten Economic Principles." *China Economic Journal* 2(3), pp. 297~311.

McMillan, John and Barry Naughton. 1993. "How to Reform a Planned Economy: Lessons from China." *Oxford Review of Economic Policy* 8(1), pp. 130~143.

Naughton, Barry. 2010. "China's Distinctive System: Can It Be a Model for Others?" *Journal of Contemporary China* 19(65), pp. 430~460.

OECD. 2003. *China: Progress and Reform Challenges.* Paris: OECD.

Panitch, Leo. 2010. "Giovanni Arrighi in Beijing: An Alternative to Capitalism?" *Historical Materialism* 18, pp. 74~87.

Polanyi, Karl. 1957[1944]. *The Great Transformation.* Boston: Beacon Press.

Pradella, Lucia. 2010. "Beijing Between Smith and Marx." *Historical Materialism* 18, pp. 88~109.

Tsai, Kellee S. and Barry Naughton. 2015. "Introduction: State Capitalism and the Chinese Economic Miracle." in Barry Naughton and Kellee S. Tsai(eds.). *State Capitalism, Institutional Adaptation, and the*

Chinese Miracle. New York: Cambridge University Press.

Sachs, Jeffery and Wing Thye Woo. 1994. "Understanding the Reform Experience of China, Eastern Europe, and Russia." in Chung H. Lee and Helmut Reisen(eds.). *From Reform to Growth: China and Other Countries in Transition*. Paris: OECD.

So, Alvin Y. 2003. "Introduction: Rethinking the Chinese Development Miracle." in A. Y. So(ed.). *China's Developmental Miracle: Origins, Transformations, and Challenges*. New York: M. E. Sharpe.

Trichur, Ganesh and Steven Sherman. 2009. "Giovanni Arrighi in Beijing." *Journal of World-system Research* 15(2), pp. 256-263.

Xia, Ming. 2000. *The Dual Developmental State: Development Strategy and Institutional Arrangements for China's Transition*. Aldershot: Ashgate.

Yao, Yang. 2010. "The End of the Beijing Consensus: Can China's Model of Authoritarian Growth Survive?" *Foreign Affairs*. February 2.

Zhao, Suisheng. 2010. "The China Model: Can It Replace the Western Model of Modernization?" *Journal of Contemporary China* 19(65), pp. 419~436.

제5장 외환위기 이후 한국의 발전주의적 신자유주의

기획재정부. 2010. 『경제백서 2009』. 기획재정부.

김기원. 2007. 「김대중-노무현 정권은 시장만능주의인가」. ≪창작과 비평≫, 137호, 171~186쪽.

_____. 2008. 「세계 금융위기와 이명박정부의 경제정책」. ≪창작과 비평≫, 142호, 354~371쪽.

뒤메닐(Gérard Duménil)·레비(Dominique Lévy). 2009. 「신자유주의 반혁명」. 알프레드 사드필류·데버러 존스턴 엮음. 『네오리버럴리즘』. 김덕민 옮김. 그린비.

뭉크, 로날도(Ronaldo Munck). 2009. 「신자유주의와 정치, 그리고 신자유주의적 정치」. 알프레드 사드필류·데버러 존스턴 엮음. 『네오리버럴리즘』. 김덕민 옮김. 그린비.

사드필류(Alfredo Saad-Filho)·존스턴(Deborah Johnston). 2009. 「서문」. 알프레드 사드필류·데버러 존스턴 엮음. 『네오리버럴리즘』. 김덕민 옮김. 그린비.

새로운사회를여는연구원. 2009. 『신자유주의 이후의 한국경제』. 시대의창.

신장섭·장하준. 2004. 『주식회사 한국의 구조조정: 무엇이 문제인가』. 장진호 옮김. 창비.

유종일. 2007. 「신자유주의, 세계화, 한국경제」. ≪창작과 비평≫, 137호, 153~170쪽.

_____. 2008. 『위기의 경제: 금융위기와 한국경제』. 생각의 나무.

유철규. 2004. 「양극화와 국민경제 해체의 경제구조: 사회적 갈등의 심화와 민주주의의 위기」. ≪아세아연구≫, 47권 4호, 23~41쪽.

_____. 2008. 「금융화와 한국자본주의: 특성과 전망」. ≪동향과 전망≫, 73호, 139~172쪽.

윤상우. 2005. 『동아시아 발전의 사회학』. 나남출판.

_____. 2008. 「민주화 이후의 사회정책과 복지국가 평가: 사회적 시민권의 관점에서」. ≪사회과학연구≫, 16집 1호, 346~386쪽.

이병천. 1999. 「한국의 경제위기와 IMF 체제: 종속적 신자유주의화의 모험」. ≪사회경제평론≫, 13호, 117~165쪽.

_____. 2005. 「양극화의 함정과 민주화의 깨어진 약속: 동반성장의 시민경제 대안을 찾아서」. ≪시민과 세계≫, 7호, 9~56쪽.

이연호. 1999. 「김대중 정부의 경제개혁과 신자유주의적 국가등장의 한계: 동아시아 개발도상국의 한 사례」. ≪한국정치학회보≫, 32집 3호, 77~94쪽.

이연호·임유진·정석규. 2002. 「한국에서 규제국가의 등장과 정부-기업관계」. ≪한국정치학회보≫, 36집 3호, 199~222쪽.

이종태. 2008. 「이명박정부 시대, 금융빅뱅과 한국경제의 운명」. ≪시민과 세계≫, 13호, 82~100쪽

장상환. 2008. 「글로벌 금융위기와 이명박 정부 경제정책」. ≪노동사회≫, 2008년 12월호, 6~32쪽.

재정경제부. 1999. 『경제백서』.

_____. 2003. 『경제백서』.

_____. 2006. 『경제백서』.

전창환. 2004a. 「김대중 정부 이후의 한국경제: 신자유주의적 구조조정과 V자형 회복에서 거시적 성장체제의 내재적 불안정성으로」. 전창환·김진방 외. 『위기 이후 한국자본주의』. 풀빛.

_____. 2004b. 「1980년대 발전국가의 재편, 구조조정, 그리고 금융자유화」. 유철규 엮음. 『박정희 모델과 신자유주의 사이에서』. 함께읽는책.

_____. 2009. 「2008년 미국의 금융위기: 원인과 교훈」. ≪동향과 전망≫, 제75호, 142~182쪽.

조영철. 2007. 『금융세계화와 한국경제의 진로: 민주적 시장경제의 길』. 후마니타스.

조원희·조복현. 2007. 「신자유주의와 비용 외부화: 신자유주의의 본질과 발전」. 김형기 엮음. 『현대자본주의 분석』. 한울아카데미.

최병두. 2007. 「발전주의에서 신자유주의로의 이행과 공간정책의 변화」. ≪한국지역지리학회지≫, 13권 1호, 82~103쪽.

최장집. 2002. 『민주화 이후의 민주주의: 한국민주주의의 보수적 기원과 위기』. 후마니타스.

콜라스, 알레한드로(Alejandro Colas). 2009. 「신자유주의, 세계화, 그리고 국제 관계」. 알프레드 사드필류·데버러 존스턴 엮음. 『네오리버럴리즘』. 김덕민 옮김. 그린비.

폴라니, 칼(Karl Polanyi). 2009. 『거대한 전환: 우리 시대의 정치·경제적 기원』. 홍기빈 옮김. 도서출판 길.

하비, 데이비드(David Harvey). 2007. 『신자유주의: 간략한 역사』. 최병두 옮김. 한울아카데미.

하연섭. 2006. 「정책아이디어와 제도변화: 우리나라에서 신자유주의의 해석과 적용을 중심으로」. ≪행정논총≫, 44권 4호, 1~27쪽.

홍영기. 2004. 「외환위기 이후 금융시스템 전환의 성격과 한계」. 전창환·김진방 외. 『위기 이후 한국자본주의』. 풀빛.

Beeson, Mark and Iyanatul Islam. 2005. "Neo-liberalism and East Asia: Resisting the Washington Consensus." *The Journal of Development Studies* 41(2), pp. 197~210.

Cerny, Philip. 2000. "Restructuring the Political Arena: Globalization and the Paradoxes of the Competition State." in R. D. Germain(ed.). *Globalization and Its Critics.* Houndmills: Macmillan.

Cerny, Philip G., Georg Menz and Susanne Soederberg. 2005. "Different Roads to Globalization: Neoliberalism, the Competition State, and Politics in a More Open World." in Susanne Soederberg et al.(eds.). *Internalizing Globalization: The Rise of Neoliberalism and the Decline of National Varieties of Capitalism.* Houndmills: Palgrave Macmillan.

Fourcade-Gourinchas, Marion and Sarah L. Babb. 2002. "The Rebirth of the Liberal Creed: Paths to Neoliberalism in Four Countries." *The American Journal of Sociology* 108(3), pp. 533~579.

Hay, Collin. 2004. "The Normalizing Role of Rationalist Assumptions in the Institutional Embedding of

Neoliberalism." *Economy & Society* 33(4), pp. 500~527.

Hundt, David. 2005. "A Legitimate Paradox: Neo-liberal Reform and the Return of the State in Korea." *The Journal of Development Studies* 41(2), pp. 242~260.

Jessop, Bob. 1993. "Towards a Schumpeterian Workfare State? Preliminary Remarks of Post-Fordist Political Economy." *Studies in Political Economy* 40, pp. 7~39

O'Sullivan, M. 2000. *Contest for Corporate Control: Corporate Governance and Economic Performance in the United State and Germany.* Oxford: Oxford University Press.

Park, Hun-Joo. 2002. "After Dirigisme: Globalization, Democratization, the Still Faulted State and its Discontents in Korea." *Pacific Review* 15(1), pp.63~88.

Peck, Jamie and Adam Tickell. 2002. "Neoliberalizing Space." *Antipode* 34(3), pp. 380~404.

Pirie, Iain. 2008. *The Korean Developmental State: From Dirigisme to Neo-liberalism.* London: Routlege.

Prasad, Monica. 2006. *The Politics of Free Markets: The Rise of Neoliberal Economic Policies in Britain, France, Germany, and the United States.* Chicago: The University of Chicago Press.

Weiss, Linda. 2003. "Guiding Globalization in East Asia: New Roles for Old Developmental State." in Linda Weiss(ed.). *The State in Global Economy: Bringing the Domestic Institutions Back in.* Cambridge: Cambridge University Press.

Woo-Cumings, Meredith. 2001. "Miracle as Prologue: The State and the Reform of the Corporate Sector in Korea." in Joseph E. Stiglitz and S. Yusuf(eds.). *Rethinking the East Asian Miracle.* Oxford: Oxford University Press.

제6장 신자유주의 시대의 대만 발전국가: 변화와 연속성

권순미. 2008. 「민주화, 세계화, 대만의 사회정책」. ≪사회과학논총≫, 39집 2호, 109~126쪽.

김성숙 외. 2011. 『아시아 태평양 10개 국가의 공적연금제도 비교연구』. OECD 대한민국정책센터·국민연금연구원.

김준. 1993. 「대만의 민주화: 과정, 현황, 과제」. ≪입법자료분석≫, 17집.

김중웅. 1986. 「산업발전과 정책금융」. ≪한국개발연구≫, 8권 1호, 43~76쪽.

박윤철. 2009. 「민주화 이후 대만 경제독점구조의 재구조화: 국가, 자본 및 지방파벌의 삼각동맹」. 조희연·박은홍·이홍균 엮음. 『아시아 민주화와 사회경제적 불평등의 동학: '사회경제적 독점'의 변형 연구』. 한울아카데미.

蕭素菁. 1997. 「대만의 국가-자본관계 변화에 관한 연구: 대중국투자 사례를 중심으로」. 한양대학교 사회학과 석사학위논문.

윤상우. 2002. 「동아시아 발전국가의 위기와 재편: 한국과 대만 비교연구」. 고려대학교 사회학과 박사학위논문.

_____. 2005. 『동아시아 발전의 사회학』. 나남출판.

_____. 2010. 「동아시아 지역경제통합에서의 대만의 대응과 딜레마」. ≪한국과 국제정치≫, 26권 2호, 103~133쪽.

이수행 외. 2007. 『대만경제의 침체배경과 시사점』. 경기개발연구원.

이재호·박경돈. 2011. 「동아시아 국가의 통신시장자유화와 시장경쟁모델: 통신사업자의 효율성 분석을 중심으로」. ≪한국정책학회보≫, 20권 2호, 383~410쪽.

지은주. 2012. 「대만 경제개방의 확대와 소득불평등 개선을 위한 정부의 대응」. ≪국제정치논총≫, 52집 3호,

447~471쪽.

지주형. 2011. 『한국 신자유주의의 기원과 형성』. 책세상.

쳰잉팡·뤼지엔더. 2011. 「경제위기하 대만 사회보장제도의 발전과 개혁」. ≪아세아연구≫, 54권 1호, 73~118쪽.

Ku, Yeun-Wen. 2012. 「대만의 새로운 사회정책: 마잉주 정부의 과제」. ≪국제노동브리프≫, 2012년 6월호, 14~28쪽.

통계청. 1999. 『한국주요경제지표』.

_____. 2011. 『한국의 사회지표』.

_____. 2012. 『국제통계연감』.

_____. 2013. 『한국통계연감』. 제59호.

한국경제연구원. 1984. 『대만의 산업정책』.

한국은행. 1993. 『대만경제와 한국경제: 경제개발과정 및 정책운용 비교』.

해거드, 스테판(Stephan Haggard). 1994. 『주변부로부터의 오솔길: 신흥공업국의 정치경제학』. 박건영·강문구·양길현 옮김. 문학과지성사.

瞿宛文. 2011. 「民主化與經濟發展: 臺灣發展型國家的不成功轉型」. ≪臺灣社會學研究季刊≫, 第84期, pp. 243~288.

鄭陸霖. 1988. 『臺灣勞動體制形構的解析: 歷史/結構的取向』. 國立臺灣大學社會學研究所 碩士論文.

行政院經濟建設委員會 編. 1989. 『中華民國七十七年經濟年報: 邁向經濟自由化之路』. 中華民國七十八年六月.

行政院經濟部. 2009. 『兩岸經濟合作架構協議(ECFA)構想及推動重點』.

隅谷三喜男·劉進慶·涂照彦. 1992. 『臺灣の經濟: 典型NIESの光と影』. 東京: 東京大學出版會.

≪經濟日報≫. 2003.07.23.

Alavi, Hamza. 1972. "The State in Postcolonial Societies: Pakistan and Bangladesh." *New Left Review* 74, pp. 59~81.

Amsden, Alice H. 1989. *Asia's Next Giant: South Korea and Late Industrialization*. New York: Oxford University Press.

Amsden, Alice H. and Wan-wen Chu. 2003. *Beyond Late Development: Taiwan's Upgrading Policies*. Cambridge, Mass.: The MIT Press.

Aspalter, Christian. 2006. "The East Asian Welfare Model." *International Journal of Social Welfare* 15, pp. 290~301.

Castells, Manuel. 1992. "Four Asia Tigers with a Dragon Head: A Comparative Anaysis of the State, Economy, and Society in the Asia Pacific Rim." in Richard P. Appelbaum and Jeffrey Henderson(eds.). *State and Development in the Asian Pacific Rim*. London: Sage.

Chen, Hsiao-Hung and Hsiu-Hui Chen. 2003. "Universal Values vs. Political Ideology: Virtual Reform Experience of Taiwan's National Pension Plan." Paper presented at "Aging: Lessons from East Asia" Workshop, University of Birmingham, UK.

Cheng, Tun-jen and Stephen Haggard. 1992. "Regime Transformation in Taiwan: Theoretical and Comparative Perspectives." in Tun-jen Cheng and Stephen Haggard(eds.). *Political Change in Taiwan*. Boulder: Lynne Rienner.

Cheng, Tun-jen. 1990. "Political Regimes and Development Strategies: South Korea and Taiwan." in Gary Gereffi and Donald L. Wyman(eds.). *Manufacturing Miracles: Paths of Industrialization in Latin*

America and East Asia. Princeton, NJ.: Princeton University Press.

_____. 1993. "Guarding the Commanding Heights: The State as Banker in Taiwan." in Stephen Haggard, Chung H. Lee and Sylvia Maxfield(eds.). *The Politics of Finance in Developing Countries*. Ithaca: Cornell University Press.

Chou, Yujen. 1992. "Economic Dependence and Changes in Taiwan's Trade Policy, 1984- 1989." *Issues and Studies* 28(1), pp. 55~80.

Chu, Yun-Han. 1994. "The Realignment of Business-Government Relations and Regime Transition in Taiwan." in Andrew MacIntyre(ed.). *Business and Government in Industrializing Asia*. Ithaca: Cornell University Press.

_____. 2002. "Re-engineering the Developmental State in an Age of Globalization: Taiwan in Defiance of Neo-liberalism." *The China Review* 2(1), pp. 29~59.

_____. 2013. "Coping with the Global Financial Crises: Institutional and Ideational Sources of Taiwan's Economic Resiliency." *Journal of Contemporary China* 22(82), pp. 649~668.

Council for Economic Planning and Development(CEPD), Executive Yuan, ROC. 2001. *Taiwan Statistical Data Book*.

_____. 2007. *Taiwan Statistical Data Book*.

_____. 2012. *Taiwan Statistical Data Book*.

Evans, Peter. 1995. *Embedded Autonomy: States and Industrial Transformation*. Princeton: Princeton University Press.

Holliday, Ian. 2000. "Productivist Welfare Capitalism: Social Policy in East Asia." *Political Studies* 48(4), pp. 706~723.

Huang, Chien-Chung and Yeun-Wen Ku. 2011. "Effectiveness of Social Welfare Programmes in East Asia: A Case Study of Taiwan." *Social Policy & Administration* 45(7), pp. 733~751.

Johnson, Chalmers. 1982. *MITI and the Japanese Miracle: The Growth of Industrial Policy, 1925-1975*. Stanford: Stanford University Press

Ku, Yeun-Wen and Hsui-Hui Chen. 2001. "Is It Safe Enough? The Planning of National Pension Insurance in Taiwan." in Catherine Jones Finer(ed.). *Comparing the Social Policy Experience of Britain and Taiwan*. Aldershot: Ashgate.

Kwon, Huck-Ju. 2009. "The Reform of the Developmental Welfare State in East Asia." *International Journal of Social Welfare* 18, pp. S12~S21.

Lin, Scott Y. 2010. "The Transformation of Taiwan from a Sovereign-Centric State to a Structural Competition-State." Paper presented at the Annual Conference of the American Association for Chinese Studies, Wake Forrest University, North Carolina on October 15-17, 2010.

McBeath, Gerald A. 1997. "Taiwan Privatizes by Fits and Starts." *Asian Survey* 37(12), pp. 1145~1162.

Ó Riain, Seán. 2000. "The Flexible Developmental State: Globalization, Information Technology, and the Celtic Tiger." *Politics & Society* 28(2), pp. 157~193.

Pao, Huei-Wen, Hsueh-Liang Wu and Wei-Hwa Pan. 2008. "The Road to Liberalization: Policy design and Implementation of Taiwan's Privatization." *International Economics and Economic Policy* 5, pp. 323~344.

Tang, Kwong-Leung. 2000. *Social Welfare Development in East Asia*. Houndmills: Palgrave.

Tasi, Ming-Chang. 2001. "Dependency, the State and Class in the Neoliberal Transition of Taiwan." *Third World Quarterly* 22(3), pp. 359~379.

Wade, Robert. 1990. *Governing the Market: Economic Theory and the Role of Government in East Asian Industrialization*. Princeton, NJ.: Princeton University Press.

Wang, Chia-Huang. 2012. "Moving toward Neoliberalization? The Restructuring of the Developmental State and Spatial Planning in Taiwan." in Bae-Gyoon Park, Richard Child Hill and Asato Saito(eds.). *Locating Neoliberalism in East Asia: Neoliberalizing Spaces in Developmental States*. West Sussex, UK: Wiley-Blackwell.

Wong, Joseph. 2004. "The Adaptive Developmental State in East Asia." *Journal of East Asian Studies* 4, pp. 345~362.

Wong, Joseph. 2005. "Re-making the Developmental State in Taiwan: The Challenges of Biotechnology." *International Political Science Review* 26(2), pp. 169~191.

Wu, Yu-Shan. 2007. "Taiwan's Developmental State: After the Economic and Political Turmoil." *Asian Survey* 47(6), pp. 977~1001.

≪Taiwan Journal≫. 2005.8.12.

제7장 IMF 위기 이후 신자유주의의 내부화 과정: 한국과 브라질 비교

강경희. 2005. 「신자유주의 경제정책과 국내 대기업부문의 대응전략」. 조돈문·김종섭·이내영 엮음. 『라틴아메리카 신자유주의 경제개혁의 정치경제학』. 오름.

고원. 2007. 「민주정부 이후 경제과정에 대한 반성과 새로운 경제정책전략의 모색」. ≪민주사회와 정책연구≫, 11호, 160~190쪽.

권기수. 2008. 「최근 브라질 경제의 안정적 성장배경과 전망」. ≪KIEP 지역경제포커스≫, 08-09호, 1~10쪽.

_____. 2011. 「룰라정부의 산업정책 평가와 과제」. ≪포르투갈-브라질연구≫, 8권 1호, 1~29쪽.

김관옥. 2011. 「신자유주의와 참여정부의 경제정책 결정요인 연구」. ≪국제정치연구≫, 14집 1호, 275~300쪽.

김기원. 2008. 「노무현 정권 경제정책의 평가와 반성」. 서울사회경제연구소 엮음. 『한국경제: 빈부격차 심화되는가?』. 한울아카데미.

김기현·권기수. 2011. 『라틴아메리카 경제의 이해: 자원, 불평등, 그리고 개혁』. 한울아카데미.

김원호. 2005. 「라틴아메리카 발전모델은 순환하는가?」. 조돈문·김종섭·이내영 엮음. 『라틴아메리카 신자유주의 경제개혁의 정치경제학』. 오름.

박병수. 2005. 「신자유주의 경제재편의 사회적 수용과 국가의 역할: 멕시코 살라니스 정부와 아르헨티나 메넴 정부의 사례」. 조돈문·김종섭·이내영 엮음. 『라틴아메리카 신자유주의 경제개혁의 정치경제학』. 오름.

사드필류(Alfredo Saad-Filho)·존스턴(Deborah Johnston). 2009. 「서문」. 알프레드 사드필류·데버러 존스턴 엮음. 『네오리버럴리즘』. 김덕민 옮김. 그린비.

신장섭·장하준. 2004. 『주식회사 한국의 구조조정: 무엇이 문제인가』. 장진호 옮김. 창비.

오삼교. 2006. 「브라질 룰라 정권의 개혁과 성과」. ≪중남미연구≫, 25권 1호, 1~16쪽.

유종일. 2007. 「신자유주의, 세계화, 한국경제」. ≪창작과 비평≫, 137호, 153~170쪽.

윤상우. 2005. 『동아시아 발전의 사회학』. 나남출판.

_____. 2009. 「외환위기 이후 한국의 발전주의적 신자유주의화: 국가의 성격변화와 정책대응을 중심으로」. ≪경

　제와 사회≫, 83호, 40~68쪽.

_____. 2010. 「자본주의의 다양성과 비교자본주의론의 전망」. ≪한국사회≫, 11집 2호, 3~36쪽.

이병천. 1999. 「한국의 경제위기와 IMF 체제: 종속적 신자유주의화의 모험」. ≪사회경제평론≫, 13호, 117
　~165쪽.

이성형. 2009. 『대홍수: 라틴아메리카, 신자유주의 20년의 경험』. 그린비.

이일영. 2008. 「노무현시대를 넘어: 새로운 진보의 제도 구상」. 한반도사회경제연구회 엮음. 『노무현시대의
　좌절: 진보의 재구성을 위한 비판적 진단』. 창비.

재정경제부. 2006. 『경제백서』.

전창환. 2004. 「1980년대 발전국가의 재편, 구조조정, 그리고 금융자유화」. 유철규 엮음. 『박정희 모델과 신자
　유주의 사이에서』. 함께읽는책.

조돈문. 2009. 『브라질에서 진보의 길을 묻는다: 신자유주의 시대 브라질 노동운동과 룰라정부』. 후마니타스.

조영철. 2007. 『금융세계화와 한국경제의 진로: 민주적 시장경제의 길』. 후마니타스.

참여정부 국정브리핑 특별기획팀. 2008. 『노무현과 참여정부 경제 5년』. 한스미디어.

콜라스, 알레한드로(Alejandro Colas). 2009. 「신자유주의, 세계화, 그리고 국제 관계」. 알프레드 사드필류·데
　버러 존스턴 엮음. 『네오리버럴리즘』. 김덕민 옮김. 그린비.

하비, 데이비드(Harvey, David). 2007. 『신자유주의: 간략한 역사』. 최병두 옮김. 한울아카데미.

하연섭. 2006. 「정책아이디어와 제도변화: 우리나라에서 신자유주의의 해석과 적용을 중심으로」. ≪행정논총≫,
　44권 4호, 1~27쪽.

Arbix, Glauco and Scott B. Martin. 2010. "Beyond Developmentalism and Market Fundamentalism in Brazil:
　Inclusionary State Activism without Statism." paper presented at workshop on "State, Development, and
　Global Governance" Global Legal Studies Center, University of Wisconsin-Madison, March 12-13.

Baer, Werner. 2008. *The Brazilian Economy: Growth and Development(6th edition)*. Boulder: Lynne
　Reinner Publishers.

Ban, Cornel. 2013. "Brazil's Liberal Neo-developmentalism: New Paradigm or Edited Orthodoxy?" *Review of
　International Political Economy* 20(2), pp. 298~331.

Beeson, Mark and Iyanatul Islam. 2005. "Neo-liberalism and East Asia: Resisting the Washington
　Consensus." *The Journal of Development Studies* 41(2), pp. 197~210.

Bresser-Pereira. Luiz Carlos. 2009. "From Old to New Developmentalism in Latin America." in José Antonio
　Ocampo(ed.). *Handbook of Latin America Economics*. Oxford: Oxford University Press.

Cerny, Philip G., Georg Menz and Susanne Soederberg. 2005. "Different Roads to Globalization:
　Neoliberalism, the Competition State, and Politics in a More Open World." Susanne Soederberg et
　al.(eds.). *Internalizing Globalization: The Rise of Neoliberalism and the Decline of National Varieties
　of Capitalism*. Houndmills: Palgrave Macmillan.

Cypher, James Martin. 2012. "Brazil's Development Strategy: Maintaining the Industrial Base, Side-Stepping
　the Staples Trap?" Paper presented at the 2012 Congress of the Latin American Studies Association, San
　Francisco, California, May 23-26.

Fourcade-Gourinchas, Marion and Sarah L. Babb. 2002. "The Rebirth of the Liberal Creed: Paths to
　Neoliberalism in Four Countries." *The American Journal of Sociology* 108(3), pp. 533~579.

Green, Duncan. 2003. *Silent Revolution: The Rise and Crisis of Market Economics in Latin America(2nd

Edition). New York: Monthly Review Press.

Hall, Peter and David Soskice. 2001. "An Introduction to Varieties of Capitalism." Peter Hall and David Soskice(eds.). *Varieties of Capitalism: The Institutional Foundations of Comparative Advantage.* Oxford: Oxford University Press.

Hochstetler, Wendy. 2011. "Organized Civil Society in Lula's Brazil." in Peter R. Kingstone and Timothy J. Power(eds.). *Democratic Brazil Revisited.* Pittsburgh, PA.: The University of Pittsburgh Press.

Kingstone, Peter R. 2000. "Muddling through Gridlock: Economic Policy Performance, Business Responses, and Democratic Sustainability." in Peter R. Kingstone and Timothy J. Power(eds.). *Democratic Brazil: Actors, Institutions, and Processes.* Pittsburgh: University of Pittsburgh Press.

_____. 2011. *The Political Economy of Latin America: Reflections on Neoliberalism and Development.* New York: Routledge.

Kröger, Markus. 2012. "Neo-Mercantilist Capitalism and Post-2008 Cleavages in Economic Decision-Making Power in Brazil." *Third World Quarterly* 33(5), pp. 887~901.

Mollo, Maria de Lourdes Rollemberg and Alfredo Saad-Filho. 2006. "Neoliberal Economic Policies in Brazil(1994-2005): Cardoso, Lula and the Need for Democratic Alternative." *New Political Economy* 11(1), pp. 99~123.

Morais, Lecio and Alfredo Saad-Filho. 2012. "Neo-Developmentalism and the Challenges of Economic Poicy Making under Dilma Rousseff." *Critical Sociology* 38(6), pp. 789~798.

Önis, Ziya. 2006. "Varieties and Crises of Neoliberal Globalization: Argentina, Turkey and the IMF." *Third World Quarterly* 27(2), pp. 239~263.

O'Sullivan, M. 2000. *Contest for Corporate Control: Corporate Governance and Economic Performance in the United State and Germany.* Oxford: Oxford University Press.

Peck, Jamie and Adam Tickell. 2002. "Neoliberalizing Space." *Antipode* 34(3), pp. 380~404.

Pirie, Iain. 2008. *The Korean Developmental State: From Dirigisme to Neo-liberalism.* London: Routlege.

Prasad, Monica. 2006. *The Politics of Free Markets: The Rise of Neoliberal Economic Policies in Britain, France, Germany, and the United States.* Chicago: The University of Chicago Press.

Weiss, Linda. 2003. "Guiding Globalization in East Asia: New Roles for Old Developmental State." in Linda Weiss(ed.). *The State in Global Economy: Bringing the Domestic Institutions Back in.* Cambridge: Cambridge University Press.

Weyland, Kurt. 1998. "Swallowing the Bitter Pill: Sources of Popular Support for Neoliberal Reform in Latin America." *Comparative Political Studies* 31(5), pp. 539~568.

제8장 중국의 자본주의와 탈종속적 발전

가토 히로유키(加藤弘之)·구보 도오루(久保亨). 2012. 『진화하는 중국의 자본주의』. 백계문 옮김. 한울아카데미.
노턴, 배리(Barry Naughton). 2010. 『중국경제: 시장으로의 이행과 성장』. 이정구·전용복 옮김. 서울경제경영.
대외경제정책연구원. 2004. 『2004년 중국경제연보: 중국의 부상과 동아시아 경제』. 대외경제정책연구원.
딩쉐량(丁學良). 2012. 『중국모델의 혁신: 대중시장경제를 향하여』. 이희옥·고영희 옮김. 성균관대학교 출판부.
박동준 외. 2009. 『개혁·개방 이후 중국의 경제적 위상 변화와 향후 전망』. 한국은행.
백승욱. 2008. 『세계화의 경계에 선 중국』. 창비.

소, 앨빈(Alvin Y. So). 2012. 「중국의 경제기적과 그 궤적」. 홍호펑 외. 『중국, 자본주의를 바꾸다』. 하남석 외 옮김. 미지북스.

아리기, 조반니(Giovanni Arrighi). 2009. 『베이징의 애덤 스미스: 21세기의 계보』. 강진아 옮김. 도서출판 길.

애플바움, 리처드(Richard P. Applebaum). 2012. 「대중화권의 거대 하청업체: 파트너십을 넘어서 권력역전을 넘보다」. 홍호펑 외. 『중국, 자본주의를 바꾸다』. 하남석 외 옮김. 미지북스.

양종회. 1993. 「투자 종속과 경제성장」. 양종회·이수훈·유석춘 엮음. 『발전과 저발전의 비교사회학』. 나남.

왕즈러(王志樂). 2007. 「중국내 외자기업에 대한 시각의 변화와 전망」. ≪한중경제포럼≫, 07-04호. KIEP 북경 사무소.

월러스틴, 이매뉴얼(Immanuel Wallerstein). 2005. 『세계체제 분석』. 이광근 옮김. 당대.

윤상우. 2005. 『동아시아 발전의 사회학』. 나남출판.

_____. 2014. 「베이징 컨센서스 비판: 라모와 아리기의 논의를 중심으로」. ≪유라시아연구≫, 11권 4호, 185~205쪽.

이만용. 2011. 「중국 FDI 유입 1조달러 돌파」. ≪Chindia Journal≫, 53권, 18~20쪽.

이정구. 2012. 「중국 발전국가론에 대한 비판적 검토」. ≪아태연구≫, 19권 2호, 69~103쪽.

임현진. 1985. 「종속적 발전에 따른 국가의 변모」. 박현채 외. 『한국사회의 재인식 1』. 한울.

장샤오젠(江小涓). 2013. 『중국 개방 30년: 성장, 구조와 체제의 변천』. 김창회 옮김. 도서출판 앰에드.

장하준. 2000. 「세계화, 초국적기업, 그리고 경제발전: 개발도상국은 글로벌 세계경제에서 전략적 산업정책을 추진할 수 있는가?」. 딘 베이커 외. 『강요된 신화: 세계화와 진보경제정책』. 백영현 옮김. 새물결.

카르도주, 페르난두(Fernando H. Cardoso). 1986. 「연합종속적 발전: 이론적·실천적 함축성」. 『제3세계 사회 발전논쟁: 근대화론·종속이론의 비판과 한국』. 이각범 옮김. 한울.

_____. 1998. 「남북관계의 현재적 맥락: 새로운 종속?」 마틴 카노이 외. 『정보화시대의 지구경제와 국가』. 정헌주·윤상우 옮김. 일신사.

카스텔, 마누엘(Manuel Castells). 1998. 「정보경제와 신국제분업」. 마틴 카노이 외. 『정보화시대의 지구경제와 국가』. 정헌주·윤상우 옮김. 일신사.

크로티(James Crotty)·엡스타인(Gerald Epstein)·켈리(Patricia Kelly). 2000. 「신자유주의 체제하의 다국적기업」. 딘 베이커 외. 『강요된 신화: 세계화와 진보경제정책』. 백영현 옮김. 새물결.

KIEP 북경사무소. 2007. 「중국내 다국적기업에 대한 중국인의 시각」. ≪중국경제 현안브리핑≫, 7권 17호. 대외 경제정책연구원.

_____. 2015. 「중국의 해외직접투자 현황과 전망」. ≪KIEP 북경사무소 브리핑≫, 18권 3호. 대외경제정책연구원.

한재현. 2015. 「뉴노멀 시대 중국경제의 변화방향과 과제」. ≪국제경제리뷰≫, 2015-2호. 한국은행.

해거드, 스테판(Stephan Haggard). 1994. 『주변부로부터의 오솔길: 신흥공업국의 정치경제학』. 박건영·강문구·양길현 옮김. 문학과 지성사.

홍호펑(孔誥烽). 2012. 「경고: 중국의 부상은 지속가능한가?」 홍호펑 외. 『중국, 자본주의를 바꾸다』. 하남석 외 옮김. 미지북스.

Barone, Charles A. 1983. "Dependency, Marxist Theory, and Salvaging the Idea of Capitalism in South Korea." *Review of Radical Political Economics* 15(1), pp. 43~67.

Bornschier, Volker, Christopher Chase-Dunn and Richard Rubinson. 1978. "Cross-national Evidence of the Effects of Foreign Investment and Aid on Economic Growth and Inequality: a Survey of Findings and a Reanalysis." *American Journal of Sociology* 84(3), pp. 651~683.

Brittan, Sir Leon. 1995. "Investment Liberalization: the Next Great Boost to the World Economy." *Transnational Corporation* 4(1), pp. 1~10.

Cardoso, Fernando Henrique and Enzo Faletto. 1979. *Dependency and Development in Latin America*. Berkeley, CA: University of California Press.

Castells, Manuel and Roberto Laserna. 1994. "The New Dependency: Technological Change and Socio-economic Restructuring in Latin America." in A. Douglas Kincaid and Alejandro Portes(eds.). *Comparative National Development: Society and Economy in the New Global Order*. Chapel Hill: The University of North Carolina Press.

Dos Santos, Theontonio. 1970. "The Structure of Dependence." *American Economic Review* 60(2), pp. 231~236.

Evans, Peter. 1979. *Dependent Development: The Alliance of Multinational, State, and Local Capital in Brazil*. Princeton, NJ: Priceton University Press.

Fröbel, Folker, Jurgen Heinrichs and Otto Kreye. 1980. *The New International Division of Labor: Structural Unemployment in Industrialized Countries and Industrialization in Developing Countries*. Cambridge: Cambridge University Press.

Gereffi, Gary. 1994. "Rethinking Development Theory: Insight from East Asia and Latin America." in A. Douglas Kincaid and Alejandro Portes(eds.). *Comparative National Development: Society and Economy in the New Global Order*. Chapel Hill: The University of North Carolina Press.

Gilboy, George. 2004. "The Myth behind China's Miracle." *Foreign Affairs* July/August, pp. 33~49.

Gold, Thomas G. 1986. *State and Society in the Taiwan Miracle*. New York: M. E. Sharpe.

Hart-Landsberg, Martin. 1984. "Capitalism and Third World Economic Development: A Critical Look at the South Korean Miracle." *Review of Radical Political Economics* 16(2/3), pp. 181~193.

Huang, Yasheng. 2008. *Capitalism with Chinese Characteristics: Entrepreneurship and the State*. New York: Cambridge University Press.

Jenkins, Rhys. 2012. "Latin America and China: A New Dependency?" *Third World Quarterly* 33(7), pp. 1337~1358.

Landsberg, Martin. 1979. "Export-Led Industrialization in the Third World: Manufacturing Imperialism." *Review of Radical Political Economics* 11(4), pp. 50~63.

Leng, Tse-Kang. 1998. "Dynamics of Taiwan-Mainland China Economic Relations: the Role of Private Firms." *Asian Survey* 38(5), pp. 494~509.

Lim, Hyun-Chin. 1985. *Dependent Development in Korea: 1963-1979*. Seoul: Seoul National University Press.

Magdoff, Harry. 1992. "Globalization: To What End?" *Monthly Review* 43(9), pp. 1~18.

Meyer, Marshall W. 2011. "Is It Capitalism?" *Management and Organization Review* 7(1), pp. 5~18.

Naughon, Barry. 1991. "The Pattern and Legacy of Economic Growth in the Mao Era." in Kenneth Liberthal et al.(eds.). *Perspectives on Modern China: Four Anniversaries*. Armonk, NY: M. E. Sharpe.

Naughton, Barry. 2010. "China's Distinctive System: Can It Be a Model for Others?" *Journal of Contemporary China* 19(65), pp. 430~460.

Nolan, Peter. 2002. "China and the Global Business Revolution." *Cambridge Journal of Economics* 26(1), pp. 119~137.

Oi, Jean C. 1996. "The Role of the Local State in China's Transitional Economy." *The China Quarterly* 144, pp. 1131~1149.

So, Alvin Y. 1990. *Social Change and Development: Modernization, Dependency, and World-System Theories*. Newbury Park: Sage Publications.

Stallings, Barbara. 1990. "The Role of Foreign Capital in Economic Development." in Gary Gereffi and Donald L. Wyman(eds.). *Manufacturing Miracles: Paths of Industrialization in Latin America and East Asia*. Princeton, NJ: Priceton University Press.

Wilber, Charles K.(ed.). 1979. *The Political Economy of Development and Underdevelopment*. New York: Random House.

WTO. 2014. *World Trade Report 2014: Trade and development- recent trends and the role of the WTO*. Geneva: WTO.

Xia, Ming. 2000. *The Dual Developmental State: Development Strategy and Institutional Arrangements for China's Transition*. Aldershot: Ashgate.

Zhao, Suisheng. 2010. "The China Model: Can It Replace the Western Model of Modernization?" *Journal of Contemporary China* 19(65), pp. 419~436.

Zhu, Andong and David M. Kotz. 2011. "The Dependence of China's Economic Growth on Exports and Investment." *Review of Radical Political Economics* 43(1), pp. 9~32.

제9장 신자유주의와 자본주의의 미래

둘리엔(Sebastian Dullien)·헤어(Hansjörg Herr)·켈러만(Christian Kellermann). 2012. 『자본주의 고쳐쓰기: 천박한 자본주의에서 괜찮은 자본주의로』. 홍기빈 옮김. 한겨레출판.

뒤메닐(Gérard Duménil)·레비(Dominique Lévy). 2014. 『신자유주의의 위기』. 김덕민 옮김. 후마니타스.

라투슈, 세르주(Serge Latouche). 2014. 『탈성장사회: 소비사회로부터의 탈출』. 양상모 옮김. 오래된생각.

리민치(李民騏). 2010. 『중국의 부상과 자본주의 세계경제의 종말』. 류현 옮김. 돌베개.

리스트, 질베르(Gilbert Rist). 2013. 『발전은 영원할 것이라는 환상』. 신해경 옮김. 봄날의책.

마르크스, 칼(Karl Marx). 1989. 『자본론』. I권(상·하). 김수행 옮김. 비봉출판사.

_____. 2004. 『자본론』. III권(상·하). 김수행 옮김. 비봉출판사.

만, 마이클(Michael Mann). 2014. 「종말이 가까울지 모른다: 그런데 누구에게?」. 월러스틴 외. 『자본주의는 미래가 있는가』. 성백용 옮김. 창비.

맑스(Karl Marx)·엥겔스(Friedrich Engels). 1988. 『독일 이데올로기』. 박재희 옮김. 청년사.

브레이버만, 해리(Harry Braverman). 1987. 『노동과 독점자본: 20세기에서의 노동의 쇠퇴』. 이한주·강남훈 옮김. 까치.

스티글리츠, 조지프(Jeseph E. Stiglitz). 2013. 『불평등의 대가』. 이순희 옮김. 열린책들.

아리기, 조반니(Giovanni Arrighi). 2009. 『베이징의 애덤 스미스: 21세기의 계보』. 강진아 옮김. 도서출판 길.

암스트롱(Philip Armstrong)·글린(Andrew Glyn)·해리슨(John Harrison). 1993. 『1945년 이후의 자본주의』. 김수행 옮김. 동아출판사.

월러스틴, 이매뉴얼(Immanuel Wallerstein). 2014. 「구조적 위기, 또는 자본주의가 자본가들에게 더 이상 이득이 되지 않는 이유」. 월러스틴 외. 『자본주의는 미래가 있는가』. 성백용 옮김. 창비.

작스, 볼프강(Wolfgang Sachs) 외. 2010. 『반자본 발전사전: 자본주의의 세계화 흐름을 뒤집는 19가지 개념』. 이희재 옮김. 아카이브.

칼레츠키, 아나톨(Anatole Kaletsky). 2011. 『자본주의 4.0』. 위선주 옮김. 컬처앤스토리.

캘훈, 크레이그(Craig Calhoun). 2014. 「무엇이 지금 자본주의를 위협하는가?」. 월러스틴 외. 『자본주의는 미래가 있는가』. 성백용 옮김. 창비.

콜린스, 랜들(Randall Collins). 2014. 「중간계급 노동의 종말: 더 이상 탈출구는 없다」. 월러스틴 외. 『자본주의는 미래가 있는가』. 성백용 옮김. 창비.

피케티, 토마(Thomas Piketty). 2014. 『21세기 자본』. 장경덕 옮김. 글항아리.

Mandel, Ernest. 1980. *Long Waves of Capitalist Development: The Marxist Interpretation*. Cambridge: Cambridge University Press.

원문 출처 목록

이 책의 글들은 다음 목록에 명시된 문헌을 토대로 수정, 보완, 재집필되었다. 논문이 게재된 학술지와 저작을 기획·출간한 분들께 깊이 감사드린다. 목록에 없는 제9장은 새로 집필되었다.

제1장 「자본주의의 다양성과 비교자본주의론의 전망」, ≪한국사회≫, 11집, 2호(2010), 3~36쪽.

제2장 「현대자본주의의 위기와 재구조화: 세계화·정보화 자본주의의 등장 과정」, ≪사회과학논총≫, 16집(2014), 125~151쪽.
「현대자본주의의 위기와 재구조화」, 임현진·서문기·윤상우 지음. 『글로벌 패러독스: 아시아의 도전과 과제』, 서울대학교출판문화원(2016), 119~143쪽.

제3장 「현대자본주의의 금융화 경향성과 쟁점들」, ≪사회과학논총≫, 15집(2013), 57~88쪽.

제4장 「베이징 컨센서스 비판: 라모와 아리기의 논의를 중심으로」, ≪유라시아연구≫, 11권, 4호(2014), 185~205쪽.

제5장 「외환위기 이후 한국의 발전주의적 신자유주의화: 국가의 성격변화와 정책대응을 중심으로」, ≪경제와 사회≫, 83호(2009), 40~68쪽.

제6장 「신자유주의 시대의 대만 발전국가: 변화와 연속성」, ≪경제와 사회≫, 100호(2013), 407~438쪽.
「신자유주의 시대의 대만 발전국가」, 임현진·서문기·윤상우 지음. 『글로벌 패러독스: 아시아의 도전과 과제』, 서울대학교출판문화원(2016), 209~241쪽.

제7장 「IMF위기 이후 신자유주의의 내부화 과정: 한국과 브라질 비교」, ≪아세아연구≫, 56권, 3호(2013), 364~395쪽.

제8장 「중국의 자본주의와 탈종속적 발전」, ≪지역사회학≫, 16권, 3호(2015), 219~251쪽.

지은이

윤상우는 동아대학교 사회학과 부교수다. 고려대학교 사회학과에서 학사·석사·박사 학위를 받았으며, 미국 워싱턴대학교(University of Washington) 사회학과 박사후연구원을 역임했다. 한림대학교 사회학과 강의전담교수 및 고려대학교 BK21사업단 연구교수로 재직했으며, 한국사회학회 총무이사 및 편집위원으로 활동하고 있다. 전공 분야는 발전사회학, 사회변동론, 비교정치경제, 동아시아 연구 등이며, 신자유주의에 대한 비교연구와 세계화 시대의 자본주의 변동에 관심을 두고 활발한 연구 활동을 하고 있다. 저서로는『글로벌 패러독스』(공저, 2016),『한국인의 갈등의식의 지형과 변화』(공저, 2012),『거대한 운동에서 차이의 운동들로』(공저, 2010),『동아시아 발전의 사회학』(2005) 등이 있다.

sangwoo@dau.ac.kr

한울아카데미 2066

신자유주의와 자본주의의 사회학

ⓒ 윤상우, 2018

지은이 ı 윤상우

펴낸이 ı 김종수   펴낸곳 ı 한울엠플러스(주)

편집책임 ı 배유진   편집 ı 김초록

초판 1쇄 인쇄 ı 2018년 2월 14일   초판 1쇄 발행 ı 2018년 2월 28일

주소 ı 10881 경기도 파주시 광인사길 153 한울시소빌딩 3층

전화 ı 031-955-0655   팩스 ı 031-955-0656

홈페이지 ı www.hanulmplus.kr   등록번호 ı 제406-2015-000143호

Printed in Korea.

ISBN 978-89-460-7066-0 93300(양장)

     978-89-460-6465-2 93300(반양장)

* 책값은 겉표지에 표시되어 있습니다.

* 이 책은 강의를 위한 학생용 교재를 따로 준비했습니다. 강의 교재로 사용하실 때에는 본사로 연락해주시기 바랍니다.